百世风骨

言子家族
文化及其遗产

蒋伟国◎著

上海人民出版社

现存的言子祠主体建筑

言子祠内陈设

李詠森画虞山言子墓

言子墓图石刻

目　录

开篇的话

　　江苏常熟是南方夫子言偃之故国旧邦的所在地。作为言子身后百世的晚学，我一直觉得，生于斯长于斯的常熟人，对这位先贤是既有些了解又相当生疏的。因为不少土生土长的常熟人，知道言子是孔子唯一的南方弟子，到过古城区的言子故宅、言子墓、言子专祠、言子巷、言子十里碑亭等遗址遗迹，听说过有关言子的传说故事，但言子究竟是什么样的人物，作出了怎样的贡献，在历史上的地位如何，对后世产生了何种影响，大多不甚了了。这种感觉，在我被聘为言子文化研究会顾问后，变得更加强烈。

　　一次，一位同道提及，生活于春秋时期的言子，何以能在难以听懂方言、与当地人基本无法进行语言交流的情况下，突破重重艰难险阻，从长江三角洲的吴地，一路跋涉抵达了孔子游历讲学的中原大地？

　　他发出的这个疑问，触发了我的很多联想。

　　在此后相当长的一段时间里，我沉下心来，花了不少精力，查阅资料、理思路，模拟场景、找感觉，选读古籍、探究竟，通过循线索的抽丝剥茧、不离谱的挖空心思、多角度的上下求索、最大化的接近真实，梳理出了在我看来颇有探讨价值的十几个问题。其中有，身处吴地的言偃家世怎样、家境如何？言偃与孔子相距数千里，是怎么知道孔子设馆收徒授业，从而离乡别亲去拜师学习的？言偃北上问学，究竟作了多少次修正，才把目的地确定下来？与言偃同行的究竟有多少人，女眷是否随行？在春秋社会纷乱、人员不相往来、各地语言不通的情况下，言偃如何折冲樽俎，一路到达古鲁之境？初抵中原大地，言偃是如何得到尚在游历的孔子认可，被收为徒弟的？言偃与孔子最初接受的分别是吴文化、鲁文化，语系存在很大不同，他们是怎样开展教学、交流的？言偃被家长寄予修文偃武的厚望，他最初的理想社会目标是什么？共同求学孔子期间，比之于其他学员，言偃如何展现自己的特长、发挥个人的优势？孔子提倡教学相长，他的思想中有多少言偃思维的因子？现在通行的《论语》中，哪些是孔子的思想，哪些是言偃的观点？言偃选取到相当于现在奉贤的区域传播儒家思想，是面对当时现实的主观选择还是因外力的影响？尊崇言偃为南方夫子，与当政者尊孔有什么样的关联？言氏家族的子孙作为儒学正宗的一个派系，为什么在十几个世纪的科举历史上成绩不那么显著？言偃对家族历史的影响，从华夏历史的长河中观察，究竟有多大？言氏在国内开枝散叶，究竟有多少分派支脉，安土重迁的族人为什么要选择离乡背井……这些问题，一经从头脑中形成，并被着意整理出来，便一直萦绕在我的脑际，难以忘怀。

不过，对上述问题的释疑解惑，让我在很长时间里仿佛进入了

"黑障区"。因为言子的资料，集中在《论语》《礼记》《家语》《孔丛子》和《史记》等古籍中，本来就为数不多；而以往的研究，对原有的素材进行了无数次深耕，已很难从中获取新的灵感了。

客观条件的制约，使我认识到，要循着历史的脉络，重新看待、审视言子，只能从转换研究视角入手。

结合存疑的多个问题，我开始理出的初步写作提纲，仅仅是对言子的个体研究，况且只是一个论文的框架。随着对言子后人资料的逐步搜集、积累的不断增加，我感觉他们在家族力量形成、族属文化传承、教育活动开展、日常为人处世等方面，有着不少可以着笔之处，便有了在言子研究的深化、拓展上作些尝试的想法。这样才有了本书第一部分的基本轮廓。

言子直接师承孔子，在早期儒家学说的整理、完善、传播过程中，发挥了继承人、传承者的作用。这种观点，在古代历史上已有人明确提出，到了近现代，康有为、郭沫若等大家在学理上进行了深化，并得到了众多研究者认可。

言子的子孙头顶圣哲先贤后代的耀眼光环，为继承并延续先祖开创的基业，要朝夕不懈学"礼"，因为"不学礼，无以立"；知"礼"，明了"恭而无礼则劳，慎而无礼则葸，勇而无礼则乱，直而无礼则绞"；合"礼"，做到"非礼勿视，非礼勿听，非礼勿言，非礼勿动"，不仅在社会生活中循规蹈矩，而且于克制约束之中见心的自由，于恭敬辞让之中见心的高明。同时，要时时处处遵循"仁"的规范，按照孔子对"仁"所界定的主基调，把它内化成萌发于本心、产生于情感的自觉要求。

言子的子孙中，绝大部分后代不辱先贤，为言氏祖业在2500多年时间里不间断的赓续不遗余力，添砖加瓦，发挥了勠力同心、承前启后的作用。他们为聚族开展的谋世职、护故宅、修谱牒、葺家庙、缮祖茔之举，为育才创建书院、兴办教育、出任教席的做派，为诗书传家恪守祖训的坚持，在地方文化发展史乃至中华家族文化发展史上，留下了可为后世镜鉴的浓重笔墨。

言子的深远影响，固然直接体现在言氏家族成长、发展的方方面面，同时也反映在他留给人们的文化遗产上。重视前者、忽略后者，对于言子研究而言，都是不完整的。这是言子的文化遗产独立成篇的基本考量。

基于此，本书的第二部分，收录与言子有关的文化遗产，包括有形的物质文化遗产和无形的非物质文化遗产，共撰写编研性的文字22则。这些释读介绍的文字，作为专题研究的有力补充，立体呈现言子的形象和他的家族文化绵延2500年的整体风貌，还原言子在地方文化、江南文化、华夏文化构建中应有的地位和作用。

引子：中国"留学生"的先驱言偃

  言偃是孔子极为认可甚至可说是激赏的弟子。由于其出生江南的独特身份，他在师从孔子学业有成后不遗余力传播孔门学说，成为先秦时期儒学南传过程中，当之无愧的先驱人物和重要推动者。

  言偃早年生活于春秋末年襟江带湖的吴地常熟。当时，吴国为争霸中原，亟谋通过征讨越国，一则壮大国力，一则解除自己的后顾之忧；而越国也有寻机征服吴国，打开北进中原的通道之想。双方各怀心思，运用各种计策谋略，展开了延续 20 多年的吴越争霸战。

  吴越之间的争斗，炫耀的是两地当权者都想称霸一方的武力，遭殃的却是数以万计的平民百姓。由此，深受连年征战之苦的当地民众，对战争充满了厌恶和痛恨。他们的这种情绪，在言偃的家长给他取名为"偃"所蕴含的期望时世能够安定祥和之意上，有着隐晦但却是真实的表达。

  春秋末年社会的混乱动荡，不可能不对感时忧世的言偃产生影响。及至成年，他对通过外出求学，以获得救国救民之道的愿望变得愈加强烈。于是，他有了北上"留学"的非凡之举。

  "留学生"一词，由日本人用中国古代的汉字创造。唐代，日本政府为了借鉴吸取中国的先进文化，曾多次派出遣唐使来中国学习。由于遣唐使是外交使节，在中国停留的时间不能过长，日本政府从第二次派出遣唐使时起，就同时派遣留学生。当时的留学生，意为在遣唐使等回国后，仍然居留在中国学习的学生。此后，留学生这个词就沿用了下来，但其语义有了一些变化。

作为没有留学生之名而行出国留学之实的学子，言偃在22岁那年，依依不舍辞别父母兄长、妻儿亲友，离开与周边国家征战多年、兵荒马乱的吴国，踏上了向北而行、求道问学的漫漫征程。

言偃的北上之路，走得相当辛苦。主要原因有三：言偃行前只有大致的方向，而没有明确的目标。古代中国社会小国寡民的状态，人们老死不相往来是常态，信息闭塞不通是十分自然之事。从言偃离开吴地以后一路北上，终于见到孔子的大体路径看，他经过了现在的江苏北部、安徽一角、河南大部、山东中部等地，其间兜兜转转，对行进的线路一直在作出调整。此其一。从吴地常熟到鲁国曲阜，直线距离超过千里。长途跋涉，对人的耐力、恒心是极大的考验；加上一路之上，大江大河的阻隔，不同国度间的敌视乃至争战，使依托人力或畜力作为出行工具动力源的言偃一行难以从容行进。他们前行的步履，自是沉重而充满不确定性。此其二。春秋时期，江南还是蛮荒朴鄙之地。纵然在成年以前，生长于此的言偃已接受过基础的启蒙教育，有了一定的知识积累，但在其启程后，途经之地的各色人等与他们在文化上的差异、语言上的障碍、习俗上的不同，还是给他们带来不小的困扰。此其三。

尽管求学之路困难重重，言偃还是凭借过人的毅力、超人的胆识、哲人的智慧，在千里之外找到了他心目中的问道之师，从而揭开了其光耀后世的人生大幕。

周敬王三十五年（鲁哀公十年，公元前 485 年），言偃在辗转多地后，终于在卫国都城帝丘（今河南濮阳）见到了正带着弟子传播儒家学说的孔子，便按照传统程式举行了拜师礼，成为孔门的入室弟子。

师从孔子后，言偃正式开始了数十年的"留学"生涯。在这段漫长的时间里，他通过倾听孔子的谆谆教诲、围绕自己深思的疑难问题向老师的请益求教、与同门师兄弟进行的切磋交流、按照儒家理政思想开展的躬亲实践、对老师生前言论的系统整理辑录、开展民间礼乐之教集合弟子成为"子游氏之儒"等，留下了浓墨重彩的

言子故宅中陈列的言子游学
传道往还示意图

一笔,成就了"南方夫子"的华章。

孔子对入门弟子所施行的教育,大多采用答问的方式。这在儒学经典《论语》《礼运》等篇章中可以概见。通过这种方式,言偃在与孔子的言谈交流、问题答辩中,掌握了以礼乐文化为核心的文治教化之学,从而成为精于礼乐典籍知识、重于礼乐政治实践的"圣人"嫡系传人。康有为、梁启超、郭沫若等近现代学者认为,言偃是孔门最为精研礼乐的弟子,他通过对孔学思想的承接和向弟子的传授,影响到了思孟学派,在儒学道统成型的历史中发挥了承上启下的作用。

史书记载,孔子一生中,所教授的门生甚多,在籍弟子大约有3000人,其中身通礼、乐、射、御、书、数"六艺"的就有72人。据匡亚明《孔子评传》考订,孔子这么多的弟子,有的是言偃的学长,如颜回、闵损、冉耕、冉雍、宰予、冉求、仲由等;有的与言偃年纪相类,如端木赐、卜商、曾参、颛孙师、澹台灭明;有的则是位次再低点的学弟了。不论其从师之前身份有何不同,社会地位高低,他们在有缘厕身孔门之后,都能谨遵师训,相互学习借鉴,不断取长补短,以自己的聪明才智成就各自的风华。

在孔门众多的弟子中,最为孔子器重的当是德行科的颜回。他出生于鲁国(今山东),天资聪慧,又长于思考,奉行"用之则行,舍之则藏"的处世原则,是言偃十分敬重的学长。他在德行方面的作为,得到了老师的极大肯定,以至当他盛年而卒时,孔子为之恸哭,仰天大喊"天丧予,天丧予"。

颛孙师是春秋末年陈国(今河南)人,比言偃小三岁。他生性有些偏激，孔子曾批评他"辟"。孔子去世后，颛孙师回到故国聚徒讲学，追随他就读的子弟不少。言偃根据他课徒的业绩和表现，一改当时好些学友对他友而不敬的成见，与他结为好友，帮他克服"未仁"的不足，并把他的儿子申详接纳为弟子。继而，又将女儿许配给申详，与颛孙师结为儿女亲家。

学友中，年龄相仿的曾参，是言偃经常相与切磋学问的知己。曾参是言偃出任过行政长官的鲁国南武城（今山东平邑）之人。他十分注重个人修养，给后人留下了"吾日三省吾身"的人生信条。同时，他的孝行也为人们称道，相传《孝经》一书就是他的著述。

颜回、颛孙师、曾参等孔门不同风格的学友，与言偃在学业上各有所长、各展所长，使孔子的思想、学说在当时就得到极大的张扬，这得力于老师一贯倡导的"有教无类"的主张，也与他们之间经常互通有无、借鉴吸收他人的见解存在莫大的因果关联。

作为孔子唯一的南方学子，言偃不仅学业优异，被老师赞为"以文学著名"，名列文学科之首；而且切实做到了学以致用，把日常从师所学、与友探讨所得，恰如其分地运用到了地方治理的实践之中。

周敬王三十九年（鲁哀公十四年，公元前 481 年），言偃得到鲁国公室委任出任武城宰，开启了其近十年的地方行政长官生涯。

言偃本为一介书生，对政事治道所知不多、所参不透。但自幼心存的救民于兵燹战乱之中的理想，使他在拜师孔子后，不仅在意于个人修养的提高，更是把习得济世安民之道作为自己最大的志向，并且不耽于理想、注重于实效，把学与用有机地结合起来。

闻道、悟道以后的言偃，用礼乐教化的方法，在武城施行"君子学道则爱人，小人学道则易使"的治道，同时通过重用诸如澹台灭明等的贤才襄理政务，取得了被称为"弦歌之治"的业绩。作为中国古代德政的最初范本，"弦歌之治"行世以后，一直为欲求留名青史的官宦所取法、效仿。

言偃在"留学"北方各诸侯国期间对儒学的贡献，一方面是他用孔子的学说指导了自己的政治实践，为其以后成就治国之道作出了有益的尝试；另一方面是他借游历讲学之机，聚集起了一批慕名愿学之人，通过持续开展民间礼乐之教，形成了具有独立风范的"子游氏之儒"。

"子游氏之儒"的提法，源自战国时期儒家的代表人物荀况。但他是抱持强烈的批判态度提及的。这与言偃的老师、其他大儒的看法大异其趣。孔子在回答曾子的提问时曾说过，"子游之徒，有庶子祭也，以此，若义也"；孟子肯定"子夏、子游、子张皆有圣人之一体"；朱熹认为《礼记》中多篇推尊子游之语，当出自"子游氏之儒"。不管前人出于什么用意、站在何种立场上，对言偃表示出哪些不同的看法，但其作为孔门的杰出弟子，在承传千年的儒学道统中应有的地位，是自古以来就有定论的。这正是"子游氏之儒"的思想，在其后漫长的历史时期内产生着深远的社会影响的关键所在。

从上述不同侧面拼接而成的言偃形象中，我们看到了这位"留学生"先驱者的跋涉足迹，领略到了其在时代大潮中搏击、在勇毅前行中开创人生境界的先贤的别样风采。

第一部分　言偃及言氏家风研究

言偃：孔子政治理想的积极实践者

言偃在政治上的实践，本源于孔子的理想。当然，也有着言偃的个性化创见。两者互为表里，成就了言偃在武城的弦歌之治，也成为其故里有识见的地方官员开展县域治理的范本。

在孔子众多的弟子中，言偃一向是以文学之士的形象出现，并得到后世推崇的。孔子在世时就曾论及过其弟子们的成就，指出："德行：颜渊、闵子骞、冉伯牛、仲弓；言语：宰我、子贡；政事：冉有、季路；文学：子游、子夏。"[1]西汉时期，司马迁以史学家特有的睿智目光，确认孔子对其弟子较为公正的评估，在其传世巨著《史记》中留下了孔子的"受业身通者""皆异能之士"的忠实记录[2]。到宋代，言偃更是被朱熹誉为"因文学以得圣人之一体"的"豪杰之士"[3]。言偃在文学上所取得的不朽业绩，是早就有定论的，是故其"自唐以来，列于十哲配享"[4]。但是，这些业绩，并不是他人生成就的全部。证诸史籍，可以发现，他在政治上的作为，并不亚于他在文学上的贡献。

言偃，字子游，公元前506年出生在吴国境内以先贤仲雍命名的虞山之东麓。他生前的业绩，为他百年之后赢得了光彩照人的荣耀。唯其如此，后人提起这位先哲，往往尊称其为言子，以表示崇敬之意。

言偃童年时代的生活，是很不平静的。吴国与周边各国长期的交战，使人们饱尝离乱之苦，因而非常向往平和、安定的生活。当时，言偃的宗亲为其取名偃，正是希望国家能偃武修文，不要再因兵燹而死亡枕藉、饿殍遍地。

然而，统治者所实行的政策，并不是以人们的期望为转移的。为了自己的利益，他们不惜穷兵黩武。残酷的现实，使稍有学养的言偃感到费解。他迫切希望有人能解释这种现象产生的原因，更期盼有人能提出改变这种社会现状的思想。正是怀着这样的冀求，言偃离妻别子，踏上了北上游学中原的艰难历程。

公元前485年，经过长途跋涉的言偃，到达了中原鲁国。不久，他在卫国遇上周游了陈、曹、宋、郑、蔡、卫六国正欲思归的孔子，从而揭开了他师从孔子学习的人生新篇章。

孔子作为中国古代一名杰出的教育家，在教育方法、教育内容上都有他非常独到的见解。"孔子不是要教人以某种知识，某种特殊的技能，而是通过学，使人区别于鸟兽，即在社会中做一个道德之人，并用自己的德行去影响他人"[5]。为了达到这样的目的，他选择具有普遍价值的道德原则，特别是与政治生活相关的道德原则作为教育内容，以使受教者得到道德品质和为人处世的基本原则的培养。

作为孔子最杰出的弟子之一，言偃追随孔子学得了很多东西。仅见《论语》《礼记》《孔子家语》《孟子》诸书，就有关于人生的孝养、丧葬、祭祀等内容的，有关于政治的济邦治国之道的，也有关于日常生活的礼数规范的。它们在言偃的人生岁月中产生了极大的影响。

孔子是中国古代杰出的思想家，其思想的涵盖面极广，除了教育思想、文化思想、道德思想外，在他的学说中占有相当重要位置的是他的政治思想。翻开《论语》《礼记》《孔子家语》等任何一部记述孔子言行的书籍，都可以找到他对道德政治的阐述。孔子曾在不同的场合指出，政治就是"君君，臣臣，父父，子子"[6]的有序统治，倘若统治者能"为政以德"，那么他们就会像北辰一样"居其所而众星共之"[7]。正是从这种认知出发，他反对传统政治中"道之以政，齐之以刑"的做法，主张对广大民众"道之以德，齐之以礼"[8]。孔子的这种以道德礼仪为治国之本的政治主张，目的是希望在位者能正其身，并期望他们自觉遵循道德规范，来实现其心目中的理想社会。

孔子不仅自己积极投身于政界从事政治活动，而且安排一些有政治才能的弟子进入政界。由此，在孔门中涌现出了不少政治人物，前期以子路、子贡、冉求最为出色，后期则以言偃较为有名。

公元前481年，26岁的言偃在孔子举荐下，出任鲁国的武城宰，开始了他从政为官的生涯。自此直到公元前472年辞官，言偃在武城前后任宰10年，取得了令人瞩目的成绩，使整个地区都能听到弦歌之声，连他的老师对此也极为赞赏、推崇。

毋庸置疑，言偃的成功是来之不易的。在其成功的种种因素中，最根本的一点，恐怕是他遵循孔子的政治理想进行了积极的实践。

孔子政治思想的中心内容是德治。他认为，一切的社会政治问题，归根到底是道德问题。所以，他有"君子学道则爱人，小人学道则易使"[9]这种深刻的德治主义的见解。对于孔子的这套理论，言偃是深得其中三昧的。故而，尽管他所治理的是武城这样的小地方，所采用的却是孔子心目中的以整个天下为目标的理想社会的治理方式。由此，他既强调以德修身，又十分重视以德治国。言偃的这种做法，在很大程度上启发了民众的道德自觉，从而把武城治理成弦歌不绝、书声传诵的礼乐之邦。

孔子竭力提倡的道德政治，所要达到的基本目标大致分为三个方面：治区人丁兴旺、社会安定富足、民众具有教养。以这三个标准来衡量言偃治下的武城，从而得出此处是按孔子理想建立起来的首善之区的结论，是绝不为过的。否则，孔老夫子怎么会在听到武城的弦歌之声后，发出会心的微笑，并以"割鸡焉用牛刀"[10]来赞许他的高徒！

政治上要有作为，最基本的要义，就是要选拔、任用一批有专长的贤能之士。这是孔子对理想政治的总结，也是对更高的政治理想的追求。由此，他对人才极为重视，并把主政者的得人与否当作"政举""政息"的关键。他的这种从政有赖于贤才的观点，对于言偃产生了极大影响，并使他在任武城宰时获益甚多。言偃在执政武城时，曾重用过当地的澹台灭明，以佐其政。"澹台灭明，武城人，字子羽，少孔子三十九岁。"[11]此人外貌甚为丑陋，但行事很是正直，故而言偃对其有"行不由径，非公事，未尝至于偃之室"[12]的赞辞，司马迁对他也有"行不由径，非公事不见卿大夫"[13]的记述。澹台灭明行事公正的从政品格，大大增强了言偃治理武城的号召力，使武城之治充满清明、正气、生机、活力。

澹台灭明不仅身正行正，而且思想中的重民倾向很为突出。古书曾记他的日常行为说："贵之不喜，贱之不怒。苟于民利矣，廉于其事上也，以佐其下。"[14]因而，言偃遇到了他，即视之为同道，倚之为股肱，让他襄助自己对武城的治理。由于他在言偃的武城之治中为功甚大，孔子在得悉详细情况后，不无自责地说："吾以言取人，失之宰予；以貌取人，失之子羽。"[15]

言偃重用澹台灭明是一个典型例证。它说明，言偃对孔子重贤才的主张，是切实贯彻到了实际政治中的。唯其如此，他才能左右逢源，做到令行禁止，实现礼乐之治。

言偃对孔子政治理想的实践及其积累的成功经验，为后世思想家提供了丰富的思想营养，也为后世从事政治活动的人树立了可资比照的样板。

孔子过世后，他的弟子间的分化日益明显，终于形成了不同的门派。但真正成为当时显学的，只有以孟子为代表的"孟氏之儒"和以荀卿为代表的"孙氏之儒"。

孟氏之儒在政治上竭力主张的以仁义治理天下的仁政，在根本上得之于孔子的经典，但直接渊源却是言偃的思想。言偃重本轻末，主张由本直接悟入，故而对于先末后本、主张由末而达本的子夏颇有异议。他曾说过："子夏门人小子、当洒扫、应对、进退，则可矣，抑末也，本之则无。如之何？"[16] 可见，他十分强调主观的人格自觉，希望人们能通过自我调适，成为仁人、仁君，最终实现仁义政治。孟子基本上接受了这种观点，并加以发展，从而形成了他以仁为核心，以王道为归宿的仁政学说。

如果说，言偃的思想，在从孔子的仁到孟子的仁政的发展过程中起到了承上启下作用的话，那么，他的政治实践，则为其家乡造就了一代又一代以弦歌之治为目标的从政者。

公元前443年，言偃病故于虞山故里。其后，在长达十五六个世纪的时间里，他一直没有得到应有的尊重，直到南宋时常熟县令孙应时大力颂扬言偃的业绩，并以其武城之治自策自励，言偃才得到与其历史上的地位、政声相称的尊崇。以后，主持常熟政事的官员中，有不少人以先贤治绩为范，勤俭从政，以礼乐化民，建立了为时人称颂的劳绩。举其著者，有创辑《言子》的王爚，有常熟民众"怀其德，悲其死"[17] 的戴衍，有表示不负"国家选用循良之意"[18] 的周驰，有"威行信孚，政称神明"[19] 的杨子器，有"待良民慈恕，三年如一日"[20] 的于宗尧，有以弘扬言子弦歌之治为己任的劳必达等。

常熟地区一代又一代循良的地方官吏的出现，不是偶然的历史现象。它与常熟是言偃的故乡有关。外地官吏一到此地，就会油然产生出一种上进之心，从而督促自己努力务政、建立清明政治。

言偃已往矣！但他的情操、业绩将永远激励其故里的人民奋发求进。

注释：

［1］《论语·先进》，《四书白话注解》，长春古籍书店1982年版。

［2］［11］［13］［15］司马迁：《史记·仲尼弟子列传第七》，中华书局1982年版。

［3］朱熹撰：《平江府常熟县吴公祠记》，陈颖主编：《常熟儒学碑刻集》，苏州大学出版社2017年版，第3页。

［4］张鳌山撰：《为褒崇先贤以隆圣化事疏》，杨载江：《言子春秋》，同济大学出版社1992年版，第317页。

［5］高专诚：《孔子和他的弟子们》，中国书籍出版社2015年版，第22页。

［6］《论语·颜渊》，《四书白话注解》，长春古籍书店1982年版。

［7］［8］《论语·为政》，《四书白话注解》，长春古籍书店1982年版。

［9］［10］《论语·阳货》，《四书白话注解》，长春古籍书店1982年版。

［12］《论语·雍也》，《四书白话注解》，长春古籍书店1982年版。

［14］《大戴礼记·卫将军文子第六十》，《大戴礼记译注》，上海古籍出版社2019年版。

［16］《论语·子张》，《四书白话注解》，长春古籍书店1982年版。

［17］钱陆灿纂：《康熙常熟县志》卷之十九，《中国地方志集成·江苏府县志辑（21）》，江苏古籍出版社1991年版。

［18］周驰撰：《重修谯楼记》，杨载江：《言子春秋》，同济大学出版社1992年版。

［19］［20］常熟市地方志编纂委员会办公室标校：《重修常昭合志》，上海社会科学院出版社2002年版，第1269、1275页。

（文章原载1997年第3期《吴中学刊（社会科学版）》和1998年10月由常熟言子研究会编印的《言子研究专集》。收录此文时，为规范每篇文章后的尾注，对原注作了适当增补完善）

言偃历史贡献探析

对言偃的业绩作出评价，在孔子尚未弃世时就已开始。夫子"吾门有偃，吾道其南"的赞语，可说开启了对言偃肯定的先河。其实，儒家学说南传，仅是言偃所作贡献的一个部分。与此密切相关的求学闻道功业、推行德政实践，也是言偃留给后世的重要财富。明乎此，就有了对言偃历史地位更贴切的整体把握、全面认识。

在儒学早期的发展历程中，言偃是一个跨不过去的历史人物。他北学于孔门，成为孔子唯一的南方弟子；他记录《礼运》，编辑《论语》，最早集中传播孔学文献[1]；他以弦歌之道治理武城，躬亲实践孔子的政治主张；他聚徒讲学形成"子游氏之儒"，在战国时期的孔子门派中影响甚大。他的历史功绩，历代帝王的追封赏赐、文人高官的褒奖表扬，都给予了极大的肯定。

作为中国古代有名的历史人物，言偃有着不同寻常的人生经历。对此，不同时代的人有着各不相同的评价。孔子对言偃求学、传道抱有很高期待，所以有"吾门有偃，吾道其南"的表达。康

言子像石刻

熙、乾隆皇帝御书"文开吴会""道启东南",肯定言偃的历史贡献。历代的文人仕宦诸如朱熹、吴讷、张洪等都有着称颂言偃的诗文。经过长达2500多年的历史演变,对历史名人的价值判断,似不应再拘泥于固有的认知,而应当作出更确切的评判。

一、言偃是位闻道的求学者

中国古代,求学是不少有志于通过读书改变命运、实现自身价值者的有效途径。由于求学需要有殷实的家底作经济保障,需要有家人的共识作基础支撑,当时有条件走上这条路的人并不多。因此，古代社会按士、农、工、商进行分类排序，把读书人放在了突出的位置。

言偃出生于春秋时期的吴地，其家境宽裕且有相当的文化素养。他的家人为其取名偃，字子游，又字叔氏，一则表明言家多次添丁，前后已生三个儿子[2]；另则隐含言家长辈有感于当时的乱世，以此对新生儿来到人世表达一种殷殷期盼[3]。

良好的愿望，终究难以改变春秋时期的战乱、动荡，倒是言偃作出的出外求学的决定，及由此而来的儒家学说的南传，后被世世代代称道。

从远在东海之滨的吴地，经过千余里的跋涉，言偃来到了古鲁大地。周敬王三十五年（前485年），22岁的言偃在鲁地辗转多个诸侯国之后，终于在卫国都城帝丘见到了梦寐以求的大学问家孔子。对于言偃这位不远千里北上求知的有志青年，67岁的孔子喜出望外，表达欢迎之情。

古代文献资料中，诸如"孔门诸子多东州之士，独公为吴人"[4]；"孔子阐教东鲁，弟子盖三千焉，率多中州之士。自南而北学者，子游一人耳"[5]；"孔门弟子大抵皆鲁人，以孔子生于鲁故也。间有一二他国之人，盖闻孔子之圣而景慕之，不远千里，往从游焉。是其识见出于寻常者，方能如是，若吴国言偃子游是也"等的记载[6]，显现出出生、成长于吴地的言偃，有着平常之人所没有的见识、魄力。正是言偃的这种不同凡俗，得到了孔子的关注、垂青，使这个来自蛮夷之地的朴鄙之人成为孔门高徒。

事实上，孔子对于别人向他求学问道，有着自己的选择和考量。澹台灭明早年投到孔子门下却被认为没有才能，为此提供了佐证。据《史记·仲尼弟子列传》记载："澹台灭明，武城人，字子羽。少孔子三十九岁。状貌甚恶。欲事孔子，孔子以为材薄。"孔子把澹台灭明的相貌与才能两个本不相干的事无端联系起来，不甚乐意接受澹台成为弟子，犯了主观武断的毛病，以至于他后来悔之莫及："吾以言取人，失之宰予；以貌取人，失之子羽。"[7]

追根求源，孔子对言偃的好感，离不开后者在北学之前已经受到的中原文化的熏陶。中原文化最初自北向南传播，源自泰伯、仲雍，传到江南。古人以为，"惟三代之前，帝王之兴，率在中土，以故德行道艺之教，其行于近者著，而人之观感服习，以入焉者深。若夫勾吴之墟，则在虞夏五服，是为要荒之外。爰自泰伯采药荆蛮，始得其民，而端委以临之，然亦仅没其身。而虞仲之后，相传累世，乃能有以自通于上国，其俗盖亦朴鄙而不文矣。公生其间，乃能独悦周公、仲尼之道，而北学于中国，身通受业……"[8]言偃能够投身孔门，有着这种特殊的因缘。

言偃在正式师从孔子以后，便跟随老师游历各诸侯国，在追迹夏商周三代有据可循的礼制遗规、修习诗书礼乐的同时，"志于道，据于德，依于仁，游于艺"，把文、行、忠、信置于教育的重要地位[9]。正因为在求学之前有一定根基，在问学孔子过程中，又经常得到老师的耳提面命、指点教诲，言偃"遂因文学以得圣人之一体"[10]。孔子授徒，"以诗书礼乐教"，设有德行、政事、言语、文学四科。四科中学业优异者共十名，即"十哲"。"孔子曰'受业身通者七十有七人'，皆异能之士也。德行：颜渊、闵子骞、冉伯牛、仲弓；政事：冉有、季路；言语：宰我、子贡；文学：子游、子夏。"[11]

孔子对言偃等得意门生在学业上作出的评判，基于他在日常生活、教学实践中的体会、感受，是一种宏观的、原则性的总结、概括，实际上，言偃等人从孔子学说中得到的教益，要远远超出孔子所作结论的范围。

依据春秋战国时期孔门的文献资料，言偃师从孔子学习所得，主要涉及其重点关注的邦国治理、社会教育、人才养成、文献积累等内容。杨载江通过对上述资料的梳理，把言偃有关理政、治学、礼乐等方面的思想观点，概括为"言子十二观"，分别进行归纳介绍。他认为，言偃的社会发展观、小康理想观、惠教结合观、社会教育观、育人重本观、选拔人才观、以大治小观、好恶转化观、助人为乐观、中庸方法观、实事求是观、礼仪改革观，是其毕生从政为教的经验总结和实践升华[12]。

接下来，重点围绕言偃的治国思想进行分析。

言偃的治国思想，主要表现在相互联系的礼治、乐教、德治三个方面。礼是孔门师生之间时常谈论的重要话题。言偃勤于问礼，他专门就礼向孔子请教的记载，在现存不多的文献资料中，依然可以随手摭拾。《礼运》篇就是子游反复问礼，孔子为他讲述礼的发展、演化、运用历程的记录。终其一生，言偃致力于礼，取得了令人称美的业绩。"今读《檀弓》上下篇，当时公卿大夫士庶凡议礼不决者，必得子游之言以为轻重，故自论小敛户内，大敛东阶，以暨陶、咏、犹、舞诸节，其间共一十有四，而其不足于人者，惟县子'汰哉，叔氏'一言，则其毕生之合礼可知矣。"[13]

乐与礼同源，由上古先民尊祖、祭祖的习俗演化而来。经过长时间渐进的系统化、规范化、制度化，二者集合成一整套典章制度和仪式，其内在的政治思想，成为先秦人心目中的治国之道。言偃在任武城宰时，把这一边关重镇作为治理平台，施以对"君子""小人"都能起到陶冶感化作用的乐教，使此处毫无征战杀伐景象，而充满平静和谐氛围，实现了孔子子游师徒不时谈论的理想社会愿景。

孔子极为推崇道德政治，曾经表示"为政以德，譬如北辰，居其所而众星共之"，认为君王以道德为准则施行仁政德治，就会自然而然受到人们的拥护和爱戴[14]。对于孔子的思想，言偃有着很好的领悟。通过与老师开展围绕主题的对谈，或者为厘清自己思路所进行的请益，言偃很好地掌握了孔子德治观中孝道规范、仁政理念、中庸思想的精髓。当时的文献资料显示，言偃谈孝、说仁、话中庸，将其视为德治的支撑，根本上源于孔子的思想、学说，同时融会了他熟习这些原理后的独立思考。

二、言偃是位"儒宗"的传承者

言偃慕名北上鲁国，师从孔子学习诗书礼乐，并在周游列国、与各界交往交流的过程中，耳濡目染，学习老师的言谈举止，用心用情体会老师对国家治理的深度思考，得到了老师的真传。由此，他成为孔门"文学"科的头号人物。

周敬王四十一年（前479年），针对当时的社会状况提出过很多治国理想的孔子赍志而殁。言偃在依制为师守丧三年后，仿效先师之法收徒授业，将自己在跟随孔子学习过程中所形成的"子游氏之儒"学说传授给弟子。此后，言偃在中国东部地区讲学传道30余年，足迹留于现在的山东、河南、江苏、上海等多个省份[15]。

"子游氏之儒"的提法，最早出自《荀子·非十二子》。早在言偃在世时，一些师友对于其力行孔子思想、传播孔子学说的作为，已予以了肯定。孔子就曾欣慰地对弟子们表达对于言偃在求道问学、践行儒家学说上的喜爱。孔子去世后，言偃收徒授业，讲学传道，其品德、学说在当时被公认为"有圣人之一体"[16]。然而，作为战国时期儒家的代表人物，荀况却对言偃给予了强烈的批评和贬损。他斥责言偃"偷儒惮事，无廉耻而嗜饮食，必曰'君子固不用力'，是子游氏之贱儒也"[17]。

被荀况戴着有色眼镜视为"子游氏之儒"的一派，与其他儒家学派一样，在战国时期得到了社会上部分文士的信奉和追随。它对后世的影响，固然离不开其作为当时一大儒学门派的存在，更重要的却是言偃及其门徒对儒家学说的传承。康有为曾带着推崇的口吻说："子游受孔子大同之道，传之子思，而孟子受业于子思之门……""子思出于子游，非出于曾子。颜子之外，子游第一。"[18]

这个门派，继承宗师孔子"述而不作"的传统，在言偃走南闯北传道授业数十年间，没有留下专门著述。从目前主要散见于《论语》《礼记》《史记》《孔子家语》等古籍和《荀子》《韩非子》《墨子》《孟子》《庄子》等诸子百家的零星记录中，可以概括出言偃及其开创的"子游氏之儒"，大致有以"礼乐"教民治国、建立"大同""小康"社会、"孝"必"敬"、育才用人要重本贵德、说话做事要适可而止等五个方面的基本思想[19]。

言偃学到儒学的真传后，有选择地开始了课徒讲学。他传习的重点区域，一个是老师长期生存的齐鲁大地，这是儒家学说的诞生之地，也是其思想可能转变为治国实践的理想之地；另一个则是其危如累卵的故国吴国，这是言偃生于斯长于斯的母邦，也是孔子学说南传夙愿的指向之地。

周元王五年（前471年），言偃抱持学道爱人、矢志小康的宗旨，在鲁国开始施行民间礼乐之教。自此直到周贞定王二十二年（前447年），言偃大部分时间在鲁国传道讲学。一次，言偃与有若切磋戎狄之道与文明之礼，对自己心目中的礼，作了合乎儒家学说的表达："喜斯陶，陶斯奋，奋斯咏，咏斯犹，犹斯作。作，喜之终也；愠斯忧，忧斯戚，戚斯叹，叹斯辟，辟斯踊。踊，愠之终也。"他认为，人的喜愠之情，分别有着不同的层次：喜有陶、奋、咏、犹、作，愠有忧、戚、叹、辟、踊。在他看来，礼，就是要求人们将情感控制在恰如其分的层次上的一种规范。依礼而行，人的行为可以得到优化，人的修养能够日益提高[20]。

周贞定王二十二年（前447年），言偃长子言思盛年而亡。白发人送黑发人，这对言偃几乎是一个致命的打击。翌年，在阔别家乡近40年后，言偃带着孙子言丰回到故国旧地，践行至圣先师"吾道其南"的遗训，传播儒家学说。故吴遗民，闻风向学，"从之游者以千计"[21]。

对于言偃在家乡讲传孔子学说，以文学教化庶民的言行，后世赞赏有加。"洙泗发源中国，言吴公导一脉而南，渐我吴俗，变朴陋为文学，圣贤之泽后世深矣。"[22]"常熟为吴国子游言公阙里。公北学圣门，身通受业，因文学得圣人一体，以化洙泗以南朴鄙不文之习，泽及后人深矣。"[23]"当是时也，东鲁有圣师孔子者，振教中土，声达东南，言先生慨然向慕而心仪之，渡江北上，寻师于洙泗之滨，亲入孔子之室，而得过化之妙，遂称圣门高弟，列文学首科。沉涵于礼乐文章者既久，始以弦歌之教默化武邑，继以弦歌之教归化其乡。言先生佩道南归也，三吴之民因之而济其行，三吴之物因之而彰其彩，人文于是乎始著。"[24]

回到故国，除了把精力放在家乡古虞之地外，言偃还把弘传儒学的范围拓展到了周边地区。位于苏州阳山大石峰山麓的介石书院，由明代名士顾存仁于隆庆年间（1567—1572年）建立。书院建造伊始，就辟出专室，"中祀先贤子游氏""以祀言公子游其中"。尤桐所撰的《大石山重立先贤子游祠碑记》则言及，"言子东游洙泗，名在四科，归而其教大行。有子游氏之儒，则吾吴文学，言子其祖也"。李攀龙在《阳山介石书院记》中也提到，"文学于吴，自文学子游始。子游既学于中国，归而南北之学立"。后世文人感念言偃遗爱于江南士庶，就不难理解介石书院着意把言偃作为主祀者了[25]。

吴地在言偃的影响下，由"尚武"转向"修文"，由"野蛮"转向"教化"，读书之风日盛，从而产生了众多经世人才。王卫平在《吴国在东南开发史上的地位》中谈及吴文化对后世的影响时说："后世论及东南学风，必推言偃与泰伯，归功于他们的导引，如明姜渐《修学记》说：'昔三代之有天下，文莫备于周，而泰伯实启之；教莫盛于孔子，而言偃实师之。自泰伯以天下让，而吴为礼义之邦；自言偃北学于圣人，而吴知有圣贤之教。由周而降，天下未尝无乱也，惟吴无悖义之民；由汉以来，天下未尝无才也，惟吴多名世之士。虽阅千数百载，而泰伯、言偃之风，至于今不泯。噫！教化之感人心而善民俗也如此。"[26]

当然，体现言偃传道东南所产生影响之深远的，莫过于奉贤地名之题取。据地方文献载，周贞定王二十五年（前444年）冬，年逾花甲的言偃不顾年迈体弱，从家乡古虞之地出发，横渡黄浦江，来到海盐古县的青溪讲学传道[27]。言偃效仿孔子设立私学的方法，开设塾馆，招收弟子，用礼仪文学教育官吏和百姓子弟，劝导当地民众改变断发文身习俗，转变民风。通过言偃的传道教化，当地兴起了尚文之风，"凡有子弟者，无不令其读书"，青溪成为"海滨文墨之区"。当地百姓感念言偃的恩德，将他称为"贤人"。清雍正四年（1726年），朝廷设立奉贤县，言偃的青溪之教被引为嘉名。由此，同治《奉贤县志》记载，奉贤之得名，相传系言偃尝至斯地，为"奉"言偃之"贤"也。为纪念言偃这位传播文化礼仪、教化民众的贤人，当地人专门建造了言子祠，并在言偃像旁敬书对联：出宰武城弦歌雅化，行道吴土文学儒宗[28]。

三、言偃是位守正的主政者

言偃追随孔子游学各诸侯国，不仅学到了老师提出、倡导的许多理论、学说，也对各国君王、臣子理政的得失进行了深入思考，获得了其当政之后运用自如的治理之道。

在言偃的人生历程中，出任武城宰是其政治上最重要的时刻，因为他有机会把老师治国安邦的高远理想，付诸当时诸侯国纷争、国家治理莫衷一是的实践之中。

春秋时期的武城，地处鲁国东南部，于鲁襄公十九年（前554年）筑城，为鲁武城邑的治所，约在现今的山东平邑县境内。这里历史悠久、人杰地灵，孔子著名弟子曾参、澹台灭明出生于此；这里地势险要、位置独特，是兵家竞相争逐之地。

周敬王三十九年（前481年），言偃被委任为鲁国武城的行政长官。到任之后，言偃从强化对不同阶层人员进行无差别的教化入手，践行孔子"有教无类"的主张。

孔子倡导的"有教无类"，单纯从教育的出发点而言，其精髓在于不论贵贱贤愚都应当接受教育，然而，放在国家治理层面上论，其终极效果却大异其趣："君子学道则爱人，小人学道则易使。"[29] 此处之"道"，乃"礼乐也，乐以和人，人和则易使"[30]。对此，深得其中三昧的言偃认为，只有同时将礼乐教化施诸"君子""小人"，才能达到教育的真正目的，也就能够实现真正的善治。

因为有了对老师教导的深刻领悟，言偃在出任武城宰期间，以礼乐为教，实施弦歌之治。弦歌，本指依琴瑟而咏歌。朱熹集注称："弦，琴瑟也。时子游为武城宰，以礼乐为教，故邑人皆弦歌也。"[31]

言偃在武城推行弦歌之治，开启了春秋群雄割据时代通过礼乐治理城邑的先河，得到了孔子的肯定。周敬王四十年（前480年）秋，孔子南巡武城，"闻弦歌之声"，颔首而笑说，"割鸡焉用牛刀?！"[32]语气中虽然带有对言偃小题大做的不屑，内心却充满着自己理想得以实现的欣喜。古代武城县的地方文献记载，言偃"习于礼，以文学著名，仕为武城宰，有弦歌之化。……《大戴礼》子贡曰：'先成其虑，及事而用之，故动则不妄，是言偃之行也。'孔子曰：'欲能则学，欲知则问，欲善则详，欲给则豫，当是而行，偃也得之矣。'"[33] 明代学者张洪在《学道书院记》中明白指出，言偃"为武城宰，施其所学于民，故子之武城，闻弦歌之声，形莞尔之笑，有牛刀之戏。而子游以学道为对，言君子学道，必推己以及人，故能爱人；小人闻道，知职分之当为，故亦易使。然则弦歌者，学道之具，非以道为弦歌也。古者春秋教以礼乐，冬夏教以诗书。弦歌者，乐之属，举乐以该四教。四教者，诗以理性情，书以道政事，礼以谨节文，乐则荡涤其邪秽，消融其查滓。忽不知入于圣贤之域，于君臣、父子、夫妇、长幼、朋友之交，各致其道矣。诗以兴起于前，乐以涵养于后，故以弦歌为学道。但子游之学道，本末兼该，重在小人，故以之为教于邑中"[34]。

春秋时期孔门弟子中，与言偃一样出任地方长官的还有任季氏宰的仲弓、任莒父宰的子夏等。他们在任职宰官后，曾专门问政于老师。孔子根据他们不同的性格，分别作了点拨：对于仲弓，提出"先有司，赦小过，举贤才"；对于子夏，则提出"无欲速，无见小利。欲速则不达，见小利则大事不成"[35]。相比较而言，言偃在从事政务之时，其履行职责的主动性、实践老师思想的创造性，要强于仲弓、子夏。这或许是孔子在弦歌之治整体的治理之道以外，满意于言偃的另一个重要原因。

作为治理一地、为政一方的地方官，言偃在武城不仅选准了治理之道，而且选贤任能，用好了各类人才。

《礼记》对于治理政事中如何用人，有着相当精到的表述："为政在人，取人以身，修身以道，修道以仁。仁者，人也。亲亲为大；义者，宜也，尊贤为大。"[36] 在行政实践中，作为武城宰的言偃深谙用人之道，把尊贤举能放在为政的重要位置上。

言偃出任武城宰后，大胆起用相貌丑陋的澹台灭明，请他襄理武城之政。澹台灭明因孔子以貌取人而遭弃用，成为"既已受业，退而修行"[37]之人，言偃用他是冒着一定风险的。但言偃的用人标准是品行端正、正直无私，这在他到曲阜拜访老师时有着直截了当的表白。《论语·雍也》载："子游为武城宰。子曰：'女得人焉尔乎？'曰：'有澹台灭明者，行不由径。非公事，未尝至于偃之室也。'"[38] 在言偃看来，澹台灭明不走捷径和旁门左道，不谋私利，不对上司奉承，非公务不登上级之门，是品节高尚、行为正直的表现。这样的人，才是主政一方的地方官可以信赖的可用之才。事实证明，言偃独具慧眼，用对了澹台灭明，因为此人确实贤能，不仅在武城有所作为，而且在此后"南游至江，从弟子三百人，设取予去就，名施乎诸侯"[39]，成为享誉江南的一代名师。宋代大儒朱熹对言偃的用人之道，有着切中肯綮的评价："取人以子游为法，则无邪媚之惑。"[40] 他在1600多年后回眸这段历史之时，仍然感慨系之："既又考其行事，则武城之政不小其邑，而必以诗书礼乐为先务，其视有勇足民之效，盖有不足为者。至使圣师为之莞尔而笑，则其与之之意，岂浅浅哉？及其取人，则又以二事之细，而得灭明之贤，亦其意气之感，默有以相契者。以故近世论者，意其为人，必当敏于闻道，而不滞于形器，岂所谓南方之学，得其精华者，乃自古而已然也耶？"[41]

言偃任官武城所施行的弦歌之治，在其身后成为社会治理的一种良政模式，影响了一代又一代地方官员。他们把言偃作为效贤勤政的榜样，竭力做好任内善治的各项职责。这在来到常熟履职的官员身上，表现得更加明显。

南宋常熟县令孙应时到任之时，先去文庙学宫拜谒，并畅谈自己的施政方略。言谈之中，他特别强调言偃学道爱民的德政，称"此邦实惟圣门高弟言游之故里，心不敢忘。务在为民祈福，早夜自励。惧力不足，圣贤临鉴，尚佑启之"。[42] 在施政实践中，他"创子游祠，修邑志"，得到地方士庶感恩，身后入祀名宦祠[43]。

清初来自东北广宁卫的于宗尧，19 岁就担任常熟县令。人们以为他太年轻，难以胜任治理江南望县的职责。然而，上任以后，他"听断明察，勇于为治"，而且"兴利剔弊，虽老吏弗及"。他的新政"四年如一日"，使文学之乡士庶安居乐业。诗人冯班有感于他的治绩，挥笔写下了题为《颂邑令于公》之诗。诗中写道："虞山高，高几里，于公哺人如赤子，吏不呼门百姓喜。齐女当年望齐处，四顾簌簌炊烟起。黄头孺儿白首翁，熙熙无事歌田中。稻苗油油桑童童，满眼花枝春色融。汉于公，今于公，千秋相望仁惠同，高门积庆方无穷。天子何时相循吏，当令四海生春风。"可惜这位事必躬亲的青年才俊，任期未满，就劳累而亡。当地百姓不愿他驾鹤西去，"阖邑为之罢市，男女皆巷哭"。后来，邑中士人瞿式耜捐私宅改建成祭祀于宗尧的祠堂；年高德劭的海虞诸生戴兆祚，采录于宗尧的学贤德政，撰成一册《于公政绩实录》传世；乡绅许坤祖孙三代用省吃俭用积攒下来的钱款独家修葺于公祠……[44]

言偃生活的时代，社会动荡，交通不便，信息闭塞，要完成远赴千里求学、传播一家学说、主持一地政务中的任何一项，都是相当困难的。先天条件并不占优的言偃，凭借个人的意志、才能、智慧、毅力，披荆斩棘，筚路蓝缕，奋发作为，把三项事务做得风生水起，取得了烛照千秋的非凡业绩。在中国历史上持续产生影响的"子游氏之儒"、"小康""大同"蓝图、弦歌之治、地名奉贤等，将与言偃其人其事一道，永载华夏史册。

注释：

[1] 唐代孔颖达在《〈礼记〉正义》中写道："《礼运》者，以其记五帝三王相变易及阴阳转旋之道。不以子游为篇目者，以曾子所问事，类既烦杂，不可以一理目篇。子游所问，唯论礼之运转之事，故以《礼运》为标目耳。"东汉郑玄在给《论语》作注时云："《论语》，仲弓、子游、子夏等撰定"，明确言偃参与了《论语》的首轮编辑。

[2] 中国古代兄弟排行的次序，伯是老大，仲是第二，叔是第三。言偃排行第三，故而又字叔氏。

[3] 偃，形声字，从人，从匽，有停止、停息之意。《国语·吴语》中"两君偃兵接好，日中为期"的"偃"字，就是此意。言氏长辈命名第三子为"偃"，取意同此，寄托着他们对偃武修文之世尽快到来的愿望。

[4][8][10][41] 朱熹撰：《平江府常熟县吴公祠记》，陈颖主编：《常熟儒学碑刻集》，苏州大学出版社 2017 年版，第 3 页。

[5] 傅著撰：《子游像赞并序》，陈颖主编：《常熟儒学碑刻集》，苏州大学出版社 2017 年版，第 47 页。

[6] 李贤撰：《重修吴公祠堂记》，陈颖主编：《常熟儒学碑刻集》，苏州大学出版社 2017 年版，第 63 页。

[7][11][30][39] 司马迁：《史记》，中华书局 1982 年版，第 1938、2185、2202、2205—2206 页。

[9][14][29][32][35][38]《四书白话注解》，长春古籍书店 1982 年版，第 76、48、137、110、113、72 页。

[12][21][44] 杨载江：《言子春秋》，同济大学出版社 1992 年版，第 227—229、99、115—116 页。

[13] 沈德潜撰：《吴公祠堂记》，《沈归愚诗文全集》，上海古籍出版社

2010 年版，第 489、490 页。

［15］现在的山东、河南等地是言偃求学、践行孔子学说之地；江苏、上海则是其南归后，传播儒学的重点区域。上述省份的武城、奉贤、宜兴、江阴等地，都有着他的遗址遗迹、故事传说。

［16］富金壁主编：《儒学十三经（导读本）》，北方文艺出版社 1997 年版，第 1376 页。

［17］《老子·荀子·庄子·墨子》，伊犁人民出版社 2002 年版，第 63 页。

［18］康有为撰：《〈孟子微〉序》《万木草堂口说》，姜义华、张荣华编校：《康有为全集》，中国人民大学出版社 2007 年版，第 5 册第 411 页、第 2 册第 160 页。

［19］金其桢：《略论"子游氏之儒"》，《江南大学学报（人文社会科学版）》，2009 年第 6 期。

［20］《简帛书法选》编辑组：《性自命出》，文物出版社 2002 年版。与此表述相类，《礼记·檀弓》里的文字则是："人喜则斯陶，陶斯咏，咏斯犹，犹斯舞，舞斯愠，愠斯戚，戚斯叹，叹斯辟，辟斯踊矣。品节斯，斯之谓礼。"

［22］阎復撰：《平江路常熟县重修文庙之记》，陈颖主编：《常熟儒学碑刻集》，苏州大学出版社 2017 年版，第 29 页。

［23］吴讷撰：《常熟县儒学新建尊经阁之记》，陈颖主编：《常熟儒学碑刻集》，苏州大学出版社 2017 年版，第 59 页。

［24］侯先春撰：《虞山书院弦歌楼记》，《虞山书院志》卷之九《艺文志》，常熟市图书馆藏明万历刻本。

［25］宋奇论：《苏州阳山介石书院考》，《社会科学》2018 年第 2 期。

［26］王卫平：《吴文化与江南社会研究》，群言出版社 2005 年版，第 37 页。

［27］当时，言偃不顾年迈体弱，奔波于吴越一带，坚持聚徒传授儒家学说。他在青溪针对当地民众所开展的讲习，是他一生中最后一次弘传儒学的活动。第二年即公元前 443 年，他就在家乡琴川与世长辞。

［28］姚金祥：《奉贤县志》，上海人民出版社 1987 年版。

［31］［40］朱熹撰：《论语集注》，齐鲁书社1996年版，第55、175页。

［33］《乾隆武城县志·卷九·宦绩》，《中国地方志集成·山东府县志辑（6）》，凤凰出版社2004年版，第297页。

［34］陈颖主编：《常熟儒学碑刻集》，苏州大学出版社2017年版，第55页。

［36］王文锦：《礼记译解》，中华书局2007年版，第784—785页。

［37］夏松凉、李敏：《史记今注》，南京大学出版社1994年版，第881页。

［42］孙应时撰：《常熟县到任谒庙文》，杨载江：《言子春秋》，同济大学出版社1992年版，第110页。

［43］常熟市地方志编纂委员会办公室标校：《重修常昭合志》，上海社会科学院出版社2002年版，第1262—1263页。

言子祭祀场所概论

　　言子在编辑整理、躬亲实践、传播弘扬孔子思想等方面所做的工作及取得的业绩，为他赢得了出生之地、为官之地、传道之地等官民的极大尊崇和景仰。他们通过为言子修建祠堂的方式，表达对这位贤哲的崇敬和怀念。历史上，常熟、长洲、吴县、武城、奉贤、绍兴、株洲等地的地方官员，为言子建立的多处分属乡贤祠、名宦祠、贤良祠等的公祠；开枝散叶于各地的言子后代，为祭奠、纪念其始祖建立的私祠，发挥了一般祠堂无可比拟的示范、教化、聚族等方面的作用。

　　中国古代，有着悠久的"事死如事生"的文化传统。在这种意识支配下，官方从中央到地方设立了各类公办的祭祀场所，用以祭奠为国家捐躯的英烈、为百姓请命的贤哲、为大众造福的官宦；私人则建造了大小不一、遍布各地的家族祭祀场所。其中影响最大的，莫过于由朝廷和各级地方政府修建的祭祀儒家学说创始人孔子的文庙。

　　作为儒家学说最为直接的传承人，被后世尊称为言子的言偃，在孔子思想的编辑整理、躬亲实践、传播弘扬等各个方面，发挥了孔子其他不少弟子难以企及的作用，从而使得他在东汉元和二年（85 年）二月章帝到鲁阙里时，首次与其师孔子一起得到祭祀；在安帝延光三年（124 年），与孔子再次被祀于阙里；之后更是在各地的文庙中作为十哲之一从祀[1]。

不仅如此。言子的业绩，为他赢得了出生之地、为官之地、传道之地等官民的极大尊崇和景仰。他们通过为言子修建祠堂的方式，表达对这位贤哲的崇敬和怀念。

本文拟通过对言子祭祀场所的回顾、分析，从一个特定的角度，记录这位历史人物留给后人的独特印象。

一、言子祭祀场所的历史回顾

言子祭祀场所的设立，在时间上要较文庙为晚，在数量上也远比文庙为少。这是孔子、言子的历史地位所决定的。然而，也不是有人说的，言子祭祀场所只在国内两三个地方设立。

常熟是言子的故乡，是他的出生之地、养育之地，也是他的终老之地、墓茔之地。常熟对他有着特殊的意义。所以，言子祭祀场所，要数建立于古城常熟的最为堂皇。

常熟城内的言子祠，又名丹阳公祠、吴公祠[2]，在崇圣祠南稍西，正殿三楹祀先贤言子，两庑以范仲淹、张洪、言信、吴讷、徐恪、周木从祀。宋庆元三年（1197 年），知县孙应时建祠于邑学

现存的言子祠主体建设

明伦堂东，名丹阳公祠，朱熹曾于庆元五年（1199年）应请为此祠作《平江府常熟县丹阳公祠堂记》。宋端平二年（1235年），知县王爚以"识者议其位次失宜，规模高广，过于文庙"为是，将言子祠迁建于文庙之后，"自东自西，两严庙学之制；在前在后，兼安师友之灵"[3]。元大德间（1297—1308年），改称吴国公祠。明成化二十二年（1486年），巡按御史胡汉按节三吴，在常熟谒言子祠时，认为祠在文庙礼殿之后，隘陋弗展，便命知县祝献、教谕张景元迁建祠于文庙之东，计有正祠三间，旁为夹室，别建二门出入，表其坊曰"先师庙左"。自此以后，此祠又经过多次修葺，正殿的木质结构部分仍保持了元代型制。言子祠现存的祠门、仪门与西厢房、享殿等三进房屋，均为明代建筑，其中享殿外形为方三间单檐歇山顶，面阔和进深约 10 米，殿柱均由金丝楠木制成。它是目前常熟保存最早的古代官式祠庙建筑，也是全国唯一一处在文庙区域内单独设祠祭祀孔子弟子言偃的建筑。

在专设言子祠进行日常祭祀外，常熟还在书院建祠以祀言子。据记载，曹善诚在元至顺初年（1330—1333 年）于常熟县治东北文学桥东"购地作祠宇，开讲堂，列斋庐"，开祠堂建于书院之先声[4]。明代王叔杲出知常熟不几天，就"肃谒文庙"，看到了"庙之左偏有吴公子游祠"，并发出了"是邑也，子游之乡也，岂无所谓专祠、书院者乎"的疑问。于是，他在嘉靖年间（1522—1567年）"庀材鸠工，饬制诹良"，持续建设，形成了"为门为沼，为坊为堂，为寝为楼，为周庐，凡为楹若干，中妥先贤像，以瞻礼之"的建筑格局。所以，严讷在专文中有"书院专祠，则自永嘉王公始也"的说法[5]。明万历初年（1573—1620 年），皇帝诏毁天下书院，文学书院仅存了言子祠。万历三十四年（1606 年），知县耿橘重修文学书院，更名为虞山书院，院内西轴线的言子祠及祠后的奉祀房，承担着祭祀言子、供言氏子孙读书的功能。其后，言子祠随着书院时存时圮，直到拆除。

此外，历史上常熟城乡祭祀言子的场所还有：地处县东街、明宣德八年（1433 年）由巡抚周忱修的言子家庙，位于西门大街东岳庙东、清康熙二十五年（1686 年）由知县杨振藻改建西庄庙而成的言子庙，以及坐落于支塘、也是在清康熙二十五年（1686 年）由知县杨振藻改建五仙祠而成的言子祠等。

古代历史上，地处江南腹地的苏州，与常熟在同一区域内，其对求学于孔门的南方夫子言偃，同样有着难以割舍的亲近感。所以，在姑苏之地，也有多处言子祭祀场所。

苏州郡城之言子祠，建于长洲县乐桥东北块干将坊之旧址，原称言夫子庙、言子庙，由大学士申时行首倡复建。申氏在《赐闲堂集》卷十八《子游祠辨》中，曾详述祠之由来。"窃惟子游生于常熟，专祠故在县中，明载郡志，其来尚矣。乃郡城之祠则废举不常，迁徙不一。初在雍熙寺后，既又改建于乐桥之东，有学道、爱人二坊可据。既又徙于锦帆泾上，寻废……"据此，他倡言"学道、爱人二坊，原系言祠旧迹，湮灭日久，欲行修复，惟此为宜"，并于明万历十二年（1584 年）着手复建[6]。现存于言子祠享堂内、于清光绪三年（1877 年）刊刻的《重建言子庙之碑记》，曾追述言子庙之创立和重建之事。

地方文献记载，苏州的其他多地，也有异名同质的言子祠建筑。明成化三年（1467 年），吴县知县甘泽于昇平桥东县学内修建子游祠；明嘉靖年间（1522—1567 年），吴县知县宋仪望曾创建子游祠、建立书院，《明史》将此作为他治理地方的德政；明代名士顾存仁于隆庆年间（1567—1572 年）建立的位于苏州阳山大石峰山麓的介石书院，"中祀先贤子游氏""以祀言公子游其中"，"而以宋著作佐郎王公苹、明处士顾公愚"配祀，清尤侗曾作《大石山重立先贤子游祠碑记》以记其事[7]；明代长洲名士张献翼则捐别墅及地五亩为言子祠，同时代的王世贞写有诗作《张幼于舍别墅为言子祠敬用志美》予以褒扬。

言子在齐鲁追随孔子学习儒家学说，得到了真传，从而在其付诸实践的过程中，赢得了老师特别的嘉许。其中彪炳千秋的就是他在武城主政的"弦歌之治"。

由于历史上地方行政建制的变迁，春秋战国以后特别是当今的武城，与言子所处时代的武城，已同名不同地，被划归到了不同的行政区域。尽管如此，不同地望的武城，却设有同样把言子作为主要祭祀对象的场所。

古代武城之地何时建祠祭祀言子，已难以稽考。明代著名理学家吕楠游历武城县时所作《过子游祠》诗提到，"城西十里子游祠，犹是汉朝建县基。若问弦歌周末地，白云遥知鲁东陲"[8]，由此推测，受到武城民众拥戴的言子，汉朝时就被供奉在了建于当地的子游祠中，接受官民祭祀追怀。这种说法，只是诗人有感而发，没有文献资料佐证，可能言之不确，但当地祭言的风尚早已有之，当是不争的事实。后世的地方官还相继在此建立弦歌台、弦歌书院，兴办庙学，大力推广儒学，教化民众。

吕楠造访过的武城子游祠，在元代翰林学士张起岩撰写的《弦歌书院记》中，记述得较为清楚："丹阳公祠，旧在武城县城西十里故县中，岁久摧坏……乃择地县治异隅创新祠，设像其中，即祠所构书院。以（元代）泰定乙丑春（1325年）兴役，迄明年（1326年）夏告成……"[9]

20世纪70年代和21世纪初，在山东、河北两省交界的卫运河两岸，曾先后出土了两通丹阳公祠碑：一通是 1973 年在武城老县城运河河务局门口发现的《丹阳公祠堂记》碑；另一通是 2009 年在故城县子游庙村出土的《重修丹阳公祠堂记》碑。《丹阳公祠堂记》碑高 2 米，宽 0.97 米，厚 0.27 米，顶部为半圆形，楷书阴刻，由元代大学士王鹗撰，于元至元五年（1268 年）农历三月十六立，记载了子游出任武城宰时，以诗书礼乐琴弦之声教化民众之事。碑文中有"旧县治有庙，居弦歌台之巅，朱衣大冠，像设甚饰"的记述。《重修丹阳公祠堂记》碑高 1.80 米，宽 0.70 米，厚 0.20 米，上部雕刻二龙，中间刻有"重修丹阳公祠堂记"八个阳文篆字，碑文为阴刻楷书，落款为大吴兼修史周洪谟撰，大明成化元年（1465 年）乙酉冬十有二月既立。周洪谟对子游执政推崇儒学，发展与传播孔子学说，以弦歌之声教化民众的做法给予高度评价，称"自公之没余一千年，而蕞尔武城奉祀不怠，岂非道之在人心者不泯！偕县僚李缙、刘智，典史段铸捐俸以新其屋宇，饰其像位，每月朔望率父老诸生结拜祠下，春秋致享益严无懈，可谓景慕效法而见诸力行者矣"[10]。

这两通在相距约 5 公里的两地出土的石碑，现在分属山东省武城县、河北省故城县，但在先秦以后成百上千年的时间里，它们一直是古武城的区域，可见当地官民对言子的感恩和怀念。

除此以外，古武城还有另外两通丹阳公祠的石碑。据清乾隆《武城县志》记载，它们分别是明万历七年（1579 年）乡绅高可大记县令张燃的重修碑和明万历四十八年（1620 年）进士李三奇记县令游应运的重修碑。

另据记载，今山东省平邑县南武城之地，先秦时期属鲁国，被视为言子任武城宰时的治所。此地所建之子游祠，由吏部尚书周白川创建于明嘉靖二十三年（1544年）；天启四年（1624年）起并祀曾子，更名为二贤祠，同时附祀澹台灭明于东偏；清乾隆三十一年（1766年），关阳司巡检胡世祚将澹台灭明由从祀改为主祀，升其于祠之正殿，并将二贤祠更名为三贤祠。清代至民国时期，三贤祠曾多次扩修，并附设义学，盛时祭田、学田近百亩，当地春秋奉祀相沿成习。

言子在齐鲁学成南归后，在江南传播孔子的儒家学说，到了不少尚未开化的地方。其中留下最深影象的，就是地名题取也与言子相关联的奉贤。

奉贤建县于清雍正四年（1726年），县署初设南桥。雍正九年（1731年）迁址青村，翌年，开始建设新县署，并于乾隆、嘉庆、道光年间先后兴建了文庙、武庙、先农坛、肇文书院、言子祠等设施。著名古文献学家胡道静在《奉贤县志·序二》中解释说："奉贤命名，有其历古传说，谓孔门高徒言偃尝过此地，所以古城青村有言子祠堂；衢道又有奉贤一街，十口相传，云即子游经行讲学所到。逮至建县，援为嘉名。"[11]

胡道静特意提及的言子祠，建在奉贤县署附近的"古游里"，与城隍庙毗邻，由知县杨本初于道光十五年（1835年）捐资兴建。此祠有头门、道南学舍、后殿等建筑；后殿供奉言子神位，屋脊有"圣道南行"四个字。奉贤的另一处言子祠，始建于清嘉庆十年（1805年），位于立县之初的县署南桥，是当地另一个专门祭祀言子的场所。两祠均于1937年11月被日军炮火所毁。

回望历史上有言子祭祀场所的地方，或为他的故园家乡，或为他的任官之处，或为他的传道重镇，除此之外，还有他的子孙背井离乡后的生息繁衍之地。

从近年开展的人口统计可知，言姓在全国大约有6万人，在中华诸姓的人口排序中，列于500位之后，主要分布于江苏、湖南等地。据《湖南氏族源流》记载，湖南的言氏一族，大约在明洪武年间（1368—1399年），因言子后人言寿孙被充军，才自常熟迁徙至湖广茶陵，再迁至湘潭第三都宛在塘，并建宗祠于湘潭城东[12]。

从史籍图文中得知，地处湘潭善化三都二甲之龙头铺的先贤言子祠，有着典型的明清建筑风格，坐北朝南，前后左右分布对称，泥墙青瓦，有高墙护院。宗祠分为正厅、东西两厢、会客室、学堂、历代先贤灵位供台等，有东西辕门、屏风照墙，还有一个宽敞的戏台，可谓功能齐全、规模宏大。祠堂正厅高悬"文开吴会""道启东南"两块御赐匾额，先贤言子祠牌匾，则悬于仪门中额。

从肇建到反复修缮至今，株洲的先贤言子祠在600多年时间里，历经了起始时的一般规模，到最后成型为占地千余平方米，集读书、议事、祭祀、举办社戏诸功能于一体的综合祭祀纪念场所。

位于越国故地的绍兴，古代属会稽郡，当地也曾建有言子祠。

据《越中杂识》载："言子祠，在武勋桥侧，祀言子偃。按言氏子孙居越者众，向无专祠。康熙中，郡守俞卿驰逐邪教，改饰其门宇，以祀言子。后俞公复撤而新之，大门、飨堂、后楼，俱轩敞宏壮。"[13]

古代绍兴构建言子祠，有着特殊的缘由。粗略分析，有两种因素：先秦时言子传播儒家学说，在当地很受欢迎，官民受其影响颇深。蒙受其惠的人们敬奉贤人，习之礼而敬之身，遂建祠祭祀，以为纪念。康熙皇帝为言子题"文开吴会"，也蕴含这种意思。绍兴一带，历史上有一支常熟迁去的言氏族人世代聚居、生息繁衍。这或许是言子祠建造于绍兴的家族基础。

二、言子祠堂类属之分析

中国古代，按照祭祀建筑在资金筹措、用地安排、房屋建设乃至投用后如何组织祭祀活动等方面担负角色的不同，祠堂有着由官方出面主持所有事务的公祠和家族成员分工负责的私祠之分。

依据这种区分方法，在全国各地所建的言子祠中，公祠占了很大比重。

常熟的丹阳公祠，乃是在言子家乡最初创建的专门祭祀场所，由时任知县孙应时于宋庆元三年（1197 年）倡言建立。朱熹在《平江府常熟县丹阳公祠堂记》中写道，"平江府常熟县学丹阳公祠者，孔门高第弟子言偃子游之祠也……自孔子之殁以至于今，千有六百余年，郡县之学通祀先圣，公虽以列得从腏食，而其乡邑乃未有能表其事而出之者。庆元三年七月，知县事通直郎会稽孙应时乃始即其学宫讲堂之东偏，作为此堂，以奉祀事"[14]。

言子出任过行政长官的古武城，后世官民为纪念他在所管辖的范围内取得弦歌之治的政绩，多次修建子游祠之类的祭祀场所。1973 年发现于武城老县城运河河务局门口的《丹阳公祠堂记》碑，由七品道士提领元志一于元至元五年（1268 年）农历三月十六立于丹阳公祠前。碑文写道，"武城为邑，民不满万众，地不过百里，无山林保障之美、金玉珍怪之富，然表表焉与名州巨邑并称而不泯者，特以我丹阳公子游尝为之宰故尔"[15]。言子这位地方长官学问

言子塑像

深厚、道德高尚，以礼乐教化武城百姓的事迹传遍京城、各地，立碑之时虽已逾千年，但其遗风仍为人们铭记，并加以发扬光大，所以历朝历代通过修筑弦歌台、修建吴公祠等，予以立碑作传，使其位列先贤，永享祠祭。

建于常熟、古武城的言子祠，是全国各地言子祭祀场所的荦荦大端。从总体上说，上述两地的言子祠，同长洲、吴县、奉贤等地的言子祠一样，在大类上均属公祠。然而，具体言之，它们还可细化区分为乡贤祠、名宦祠、贤良祠等。

乡贤，从字面上理解是"乡村中的贤者"。《辞源》对此的解释为："明清时凡有品学为地方所推重者，死后由大吏题请祀于其乡，入乡贤祠，春秋致祭。"实际上，乡贤专指地方上所产生的品德、才学为乡人推崇敬重的人。他们或者是有所作为的官员，或者是有一定声望、为社会作出贡献的贤达。从东汉开始，乡贤一词一直是对享有这一称号者人生价值的肯定。

乡贤的祭祀，始于东汉孔融为北海相时祀甄士然于社。甄士然是北海国本地人，史书称其"临孝存知名"，孔融"恨不及之"，在甄死后"乃命配食县社"。自此迄于明清，各州县均建有乡贤祠，以供奉历代乡贤人物，并形成了一套完整的官方纪念、祭奠仪式。

言子生于常熟、长于常熟，在远赴齐鲁求学孔门之后，载道南归，最后叶落归根，终老于故国家园。出于对他的尊崇，后世常熟官民专门为他修建的言子祠，自然有着乡贤祠的性质。

名宦祠是地方官民奉祀在本地任职且有业绩官员的专祠。古人有"仕于其地而有政绩，惠泽及于民者谓之名宦"的说法，意味着入祀名宦祠的人，首先是异地前往任职者，同时有着勤政爱民、治绩卓著的公众评价。

有研究指出，汉平帝元始四年（4年），由郡守率官属岁时祭祀，为祀名宦之始[16]。在此后各地的政治生态中，被人尊为名宦之人，在告别人世后，由当地士民举荐，经所在省级行政最高官会同相关官员审核批准，才有获得其牌位供奉于所在州县名宦祠之中的资格。

从严格意义上说，言子仅在武城一地出任过地方行政长官，按照有关定义，只有在古武城建造的言子祠，方能称为名宦祠。如是说来，在现属山东武城县、嘉祥县和河北故城县修筑的言子祠，也属此类祠堂范畴。

在中国古代，无论是皇家还是民间，对贤官良相都有一种难以言说的偏好，于是，给他们建祠祭祀就成了再自然不过的事。这是各地贤良祠建设长盛不衰的缘由。

贤良祠与乡贤祠、名宦祠的区别，主要体现在其对祭祀者的不同选择上，也就是说，三种祠堂的入祀者都是有功德有威望、业绩惠及民众的官宦，但是前者供奉的对象无畛域之分，而后二者则分别给在外当差的本地官员或任职之处的异地官员建立。

贤良祠的建设和历代王朝的祭祀制度一脉相承。但本文所涉之贤良祠，不是对清代在京师或各地所建贤良祠的实指，而是对以贤官良相作为入祀者的祠堂类属的泛指。据此可以判断，在今山东费县所建、最初以祭祀子游为主的三贤祠，建于苏州大石山的先贤子游祠等，属于这类祭祀场所。

公祠之外，言子后裔或依靠家族力量，或依托地方行政助力，在各地建了一些家祠家庙。世代为言氏子姓大宗居守的言子家庙，建于常熟县东街，明宣德八年（1433 年）由巡抚周忱创修。弘治五年（1492 年）毁于火灾后，于弘治十年（1497 年）由知县杨子器重建，并给祭田 36 亩。清初，知县周敏会同裔孙言森修缮。乾隆年间（1736—1795 年），裔孙言德坚、言如泗等分别复建庙后弦歌楼、重葺并增建后屋四楹。咸丰十年（1860 年）被毁。

株洲先贤言子祠，由常熟迁居于此的言氏族人为缅怀始祖言偃修建，距今已有 600 余年历史。此祠气势宏大，有着三进两院落布局，是典型的明代建筑。祠堂紧邻官道，明清时期，每当朝廷命官路过此处，文官需得下轿，武官必得下马，恭身走过官道三百步，方可重新乘轿上马，继续前行。

三、历史上言子祠发挥的作用

中国古代，祠堂通常供奉家族祖先或被祀官宦的神主牌位，通过定期而且已经形成规范的祭祀活动，或者在此办理事关一族一地的重要事务，发挥其尊贤敬先、商议大事、助学育才、匡正风俗等方面的作用。

建造于不同时代、不同地区的言子祠，不管是公祠还是私祠，

言子祠内陈设

其功能定位与其他祠堂大同小异，然其祭祀对象毕竟不同寻常，它的示范、教化、聚族作用要远较于普通祠堂为甚。

首先，古代社会围绕言子祠开展的活动，体现了当政者对言子从政为官的认可和肯定，彰显了其蕴含的示范作用。

古城常熟言子祠之建，缘于"北学于中国，身通受业，遂因文学以得圣人之一体"的言子[17]，因为"吾乡常熟，实先贤子游故里"。然而，"自子游殁后，至宋庆元三年，一千六百余岁矣，而邑令孙君（应时）始克建祠"。又过了二百多年，知县唐礼于明天顺三年（1459 年）重修了言子祠。始建、重修之言子祠，在"昭子游之善"的同时，"又以乡之后贤如范文正公诸位神主从祀于内，俾是乡之人益有所观感而奋励焉，其有关于风化大矣"[18]。

古代为官当政者看重言子祠作用的，并非唯有任官常熟者，在其他地方官宦身上也有所体现。明代江苏长洲人皇甫汸在嘉靖年间（1522—1566 年）曾任河北大名通判。他在乘船从北京到大名履新时路过武城，专门拜谒了当地的子游祠，得到了颇为深刻的启迪。他在题为《过武城谒言子祠作》的诗中，钦佩言子任武城宰时推行的弦歌之治，立志上任后效仿先贤子游，按照儒家治国理政的方法，造福治下的黎民百姓。诗中写道："溯风枉轻桡，戴星理扁棹。超忽之武城，有荡瞻鲁道。古邑一何卑，令猷久弥劭。弦歌谢清响，精华契深造。曰余厕文儒，耽寂违时好。剖符辞帝京，腰章宰名赵。谅乏操刀资，惧贻制锦诮。经过缅遐瞩，神对宣幽抱。言采江上萍，荐此庙中貌。谁谓千载殊，可以同高调。"[19]

清代出任过地方官连城知县、又担任过京官户部主事的云南安宁人段昕，也曾拜谒武城言子祠，并有感而发，写下了《过武城谒言子祠》。诗中所写"舟晓雨初晴，岧然见城垒。江流环断烟，人家秋树里。枳棘有高枝，鸾凤暂栖止。圣贤天下心，所至无不理。至今弦歌声，汤汤在流水"[20]，同样流露了对先贤理政充满崇敬和钦佩的真情实感。

其次，古代社会围绕言子祠开展的活动，表达了地方官对言子弘传儒学的赞美和敬佩，彰显了其蕴含的教化作用。

孔子儒家学说成为千百年间的治国之道，适合于中国古代社会当权者需要的先天条件当然是第一位的，但同时与他众多弟子持之以恒的宣传推介密不可分。其中，言子从理论阐释到躬身践行两个方面都功不可没。曾官至明中期内阁首辅的杨一清说过，"时至春秋，王者不作，诗书礼乐之化，或几乎熄矣。吾夫子出，始立教以振之，时则有若吴公迈迹句吴，北学于孔子，笃信不懈，遂能以文学上齿颜冉，为高第弟子，卒开东南文献之源"；"公宰武城，独能以礼乐为教，使当官者知以道治民为贤……其为惠于天下后世甚博"。所以，对言子这样"道德之在天下者，庙廷通祀，万世无议"。同时，言子"有功于乡邑甚大……其在乡邑，则泽润后人，不但所谓乡先生而已。为之特祠以奉祀事，仰止景行之意，于是乎存"。正是基于这种考虑，"崇明德、厉风教"的言子祠才得以建立起来，并不断得到重建、修缮[21]。

差不多同时代的周木，通过常熟言子祠与山东颜子祠两者的对比，在给皇帝的上疏中，提出了复建言子祠以弘传地方文教的奏议。他写道，"臣尝奉表南还，道谒颜子祠庙，规制宏敞，该地士民瞻仰讲习有赖。若子游与颜子同居四科，况在生长之区，即恢扩其庙貌，与颜子颉颃，不为过也。今学宫之旁，虽旧有子游祠址，然规制狭小，难以妥神。而本祠之外，又有书院一所，年久颓废，日渐侵削，及今不为之修复，将使旧迹愈湮，作兴无地，何以耸动士民观听而光我国家之文教乎？……请命有司整饬旧祠，量扩其地，增建庙宇，树植坊牌，庶以示推崇至意"[22]。

常熟最初择地于"学宫讲堂东偏，建以祀先贤言氏子游者"的言子祠建成以后，当时亲炙其事的知县孙应时"躬率邑士大夫及子亲奠爵释菜，以妥公灵，礼极备至"[23]。

类似的情形，在建于书院的言子祠中也有所体现。常熟历史上创建时间最早、办学历程最长的虞山书院，经耿橘于明万历三十五年（1607 年）重建，占地面积超过了 15 亩，主体建筑包括学道堂、言子祠、弦歌楼、射圃、讲武厅等院落。"海虞故有文学书院，祠子游，宋元以来屡兴屡废。"耿橘出任常熟知县后，"饬吏以儒，弦歌讲诵不辍，间乃修复言子之祠，辟书院于左……自邑之士绅先生与子弟之好学者、四方之愿从者，相与讲学校艺，习礼其中"。[24]这些建筑中，"言子祠凡三楹，内奉先贤言子塑像"，祠后面有"以栖言氏子孙之读书者"的言祠奉祀房[25]。每年孟春（正月）吉日，"县官送诸生入书院具祭品行礼"，依传统习俗举行释菜礼仪[26]，让入院读书的士子在对言子的祭祀中获得来自"圣贤"的力量。

应当说，地方官员在言子祠建设、言子祭祀等方面身体力行，引领士庶通过尊言养成重读书讲礼仪有节操的品德上发挥了较大的作用。"吴国言公子游，孔门高第，邑之先贤也。"登上学宫中之会馔堂眺望，"东有吴公之祠，仪容严肃，恍若讲道洙泗之时乎。诸生兴高山仰止之思，诚能寻前贤正印之绪，以溯圣人之道，而求无负国家教养之原"[27]。

再次，古代社会围绕言子祠开展的活动，铭记了同族人对言子创家立业的追思和怀念，彰显了其蕴含的聚族作用。

明万历三十六年（1608 年），常熟县令耿橘在披阅《言氏宗谱》后，有感于言氏"为族不甚蕃，而亦鲜显德之人，仅存不绝之血胤而已"的状况，以县东家庙长支 70 世孙言绍庆的品行训定《言族六礼》，作为子姓言行的范本。他认为，"隆祭仪礼，莫重于祭"，但"数年以来，庙常缺祀。今定为例，以春秋仲月祭于庙"，并对庙祭供物、主祭人选、参与对象、祭祀要求等一一予以明确。对于"子弟中有不孝、不友或淫佚者，宗纲及其父兄率诣祖前，痛加责勉。祭之时，合族共饬之。不悛则举之，学而不悛则呈之县，虽贫不授田。仍于家庙中立两碑书其名，东曰劝善，西曰惩恶……其有玩视宗法，徇己灭公者，宗纲既核其情，即与族众共刻之石"[28]。后世的言氏，就是按照这些族规，依托祠堂祭祀、议事等活动把阖族之人聚集在一起的。

常熟的言子家庙，略晚于当地公祠之设，至明中期，"祠至于家者或有兴废"。杨子器知常熟邑事，"至任拳拳以稽古崇德为事，于公之胤周其学歉，婚其未匹，既为屋数楹以妥公神，仍置田若干亩，资延世祀"。家庙落成后，把"不坠家学之传"作为"公之佳子弟"的标准，依礼向言子灵位献上香烛供物，以庇佑求学的门生弟子[29]。

始建于明初的株洲言氏祠堂，族人叫先贤言子祠，另外还有湖湘道南祠的名称。祠堂门楼正前方悬挂的就是这块匾额。祠堂正厅供奉始祖言子画像、南迁祖德永公主牌位，以及各房分支祖历代祖考祖妣以次衬之。每年春秋两季择吉日在此举行大祭，德高望重的族长作为主祭者，率族内各房各支成业主事之男丁恭立祖宗牌位前，备三牲礼品，行三跪九叩首之大礼，宣读祭文，祭拜祖先。言氏春秋大祭是古时当地的盛事，哄传乡里，必杀猪宰羊精心准备。

隆重的祭礼，加上连唱三天的庙戏，附近乡民纷至沓来，场面相当热闹壮观。主祭时，当地乡绅贤达都有亲临祝贺的礼节，官府亦有拨出官银表示敬意之举。言子后人在言子祠内见贤思齐，把根深叶茂的传统文化、宗族文化发扬光大，并传之久远。

注释：

[1] 王晋玲：《言子列名"十哲"从祀孔庙考述》，房伟：《言子从祀文庙考》，陈颖主编：《言子思想的当代传承和价值》，广陵书社 2021 年版，第 121—148 页。

[2] 北宋真宗大中祥符二年（1009 年），言偃被进赠为丹阳公；南宋度宗咸淳三年（1267 年），改封为吴公。

[3] 常熟市地方志编纂委员会办公室标校：《重修常昭合志》，上海社会科学院出版社 2002 年版，第 297 页。

[4] 陈三恪撰、陈其弟校注：《海虞别乘》，上海科学技术文献出版社 2018 年版，第 50 页。

[5] 王叔杲撰：《重建文学书院碑》，严讷撰：《文学书院记》，陈颖主编：《常熟儒学碑刻集》，苏州大学出版社 2017 年版，第 127、131 页。

[6] 李峰：《言子祠祀地域以及政治文化内涵》，陈颖主编：《言子思想的当代传承和价值》，广陵书社 2021 年版，第 113、114 页。

[7] 宋奇论：《苏州阳山介石书院考》，《社会科学》2018 年第 2 期。

[8] 吕楠：《过子游祠》，《武城县志》卷一，明嘉靖刊本。

[9] 张起岩撰：《弦歌书院记》，《武城县志》卷十四，清乾隆刊本。

[10] 周洪谟撰：《重修丹阳公祠堂记》，《武城县志》卷十四，清乾隆刊本。

[11] 胡道静：《奉贤县志·序二》，《胡道静文集·序跋题记 学事杂忆》，上海人民出版社 2011 年版。

[12] 今株洲云龙龙头铺太平桥。

〔13〕悔堂老人撰:《越中杂识》(线装本),浙江古籍出版社1992年版。

〔14〕〔17〕朱熹撰:《平江府常熟县丹阳公祠堂记》,陈颖主编:《常熟儒学碑刻集》,苏州大学出版社2017年版,第3页。

〔15〕王鹗撰:《丹阳公祠堂记》,《武城县志》卷十四,清乾隆刊本。

〔16〕屈军卫:《明清时期名宦与名宦祠研究——以河南名宦祠为中心》,河南大学硕士学位论文2009年。

〔18〕李贤撰:《重修吴公祠堂记》,陈颖主编:《常熟儒学碑刻集》,苏州大学出版社2017年版,第63页。

〔19〕皇甫汸:《过武城言子祠作》,《武城县志》卷十四,清乾隆刊本。

〔20〕段昕:《过武城谒言子祠》,《皆山堂诗集》。

〔21〕杨一清撰:《常熟县重建吴公祠记》,陈颖主编:《常熟儒学碑刻集》,苏州大学出版社2017年版,第73页。

〔22〕周木撰:《请复建先贤子游祠院疏》,《虞山书院志》卷之九《艺文志》,常熟市图书馆藏明万历刻本。

〔23〕张元臣撰:《吴公祠记》,陈颖主编:《常熟儒学碑刻集》,苏州大学出版社2017年版,第311页。

〔24〕王锡爵撰:《重建虞山书院记》,陈颖主编:《常熟儒学碑刻集》,苏州大学出版社2017年版,第296页。

〔25〕《虞山书院志》卷之一《建置志》,常熟市图书馆藏明万历刻本。

〔26〕《虞山书院志》卷之三《祀典志》,常熟市图书馆藏明万历刻本。

〔27〕黄体勤撰:《重建会馔堂碑》,陈颖主编:《常熟儒学碑刻集》,苏州大学出版社2017年版,第302页。

〔28〕《虞山书院志》卷之二《先贤志》,常熟市图书馆藏明万历刻本。

〔29〕《重建吴公家庙记》,陈颖主编:《常熟儒学碑刻集》,苏州大学出版社2017年版,第85页。

(文章原载2022年第3期《东吴学术》)

履任中央地方的中低级官职

——言偃后裔人生足迹探析之一

　　言子后裔中，出仕为官者并不多，担任要职的更是屈指可数。然而，家族的渊源，使他们在任官之时，大多能顾及百姓的利益、福祉。有时，为了他们心目中的理想，辞官回乡也在所不惜。这种士大夫的风骨、节操，在言子后裔身上，有着很多表现。

　　在中国古代历史上，言偃作为地方行政长官，不仅仅是一地之宰的存在，至关重要的是，他在当政武城期间所施行的弦歌之治，既造福了当地百姓，又给后世的地方治理提供了可资借鉴的样本。

　　言偃身后，言氏后裔中担任行政职务的官员不乏其人，但从地位、影响而论，他们难以跟始祖同日而语。但作为先贤的血脉传人，他们在政治上的见解、管治上的效绩，得到祖先的真传，依然高水准地履行了传统文人士大夫孜孜以求的"齐家治国平天下"的职责。

入职枢机施展经世之才

言氏族裔中，第一位在中央政府任职的，是唐高宗时的言大章。大章字云汉，号退夫，是言子第二十八世孙。高宗咸亨年间（670—673年），大章考中进士。科考取士制度，肇端于隋朝，完善于唐代。从现有资料看，言大章是言氏家族中首名进士，也是常熟科举考试历史上最早的进士。科举得售，大章被朝廷起用，授朝散郎，累官至从四品的秘书少监。武则天临朝称制之后，大章辞官归里。其弟名大典，字子常，号潜夫，少大章一岁。唐高宗时（650—683年），通过荐举官拜左拾遗。后因事与其他官员意见不合，挂冠回乡。兄弟俩在居处棣萼堂有福同享、患难与共，在四年内先后故世，时人有"言氏二难"之说。

言大章之后到朝廷任官的是言子第四十五世孙言克光。言克光曾于唐宣宗大中年间（847—858年）中进士，清代言敦道的《言氏家乘》中有记载，而且是家谱中唯一一名在唐代考取进士的言氏子孙。杨载江所著的《言子春秋》中，有言子第四十五世孙言克常曾中式的说法，因前述家谱中无其小传，后者或许有将二人混为一谈之嫌。

累官至尚书郎的言克光在53岁的盛年，因为身体原因辞官回到家乡。他不忘故旧乡亲，专门设立先施堂，拿出自己积攒的俸禄，收养族中孤寡独居的老人。有一年，常熟发生水灾，人畜死伤无数，他率先解囊赈灾，带动城内富户捐物捐粮，解决受灾民众的燃眉之急。

明朝初年，经过多年的战争，百废待兴，朝廷亟需各方面的人才。为网罗社会上的有用之才，洪武三年（1370年），明太祖诏令将言氏子孙编入儒籍名册，由户部给札凭证。于是，言子第六十二世孙言信，以宾兴擢入胄监，以名贤之后的身份进入太学学习。学成之后，他先被用于地方，得到山西孟武卫的差事，又获得朝廷重用，成为皇帝的近侍之臣。他在工科给事中任上，尽职尽责辅助皇帝处理政务，参与商议朝中大事，并纠弹尸位素餐的官员。他不避权贵参劾冗员的做法，得罪了一些高官。朝廷以其议论不合为由将其免职。最后，言信因为出面为方孝孺申冤，触怒明成祖朱棣，被处以极刑。临死之时，他吟出的"宁弃一死随龙比，肯惜余生负祖宗"，表明了他生于先贤之家、不负始祖遗训的态度[1]。

言信被处死，连带其子女被充军，给常熟言氏家族带来沉重的打击。其受伤的元气，一直要到清代才有所恢复。

言子第七十六世孙言朝标，字起霞，号皋云、石屋樵人，清代中期人。乾隆四十五年（1780年）恩赐举人，授内阁中书；乾隆五十四年（1789年）中进士，授刑部湖广司主事，升刑部员外郎；乾隆六十年（1795年），典试广东，升郎中。之后又到多地担任知府。其平生志向是熟读圣贤之书、借鉴过往历史，所以他的书斋之中，有"多识前代之载，不读非圣之书"的自励联语[2]。

晚清以来，欧美列强的坚船利炮打开了中国的大门，加上随之而来的各种西方思想，使中华大地处于"三千年未有之大变局"中。这在先贤子孙的言行举止、生存努力中，或多或少也有所体现。

20世纪初，言子第八十一世孙言敦源先后在北洋军、北洋政府中担任要职，创下言氏后裔在中央担任官职最高的纪录。

言敦源，字仲远，生活于风雨如磐的清末民国初年。他幼年受业于桐城派名家吴汝纶，文章学问颇有其师风范。但参加科考屡试不第，便放弃应试仕进之想，讲求经世致用之学。因为颇有文名，他在袁世凯奉旨到天津小站训练新军之时，于光绪二十三年（1897年）被招入幕中，出掌文案，与当时参谋营务的徐世昌商榷陆军兵略及训练操法。庚子事变之时，地处南北要冲的山东形势岌岌可危，袁世凯派言敦源以武卫军右翼参赞身份，辅佐戍守德州的龚元友。30岁时，言敦源受命代领龚元友之军，开北洋军由文职官员领兵的先例。光绪二十七年（1901年），袁世凯信用言敦源，擢其为道员兼兵备处总办。光绪三十一年（1905年）北洋新建陆军四镇的秋操结束后，言敦源被调任镇守大名、顺德、广平等处的地方总兵官兼练军统领。宣统元年（1909年），新任直隶总督陈夔龙念及言敦源的才华，重用前任之官，任命其为保定军械局总办，后调热河练军统领、德州制造局总办。武昌起义后，他以二品衔任直隶巡警道，擢长芦盐运使。袁世凯就任民国大总统，安排亲信控制要害部门，言敦源被任命为内务部次长。一年以后，他代理内务部总长，成为北洋政府中担任职务最高的常熟人。同年，他借内阁重组之机，称病不再续任，并离京避居天津，从此不再过问政治。

言氏后裔在中央任官，在总体上看，人数不多，级别不高。出现这种情况，跟其家族成员所处的大环境、他们的价值取向存在密切的关系。

言偃生前虽然就是孔门十哲，身后随着孔子政治地位的提升而逐渐见重于当政者，但其后代一直没有得到相应的重视。最让言氏后人难以忘怀的，是言子第七世孙言楷挟策游说楚王而未被采用的经历。当时，年轻气盛的言楷来到楚地，献上了他对战国末期诸侯国交兵不断的治乱之策。对此，楚王以其人微言轻而未加理会。遭此冷遇，言楷心有不甘。他不无自负地说："吾有家学，奚事此扰扰者为？"于是，他回到故国家园，心无旁骛一意读书，成为名重江南的大儒。慕名从学的各地文士，来到他授读的虞山之麓，"履满户外"[3]。

怀才不遇，空有一身本领得不到施展，着实令人唏嘘。而得到了一展身手的机会，却因为个性不见容于他人，无奈选择放弃自己的仕途，同样让人感到无奈。

战国以降，经过常熟先民数百年筚路蓝缕的经营，当地的生产力水平得到提高，经济社会得到发展。随着西晋永嘉之乱后中国古代政治经济中心的逐渐南移，人口也出现不断向南迁徙的情形。据谭其骧对西晋永康元年（300年）至刘宋大明八年（464年）全社会流动人口所作的估算，侨居江苏的约有26万人，侨居安徽的约有17万人[4]。东晋元帝初年，朝廷在海虞县北境侨置郯县、胊县、利城三县，以安置避乱南下的北方游民。之后到9世纪晚唐时期，常熟各方面的进步十分明显。当时，全县的茶盐酒税共计90750贯774文，境内户籍总数有13820户。

借助于社会文明程度的提升，以诗文传家的言氏家族，其独特优势得到充分显现。有唐一代常熟考中的三名进士中，有两人是言氏子孙，说明文化有着强大的内生力量。他们在从政为官后，往往秉持贤祖遗训，尽职尽责谋事做人。在此过程中，倘或因为与同时为官者执政理念不同、行为做派相左，他们不会委曲求全，而是寻找时机借故挂冠而去。这种出仕为官的家族传统，已深深融入言子后人的血脉之中。早先的言大章、言大典是这样，后来的言敦源等也是如此。

谋事地方致力勤政守廉

言子后裔在地方上当差做事的历史，要远早于他们到中央政府任职为官。

东汉初年，言子第十六世孙言成大因为处事果断，为人正直，得到地方高官的赏识，被任命为河南襄城令。北上任官期间，他效仿先祖，把地方治理得井井有条。但大力铲除地方黑恶势力，又不愿阿附权贵，使他难以继续在官场有所作为，只得辞职回乡。离开任所之时，当地百姓心怀感念自发为他送行。

言子第二十六世孙言既孝以善弈名重东晋。深谙弈棋之道的谢安跟他探讨棋理后，感到此人不可小觑，便派他到浙江永嘉任职。到任后，他因势利导减轻百姓负担，亲力亲为解决碰到的问题，因操劳过度卒于任上。他的灵枢，还是当地士子捐款凑钱后，才得以运回海虞的。

据地方文献记载，言芳是明代天顺年间（1457—1464年）从山东邹平到常熟定居的言氏后裔。他的身世有些特殊，有人认为他是言思次子言盈在邹平的后人。他在成化五年（1469年）以二甲十四名高中进士，之后在绛州、广平府、池州担任地方官。史载言芳博学多才，为官清廉，重视名节，是成化年间（1465—1487年）有名的清官。

明代以前，言氏后裔在地方任官，呈零星散发状态。入清后，由于朝廷对先贤后人格外重视，他们出仕的频次明显增加。

言子第七十五世孙言如泗以恩贡生入仕，先后在山西出任垣曲县、闻喜县知县和解州、直隶州知州；在湖北担任过襄阳府知府。在知襄阳府时，他得到乾隆皇帝召见，并接受"既为贤裔，当勉作好官"的勉励[5]。言如泗的长子言朝楫中过举人，曾在安徽任婺源县、贵池县知县，在浙江任浦江县、山阴县知县和杭州府总捕同知。次子言朝标是恩赐举人，在地方上任过四川夔州府、江西南安府、广西梧州府、柳州府、镇安府知府。三子言朝樾为恩贡生，历署江苏江阴、溧阳和安徽庐江县教谕，授江西武宁县知县。

言家驹是言朝楫曾孙言良鉁的次子，也是言子的第八十世孙。他在由军功被保举为直隶井陉知县后，言良鉁以自己任职浙江鄞县县令的经历写信告诫他：知县为亲民官，须知堂上一点硃、堂下一盆血，当以简便不扰而免拖累。命案闻报即往，以免论师播弄。相验尤必亲手，按验不避秽恶，则生死无憾。盗案须以真脏真贼为据，不得锻炼周内[6]。对于井陉县的自然环境，言家驹的子媳在诗文中曾专门提及。其子言敦源在诗文集的自跋中回忆："井陉城如斗大，枕山临流。官廨后有小山，登临眺远，则东北诸山蜿蜒而来，宜晴宜雨，亦起亦伏。舆夫骡纲之替戾，拔极之往来，一一皆入目中而不能尽。城迤南，绵水环抱，夹岸桃林，袤将十里。每当春花怒发，秋涛喷响，流连风景，恋恋至不忍去。"[7]其媳丁毓英以《追忆井陉山居》为题写过两首诗。其一：树影参差上画楣，遥山新翠扑帘青。夜来小雨增秋气，窗外芭蕉报我听。其二：摘取新花满袖香，纷纷红紫上钗梁。山城莫谓无佳景，赢得山光接水光[8]。

言家驹长子言敦煌早年随父宦游时，曾师从李慈铭、范肯堂。以优贡发往河南，出任过虞城、襄城、井陉、新安、获嘉等多地的县令。因积劳成疾，英年早逝。

言尚焜是言子另一个第七十五世孙言如洙的孙子。中举以后，他按清代大挑一等成例以知县用，历署福建上杭、南平等县，特授福州府海防同知闽县知县。闽浙总督汪志伊以其在闽县"才优守洁干练勤能注考请升"，举荐他任知州，终因曾多次被降级降俸罚俸未果[9]。后出任福建连江县知县、台湾府海防兼南路理番同知，卒于任上。

言子第七十九世孙、良字辈言良钰系道光三年（1823年）恩贡生，历任广东乳源、阳江、香山、顺德、南海、新会等县知县，后升直隶州知州代理广州府知府署南雄州知州。其弟良淦曾任福建清流县知县。

言氏文学书院支是以言弘业为始祖的言氏宗支，他们在文化艺术领域有着一定建树。言子第七十六世孙言南金是这一支脉"匡时经济谁为用，奖士风流世罕逢"的人物。他是咸丰三年（1853年）恩贡生，以直隶州判候选内阁中书。他出仕以后的人生历程中，曾有过孔子当年"以貌取人"的类似经历。

事情的经过，带有点传奇的色彩。160多年前，时任两江总督的曾国藩考虑到"日内因人才缺乏，印委各务往往悬缺待人，思所以造就之法。拟每日接见州县佐杂三人，与之坐谈而教诲之"[10]。在确定了采用面试之法储备人才后，他亲手设计了一份简历表。曾氏的这份表格，分为五栏：第一栏填写面试对象的基本情况，包括姓名、年龄、籍贯、字号、现住地址、现任官职；第二栏是履历，"凡所历之官、所派之差、所游之地"，填写于此；第三栏是家世，"凡三代脚色、兄弟宗族、科名官阶"，填写在此。这三栏由应试者自己填写。第四栏是空白的，由曾国藩在面试之后写上评语。最后一栏则是面试日期[11]。

清同治元年（1862年）六月初二，曾国藩按计划开始了他的面试。据其当日的日记记载："早饭后清理文件，与筱泉围棋一局……本日传候补人员言南金、茹晋、周甫文三人，令其手写履历。久候不能写毕。俟至中饭以后，始传人。与三人座谈良久，申

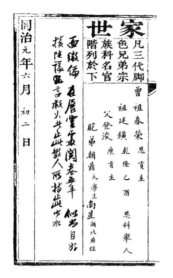

言南金家世、履历

初散。"[12]

　　自此日起至六月二十九日，曾国藩每天面试三人，28 天里共面试 84 人。每天的面试结束后，曾国藩便在参试者的简历表上写下评语，其中的一项重要内容，便是对他们面相的看法。曾国藩综合他们面试时的现场表现和家世、履历以及面相等各种情况，最后作出是优是劣的评判。事后，他将这些简历表装订成册，称为"同官册"，作为用人时的参考。

　　当时，通过与言南金面对面的交流，观察其言行举止，曾国藩在言氏的简历表上写下的评语是"面微偏。在展云处阅卷五年。似尚自好"，并在其名字旁画了一个圈，算是对他的一种认可[13]。

　　清同治三年（1864 年），言南金结束候补官的身份，获得了署太湖县知县的实职。由于当时像他一样的候补官员实在太多，彼此竞相争独激烈，他能得到知县一级的实职，已属不易。

言氏后裔在地方任官期间，大都遵循祖训，关注管治下百姓生产生活的需求，为他们解决实际问题。

言如泗是言氏县东家庙长支的言子后代，在山西多地任职为官，重视兴修水利，留下了极好的声望。言如泗于乾隆十四年（1749年）被朝廷任命为山西垣曲县知县，正式进入官场。当时的垣曲县城邻近黄河，时常遭到河水淹没。言如泗上任后，发动百姓采石筑堤，阻挡河水的侵扰。他调任闻喜知县后，又着手治理当地的涑水河。此河水量大，水流湍急，原来修筑的引水渠都已被大水冲垮。言如泗纠工开挖新的渠道，让周边各村的农田得到灌溉。解州城南的白沙河，地势相当高，经常出现河堤南侧决口淹没盐池、北侧决口淹没解州城的情形。言如泗在到解州为官后，游说上级同意动用盐帑，在白沙河两岸修筑了5里长的石堰，以解决河水漫溢问题。运城的姚暹渠，起着阻挡、排泄盐池外围流水，保护盐池生产的作用。根据成例，其日常维修由当地盐商和普通百姓共同承担。但多年来，姚暹渠的维修由百姓独力承担。当时，运城盐池的盐业生产与经营，由盐运使衙门负责，当地官府无权干预。但言如泗以为，自己是解州地方官，自然要维护百姓的利益。为此，他与盐运使进行多次交涉，终于达成协议，按惯例由商民分担姚暹渠的维修养护。

言如泗在山西各地治水业绩中最让人难忘的，是他给垣曲百姓疏浚的"言公渠"。垣曲境内的亳河，是黄河的一条支流。先前，当地百姓从中引水灌溉农田，保障农业生产。但引水渠年久淤积，发挥不了原有作用。言如泗到任后，深入现场发现了问题的症结，动工疏浚了亳河上游的引水渠，使其恢复了灌溉农田的功能。当地百姓感念言如泗的功德，就把水渠称为"言公渠"。

除了兴修水利，言氏出任地方官的后裔还在整修文庙、编纂方志、传承文脉、举办实业、兴建学校等方面做了许多实事，既给当地百姓造了福，又大大丰富了言氏家族的精神内涵。生于清末的言敦楑是言家驹幼子。他在河南彰德任地方官时，尽管局势混乱，地方不靖，难以有所作为，但他依然兢兢业业立足本职开展工作，获得各界好评。当地百姓曾立碑记录他的从政为官经历。

注释:

[1][2][5][6][9]江苏省常熟市政协文史委员会编:《南方夫子——言偃》，古吴轩出版社 2015 年版，第 224、230、228、232、239、246 页。

[3]《言氏旧谱》，杨载江:《言子春秋》，同济大学出版社 1992 年版，第 205 页。

[4]《江南文化空间生产与海派"新变"》，《解放日报》2022 年 10 月 11 日。

[7]言敦源:《烸庄诗文存》，常熟市图书馆藏民国铅印本。

[8]丁毓英:《喁于馆诗草》，常熟市图书馆藏民国铅印本。

[10]曾国藩同治元年（1862 年）五月二十七日日记，曾国藩:《曾国藩全集·日记之二》，岳麓书社 2012 年版，第 295 页。

[11][13]参见言南金的简历表。

[12]曾国藩同治元年（1862 年）六月初二日日记，曾国藩:《曾国藩全集·日记之二》，岳麓书社 2012 年版，第 297 页。

出任公私教育机构的教席
——言偃后裔人生足迹探析之二

教书育人，是常熟言氏文盛千年、族传百代的一大法宝。从言偃学有所成、在鲁传道，一直到传统教育逐渐式微，被近代教育所取代，言氏后裔对书院兴办、族人共读、风移俗变等方面的重视和人力、财力、物力的投入一以贯之，收到了积极成效。其成功之处，可供当代通识教育借鉴。

公元前485年，言偃怀揣求学报国的理想，告别亲友，负笈北上寻师问道。他在鲁地追随孔子学习儒学经典，深得其中三昧，终于成为孔门的重要传人。在学有所成之时，他遵从老师有教无类的训导，先在齐鲁大地传播、践行孔子学说，继而载道南归，在东部沿海地区设坛课徒，在江南文明的孕育、发展中，发挥了不可或缺的作用。

言偃全力躬亲开展传道育人之举，一方面使得孔子"吾道其南"的宏愿成为现实，另一方面给他的后代树立了为人师表的样板，从而在更深远广泛的历史维度上，留下了他对文化演进所产生影响的足迹。

言偃之后，在长达2500多年的时间里，其子孙后代继承贤祖衣钵，矢志不渝坚持崇文尚教，在办学场所的完善、就读生徒的教习、弦歌雅化的作育等多个领域，出现了众多出类拔萃的人物，取得了他人难以企及的业绩。可以不夸张地说，常熟的言氏家族是江南大地上延续时间最长、涉及人数最多、产生影响最大的教育世家之一。

一、把办学兴教作为履职要务

古代中国，兴修学校、教化百姓，是地方官主政一方的重要职责之一。多年来，朝廷对其为官业绩的稽考，当地对其从政经历的品评，是否重视教育成为一个重要的判断标准。基于此，不少地方官把在管辖区域举办适合士子、有益大众的教育，内化成了其施行德政的一种自觉行动。

言偃的众多后裔中，其第七十五世孙言如泗在山西多地担任过基层官员。他在任官之地大力兴办书院、开展士子教育之举，说明社会各界对地方官的价值判断在他身上烙下了深刻印记。

清乾隆年间（1736—1795年），言如泗在垣曲、闻喜、解州等地任官十数年之久。在此期间，他以先贤言子后裔的独特身份，着意修葺至圣先师孔子的文庙，营建培养科举人才的书院，传承贤祖弦歌治理的正途。有学者梳理，他于清乾隆十七年（1752年）和二十七年（1762 年），分别在垣曲县、平陆县、芮城县主持或倡议修建过弦歌书院、傅岩书院、西河书院[1]。

芮城的西河书院，为纪念春秋战国时期出生于晋南西河地区的儒学大师卜子夏而建。卜是孔子高徒，也是孔门流派之一西河学派的创始人。他曾在西河地区设坛讲学，向门徒传授礼、乐、射、御、书、数"六艺"，开山西私人讲学之先河，对后世产生很大影响。明万历四十年（1612 年），时任芮城知县赵君在传说的卜子讲学地创办文学书院，弘传儒学经典。乾隆时，知县莫溥按照知州言如泗的授意，建造了西河书院。他在《建立西河书院碑记》中写道："州守言公，以先贤文学之裔来牧于解，本经术为吏治，甫一年，政成务举，声教四讫。时以公事接见僚属，慨然命各邑建立书院。余承乏兹芮，且俾沿西河之名以颜之，所谓前有芳型，后人不忍没其意者与。夫文学一科，昔两贤以诗礼交相辉映，迄今二千余年，其流风遗韵炳耀人间……"[2]

对于言如泗重视书院建设的林林总总，胡克家在《素园公墓表》中有过记述。"公服官二十年，强直敢任事，而又廉明慈惠，每以爱民教士为先。垣曲、芮城、平陆，向无书院，均公所创建，他如东雍、解梁、条山诸书院，皆重为修葺。其课生徒必延名师主讲，公余又面与诸生讲解，随时赉给，无不鼓舞自励，蒸蒸日起。垣曲、安邑科第中绝，自公振兴，春秋捷者日多。公去晋时，运城盐商馈白金二千四百为赆，却之不得，白诸当事，充书院经费……"[3]

解梁书院是明代中期与心学大师王阳明"双峰对峙"的著名理学家、关中学派的集大成者吕柟在解州任职期间创办的书院。明代晚期,书院屡遭皇帝禁毁,到清代中期,历经浩劫的解梁书院已是杂草丛生,颓废不堪。乾隆二十六年(1761年),知州言如泗在韩侗购置解州城内崇宁坊张氏旧园,建房90余间和文昌阁、奎星阁及池塘、亭子,重振解梁书院雄风的基础上,再加修葺,使这一造士化俗之处愈加出彩。

言如泗以后,言朝楫、言南金等任过地方官的言氏族人,不忘先人言传身教,还在其他地方修建了课士之所。清乾隆三十三年(1768年),时任婺源知县的言朝楫用修造学宫之余款,完善当地紫阳书院设施:一是在原有房屋基础上,添建了书舍;二是把题有紫阳书院字样的匾额揭挂于大门上,使其更加醒目。

地处安徽宿州濉溪的古濉书院,兴建于清代晚期。宿州知州何庆钊纂修的《宿州志》记载:"道光二十七年,凤颍同知赖以平创设古濉书院,咸丰五年毁于兵火。昭文言南金于同治间履凤颍同知任,复振兴之。"[4]

中国古代的书院肇始于唐代,兴盛于明清,最初是收藏、校勘、整理图书的机构,后来逐步演变为学者讲学论道、学子求学读书的场所。清中期以后,为培养科考所需人才,书院在各地如雨后春笋般建造起来。通常,书院落户于州郡府衙所在地,或是文脉幽深之处。宿州的地方官大异其趣,选择集镇濉溪建书院,有着怎样的特殊考量呢?

濉溪位于宿州"西北，去城七十里，商贩鳞集，地狭人稠，奸宄易匿。雍正八年，详请州同移驻，并颁捕务关防。同治四年，知州张云吉准将凤颍同知移驻，以资弹压"[5]。这一记载，既说明了知州将凤颍同知派驻濉溪的原因，又同时道出了在此创设古濉书院的初衷。

据史料记载，当年，古濉书院的创建者赖以平到濉溪就任之初，多次召集乡绅商讨书院建办事宜，并率人赴周边市集筹资 680 余千文作为创办经费。为保证书院开办后的日常开销，商请州府特别划拨土地三顷四十五亩五分作为学田。

书院建成后，历经磨难。先是在清咸丰五年（1855 年）遭受战火侵袭，毁于一旦；同治十一年（1872 年），新任凤颍同知言南金来到任所，下车伊始便协同各界人士清理旧资，募集新捐，积极从事书院重建。当时，受到他的鼓动而捐钱资助修复书院的，有四品衔 2 人、五品衔 2 人、六品衔 4 人、州同 1 人、千总 1 人、主簿 1 人、补用知县 1 人、训导 1 人、游击 1 人、从九品衔 5 人、理问 3 人、贡生 5 人、廪生 3 人、监生 28 人、文生 27 人、武生 1 人，另有酒坊 11 家、粮行 4 家、京广杂货商号 10 多家、中药店 1 家，共计捐银 20 两、钱 836.4 千文。经过五年惨淡经营，古濉书院终于完成修复工程。对于这段经历，言南金在光绪三年（1877 年）撰写的《重兴古濉书院记》碑文中，有甚为详细的记录。重建之后，书院又受到钱粮不足的困扰，时常靠当地乡绅捐赠勉强度日。

古濉书院位于濉溪老县城后大街（今名沱河路），坐北朝南，西面是仲子祠堂，东面是二府衙门。仲子祠堂又称仲子庙，是孔子得意门生子路的庙宇，由仲子后裔濉溪支脉的后人修建。二府衙门是执掌巡检捕盗、兼理地方词讼的同知府衙，是当年知州在当地超标准配备的治安机构。书院共有三进院落，第一进院的东跨院东屋三间，是山长的宿舍；第二进院门上悬楷体"古濉书院"匾，正中五间讲堂作为讲学及师爷办公用，东厢房为藏书处所，西侧是考棚；第三进院的堂屋和西厢房均是考棚。书院内花木葱茏，修篁掩映，环境幽静秀丽。

古濉书院创办后，当地的童生纷纷入学读书，输送了一些科举人才。据记载，书院前后共培养秀才22人，内有廪生8人、贡生7人。

二、把读书育人作为传家秘笈

常熟言氏诗书传家上百代，文脉延续两千载，原因多种多样，但其家族成员一贯重视教育，当是不可忽略的一个重要方面。可以说，教育极大地丰富了言氏家族文化的内涵，使之在不同社会环境下都有传承有绪的内在活力。

生活于战国末年的言子第七世孙言楷怀才不遇，空有过人的韬略而未被君王采用，但他并不怨天尤人，而是扬一己之所长，依托家学闭门读书，潜心钻研"六艺"，终成四方士子仰慕的大儒，从其学者不绝于途。

人称"言将军"的言子第二十二世孙言循为人刚正不阿，路见不平就要出来主持公道。这种个性，改变了他原来的人生。一次，他当街斥责了一个枉法的胥吏，为他人出了一口气。他的这个举动，既使胥吏受到了处罚，也让自己付出了被发配外地的代价。尽管在充军路上，他被一纸公文释放，但这种遭遇，使他醒悟有勇还需有谋，并选择拜师读书开始自己新的人生。当时，与学塾的其他生徒相比，言循的年龄明显偏大。为此，他说动老师收其入塾，并以更加自律的学习态度，夜以继日诵读诸子百家之书。几年下来，他成为对上古典籍融会贯通的生徒。老师劝他以此博取功名，他以读书主要为改变人的气质为辞加以婉谢。后来，他在读书台焦尾泉旁构屋三间，设塾教授生徒。

进入南宋，受连年战乱的影响，中原士人不断南下，常熟出现了南北朝后又一个人口增长高峰。与当时的这种局势相左，言氏家族的社会地位却呈现出下降趋势。端平年间（1234—1236年），县令王爚发现言氏家族中不少人放弃读书而从事耕种，深感没有尽到官府责任，遂专门开设象贤斋，把言氏子孙召集于内，为其买书延师进行授读。因为是免费办学，还要为就读者提供食宿，王县令还拨出400亩土地作为祠田、500亩土地作为业师薪酬的保障。

受益于王县令的嘉惠贤斋之举，言子第五十一世孙言腾等言氏子孙在象贤斋读书明理。言腾感激王公美意，一心只读圣贤之书；县令则对其器重有加，遇到疑难政事邀他一起探讨，把他看作堪当大用的经世之才。他虽然盛年而卒，却留下了不少著述，体现了他学用结合的才能。

言氏族人中，不少人不仅重视自身接受教育，而且十分注重给同族子弟提供求学上进的机会。言子第六十六世孙言弘业在常熟城内山塘泾岸置地建造家族式书院之举，是最有力的证明。这座书院，与元代由富商曹善诚捐资创办于醋库桥东行春坊内的文学书院同名，是由言弘业独力为家族成员打造的。钱仁夫在《重建文学书院记》中所记述的"书院经始落成之岁月"，留下了言弘业办教育、振家声的心迹。文章写道："今其主奉孙弘业，择地于县治之南、琴川之上，土燥亢而位面阳，左为家庙，右为居室，庙门则揭以文学书院之旧榜。视旧庙，则有门、有堂、有庑、有庭，四时之祭，合族人以行礼，周旋折旋，中规中矩，闻者见者莫不赏叹。前此提学御史江右张公、浙东萧公，据邑学师生呈词，批送言氏裔孙名弘业者，复主奉之旧以奉祀事。且录其子名震者，教养于学。及是书院告成，巡抚都宪西蜀李公行县因睹其盛，询之邑学师生，质之山林耆旧，咸以为宜，遂移文有司，岁拨门仆月给廪米，则所以崇重先贤，激励后学亦甚盛心。弘业自谓德实凉薄，无以承继先绪，恐负上人兴起盛心，请记其事于石。"[6]言弘业振兴言氏的雄心，虽因书院建成不久即被豪门强横夺去而大打折扣，但由此出现言氏文学书院的一个支脉，说明其起到了聚族的功能。

言子第七十二世孙言易文自幼喜欢舞刀弄棒，骑马习射，还曾瞒着父母参加武庠生考试，以第十名的成绩成为武举秀才。对于儿子素以尚武为事，言国辅不无忧虑，表示言氏家族世代以诗文传家，不要到了这一辈而中断。言易文听到父亲的话语，深感自己肩负责任的重大，便精心准备考入邑内游文书院就读。完成游文书院的学业后，言易文把传道受业解惑作为己任，选择到虞山书院担任授读老师。为师课徒期间，言易文针对书院生徒多院舍紧张、原有资产不敷所需的实际，拿出自己的积蓄购买土地，而后捐给书院作为学田；对于家庭贫寒的生徒，他尽己所能予以帮助，并且不求对他个人的报答，只图其日后学有所成，不忘书院的培养，能为学舍的更新修葺出力。他的品行操守，深得当地士林赞许，受业于他的不少生徒，通过科考获得了功名。时任江苏学政、有"才高八斗"之誉的李因培对其也是赞赏有加，为其无意功名感到惋惜。

三、把礼乐教化作为人生信条

言偃在出宰武城后，遵循孔子"君子学道则爱人，小人学道则易使"的教导，在治地施行礼乐教育，用儒家后学的微言大义表达，就是"教以《诗》《书》，诵之歌之，弦之舞之"[7]。相较于后世士子的"学而优则仕"，言偃通过礼乐教化实现管治区域的政通人和，其德教的内在意蕴更为丰富，在历史上产生的影响更加深远广泛。

言偃后裔继承贤祖把礼乐作为治理一地、造化百姓之有效手段的传统，不论是出任地方官还是恪守士绅身份，都十分注重教化在人们日常生活中的作用，着意通过提供有教无类的教育，在社会上养成尚文读书的风气。

言子第六十一世孙言福孙曾在元至正年间（1341—1367年）担任常熟州[8]儒学训导。任内，他发挥自己专长，时相与邑中名士砥砺，为发展地方教育、提振士林风气尽职尽责。从福建长乐流寓常熟的林大同，与言福孙惺惺相惜，专门为他写诗作记："高卧云窝意自闲，脱巾石壁听潺湲。介于巢许畴能及，清比夷齐杳莫攀。蕙帐沉沉寝夜月，荷衣楚楚佩秋兰。嗟吁投老弦歌里，泪没红尘两鬓斑。"[9]

言偃的其他子孙中，尚有第七十四世孙言廷镳、第七十六世孙言朝樾、第七十七世孙言尚炜等在江苏、安徽等地任训导或教谕，利用其在体制内任职的优势，在地方上培植读书求学的风气。

言子第七十三世孙言德坚是言氏世袭五经博士第一人。早年他所遭受的家祸，使其在常熟无处安身，只得远走松江以教书谋生。离乡背井逾二十载重新回到家乡，特别是成为首任五经博士后，言德坚深切领悟到作为圣贤后人，自己在作育人才上应当承担的责任。清康熙五十九年（1720年），言德坚与乡绅陶贞一、汪应铨等七人，共同出资1000两银，买下虞山读书里蹑云堂书屋，将其改建为本地士子会文肄业之所，并于两年后命名为游文书院。邑人陶正靖、严有禧、张大受等最早入院就读，打下了其日后学业的基础。

进入近代，受到欧风美雨的不断冲击，中国传统的国学教育日渐衰微。言氏后人虽然长期受传统文化的浸润，但面临社会转型、延续千年的生活的变化，他们没有泥古不化，而是作出了相应的改变。

言敦煓是既任过地方官又有从商经历的言子第八十世孙言家驹的长子，曾经在河南出仕为官。有感于日本在明治维新后取得的经济社会发展，言敦煓认为其教育有值得借鉴之处。清光绪三十三年（1907年），他带着长子言雍然东渡扶桑，专门去考察日本的近代教育。结束考察回国，当即在河南获嘉县创办了他认为可以改造国民性的近代国民小学，开了河南有近代意义小学教育的先河。

言敦煓二弟言敦源在称病辞去北洋政府内务部代理总长职务后，定居天津从事矿冶业、纺织业、金融业等，均取得不凡业绩。家业有成，言敦源感念往日所受之教育，起而行动反哺教育。当时，他先后出资襄助兴办天津南开女中、耀华学校等，大大拓展了传统教育的对象和范围。1926年10月20日，天津南开中学创办人张伯苓在《致长芦盐运使言敦源的信》中，先对言敦源捐建南开女中之举予以肯定，称"目前敝校廿二周年纪念日，并行女中学部新校落成礼，辱蒙光临，非常荣幸。窃念敝女中此次所成新校，由何而能有今日，实自先生捐款提倡始。则即谓今日在校之女学生，皆受先生之广庇亦无不可"。接着，他希望言敦源对学校建设继续加以支持："惟是春风发萌不限于一佛，雨露生物有赖于频滋，苓不揣冒昧，愿先生对敝女校始终成全之。此校虽工竣，尚亏款3万余元未有着落，谨以捐启奉上，乞大力代为登高一呼，想急公好义如先生，自必不以无厌斥我也。"[10] 20世纪30年代初，言敦源偕次子言雍陶、三子言韦叔共同为新建耀华礼堂捐银1200元。

办学兴教之余，一些言氏后裔还亲任教职，承担培养一方士子的责任。言子第六十九世孙言福、言禧，第七十世孙言逢尧曾随耿橘在虞山书院就读，学成后便留在书院讲学，回馈老师的栽培。第七十四世孙言钧自幼熟读经史，束发之年就设馆收徒授课，居然能借此供养双亲。言如泗"服官二十年，以爱民教士为先务，垣曲、芮城、平陆书院，均有创建，并葺东雍、解梁、条山诸书院，延师主讲"。同时，他"亲与诸生讲解，随时资给之"。归里居住二十年，"邑中学校及游文书院，皆创议修葺"。其子言朝标在致仕回乡后，"主游文讲席"[11]。

读史可以明智。前人的可取之处，可以成为镜鉴，助力我们在新征程上有新的作为。

注释：

[1] 李文：《明清时期运城地区书院述略》，《运城学院学报》2014 年第 4 期。

[2] 言如泗纂：《解州全志》卷之十四《芮城县·艺文》，清乾隆二十九年刻本。

[3] 言如泗增辑：《言子文学录》，广陵书社 2019 年版。

[4]《宿州志》卷八《学校志》，清光绪十五年刊本。

[5]《宿州志》卷三《舆地志》，清光绪十五年刊本。

[6] 言梦奎编纂：《言氏家谱》，常熟博物馆藏稿本。

[7] 刘宝楠撰：《论语正义》，中华书局 1990 年版。

[8] 元代元贞元年（1295 年），常熟县升为常熟州，隶属于平江路；明代洪武二年（1369 年），常熟州恢复县级建制，隶属于苏州府。

[9] 邵松年辑：《海虞文征》卷二十八，鸿文书局清光绪三十一年石

印本。

［10］《天津文史资料选辑》第八辑，天津人民出版社1980年版，第190、191页。

［11］常熟市地方志编纂委员会办公室标校：《重修常昭合志》，上海社会科学院出版社2002年版，第1069、1070页。

担任传统文化传承创新的守护者

——言偃后裔人生足迹探析之三

中国的传统文化包罗万象，举凡诗词歌赋、琴棋书画、地方志书、天文历法、花卉园艺、医药之道等均可纳入其中。在这些领域中，言子的后裔或多或少有所涉猎。作为先贤后人，他们兢兢业业于传统文化的守正、创新，对一般地方士子的道德教化、诗书传家，发挥了一定的示范、引领作用。

在孔子众多的弟子中，出生于江南常熟的言子是以文学著称并得到后世尊崇的。宋代著名理学家朱熹在为"孔门高第弟子言偃子游之祠"撰写的《丹阳公祠堂记》中说，"公生其间（句吴），乃能独悦周公、仲尼之道，而北学于中国，身通受业，遂因文学以得圣人之一体……"[1] 明代官至吏部尚书、华盖殿大学士的李贤认为，"吴国言偃子游"，"为圣门高第，视七十二子，不在十人之外，观于四科可见已"，"其识见出于寻常者"。他通过"历考其实，而从朱子之论，以见子游文学之高，决非后世名为文学者之可及也"[2]。明代内阁首辅杨一清也说过，春秋时期，"诗书礼乐之化"

几乎灭绝时，孔子"始立教以振之"。"时则有若吴公迈迹句吴，北学于中国，笃信不懈，遂能以文学上齿颜冉，为高第弟子，卒开东南文献之源。"[3]

言子这种不同寻常的文学造诣，为他众多的子孙后代所继承，成为言氏家族世代相因、绵延两千多年的传家之宝。

回望言氏家族历史上的后生晚辈，能够作诗属文的大有人在。这从他们流传下来的诗文集中可见一斑。

诗文创作竞风流

言子第十六世孙言成大曾发凡起例，创修言氏家族谱牒。此外，他还著有《亲民录》十卷、《言氏家箴》两卷。

在以诗赋取士的唐代，言子第三十八世孙言大章不为外部环境所扰，不断读书仕进，累官至从四品的秘书少监，著有《退夫集》。其弟言大典在兄长过世后，抑制不住内心的悲痛，光挽诗就写下了120首。他著有《春秋指归》和诗集五卷、文集八卷。

言子第七十二世孙言易文自幼喜欢弄刀舞棍，骑马习射，曾考中过武秀才。盛年以后，接受言氏家族要世代以文学传家的庭训，发奋读书，最终修成正果。晚年著有《雪石公诗文集》。

言子第七十五世孙言登浚4岁入私塾读书，8岁能作诗，被目为神童。得寒疾之症痊愈康复后，他以子史为常课，每天诵读从不间断。著有《瓿馀集》《弦歌楼诗钞》《梅花诗百首》等。

言子第八十一世孙言敦源，顺应近代社会发展大势，长期从事金融、实业，均有不凡业绩，人称"一代北洋儒商"。他曾于1913年代理北洋政府内务部总长，是当时常熟人中任职级别最高的官员。他的诗词功底扎实，文采出众，与名流李叔同等时相唱和。李嘉有在《近代诗介》中，对言敦源的诗文很是推崇，称其诗作起伏跌宕，功力深厚；文章体裁多样，简古可诵。

言氏子孙中，不仅男性留下了很多诗文作品，女性也不遑多让。言忠贞是言子第七十七世孙言尚炽之女公子。她嫁与吴县相城人施震福为继室，与夫婿经常谈诗论词，切磋文艺之道。她是翁同龢之姊翁端恩的表嫂，两人时相唱和往来。言忠贞观察事物细致入微，不时以日常所见之事、人们视为平常之物作为题材写作诗歌。她特别喜欢梅花，写了不少吟咏梅花的诗作。她的诗作，以三卷《话雨楼诗》存世，由翁端恩作序。

当时，不光常熟言姓的女性，凭借自己的天赋异禀，诗文造诣超出了一般小家碧玉甚至大家闺秀，就是嫁入言家的女性，由于受到传统文化岁月漫长的浸润和潜移默化的熏陶，在文学之路上也留下了跋涉的足迹。

言子第七十九世孙言良鉁，曾代理五经博士世职，著有《生花馆集》行世。其妻左白玉，出生于江苏阳湖（今常州），工诗词，作品有《餐霞楼诗词稿》。

言良鉁的次子言家驹能诗善文，著有《鸥影轩词钞》《桤叟诗存》等。他的夫人江韵梅，浙江杭州人，号钱塘女史，能诗会画，作品结集为《梅花馆诗集》。她在言氏家族诗人中，算是佼佼者。

出身宜兴名门的言敦源原配丁毓英，也小有诗名，有《喁于馆诗草》传世。时人称其工于吟事，唱酬之乐，文士羡之。

孝道规范共遵循

儒家的孝敬思想，源于孔子所强调的"孝"是人伦关系中最基本的关系的判断。其最初的表述，是《论语》中的"子游问孝"。由此，有学者认为，言子有着丰富而深刻的孝敬思想，并且是构成子游学派思想的基础[4]。

言子在师从孔子学习，得到"孝"的真传后，在齐鲁大地、在江南地区进行了传播，有效地扩大了其影响的范围。所以，有后学在肯定言子的功绩时说："其志行卓越，豪杰特立，孝敬以励其德，务本以推其学，遂得圣人之一体。"[5]

言子的孝敬思想，影响到了其同时代的许多人，也成为其众多后代在处理宗族关系时遵循的孝道规范。

言子第二十二世孙言撼生活于三国末年、西晋时期的乱世，从小就熟习《孝经》，对孝道有着自己独特的看法。他曾在跟老师探讨毁伤来自父母的身体发肤时讲道，毁伤有有形之毁，有无形之毁。有形之毁伤易见，无形之毁伤难知。一个小孩子有这种见解，让老师也感到惊讶。成年后，他的孝道体现在日常生活的多个方面。有时外出课徒，他总是把弟子呈送的讲课金放在随身的布囊中，回到家后交给父母保管。父母倘有头昏脑热，他往往亲自熬制汤药，服侍左右。有人以其孝亲之举推荐他做官，他则以孝是人的本分，如果缘此得到官职，将损害其名声为由婉言谢绝。父母离世后，他筑庐墓旁守望，终因伤心过度而卒。凡此种种，为他赢得了"孝正先生"雅号。

相较于言摅的孝道，言大章的孝行也让人感动。言大章父母早亡，从小与弟弟大典过着食不果腹、衣不蔽体的生活。实在没有办法，他们便到神庙里拿些香油换米糊口。邻居一老妪可怜兄弟俩，不时送些食物接济他们。为感谢老妪的恩德，言大章在学有所成后，专门寻访到了她的儿子。得知老妪已故，但一直没有下葬，言大章特为其买地营葬，还亲自到坟前祭拜，并赠送30亩田用于其坟墓岁时节令的祭扫。言大章对老妪的感恩戴德之举，把他的孝道理念发挥到了极致。

书法丹青留馨香

古代科举考试，吏部常常以身、言、书、判作为选择人才的标准，其中之"书"，指的就是书法。当时，士子要想蟾宫折桂，除了具备深厚的经史功底、不凡的属文能力外，还必须有相当高深的书法造诣。可以说，书法是科举考试的"敲门砖"之一。

正因为书法在古代士子的人生道路上至关重要，竭欲通过科考改变命运或者借此出人头地的读书人，便从懂事开始就重视书法这门基本功，不分寒冬酷暑进行临帖、修习。

在漫长的历史变迁中，言子后裔的仕进之心，和对传统文化一贯的重视，使他们对普通读书人应做到的习书修身同样十分看重。由此，他们在日常习书练字上，投入了很多时间和精力。

据地方史籍记载，言子后裔中，书法工致的大有人在，有名于时的如第七十二世孙言煌、言易文，第七十五世孙言如洙、言如泗，第七十六世孙言朝楫、言朝标、言朝鼎，第八十一世孙言敦棣等。

言登浚自幼每天练字不辍，通过研究碑帖学习书法。起初，他以二王为取法之师，后来转学褚（遂良）欧（阳询）米（芾）三家。他尝试制作出鸡毫笔，并运用到自己的书法实践中。对他所写之字，邑中书法家翁苞封赞赏有加。他的文化根基，则吸引了常熟望族翁氏的注意。当时在江西任官的翁心存，邀请他专程前去，担任其子翁同书、翁同爵的老师。

言子后裔的书法，留存于当世的尚有不少。其中，有的高悬于名人纪念设施上供人瞻仰，有的作为商业文化张挂于店堂内外，有的收藏或者陈列于公私文博机构之中。在山西解州关帝庙里，有着各个朝代题赠关羽的牌匾。言如泗手书的"绝伦逸群"木质横匾，以诸葛亮称誉关羽的语句为内容，运用灵活委婉的笔触、狂放圆润的手法，把四个字写得飘逸灵动、韵味十足，成为庙内牌匾中的上乘之作。

在中国传统文化中，书、画艺术，纵然表现方式不同，但两者是相互兼容、不可分割的。所以，言子后裔中，精通书法的，也有一些是善丹青者。史籍记载，其第六十九世孙言喜善丹青，笔力苍劲，无匠气；其第七十六世孙言朝鼎擅长画花卉、梅、竹，有《言卓山印存》传世；言朝鼎之姊言筠心，善花卉，工篆刻；言朝标之孙言忠曾，善写墨梅。

中国古代的传统文化包罗万象，影响深远广泛。如果说，诗词歌赋、书法绘画是有着大众基础的文化样态的话，方志编纂、天象观察、悬壶行医、园艺打造、棋枰对弈等，就是比较小众的文化形式了。言子后裔在后面领域里的上佳表现，更加体现出他们在传承传统文化的同时，并没有夜郎自大，也没有故步自封，而是在尽己所能达到新的境界。

纂修方志寄情怀

方志是中国古代由官方聘任学有专长的人士或私人出面编纂的，详细记载一个地方的地理位置、建置沿革、风俗物产、历史人物、名胜古迹，以及收录与当地有关的诗词歌赋、故事传说等的史料性书籍。史学界一般认为，方志的源头可以追溯到周朝。

历史上，常熟有着编纂方志的悠久传统。这中间，一方面，常熟从宋庆元二年（1196 年）孙应时主修《琴川志》起，直到清朝末年，每一个朝代都有志书传世，前后共编修 20 多部，在国内同类城市中绝无仅有；另一方面，常熟人到外地主政一方时，不忘纂修

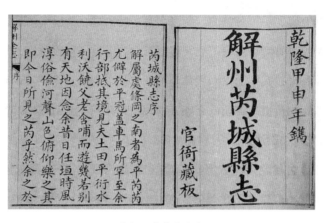

言如泗纂修的志书

任官之地的志书，把常熟重视方志文化的做法，有创意地推广到异域他乡。

清乾隆二十六年（1761年），言如泗出掌山西解州。当时，解州知州负责管理安邑、夏县、平陆、芮城四县及运城镇的各项事务。履任之初，言如泗在参酌旧志的基础上，对全州所属各县志书进行重新纂修，并统到《解州全志》名下。其中，《解州安邑县志》为《解州全志》的刻本之一，刊于乾隆二十八年（1763年），按内容分为16卷，卷一为沿革、疆域；卷二为山川、风俗、物产；卷三为城池、坛庙、公署；卷四为学校、田赋、户口、仓储、兵防；卷五为职官、宦绩；卷六、卷七为选举；卷八、卷九为人物；卷十为列女；卷十一为古迹、祥异；卷十二至卷十五为艺文；卷十六为杂志。翌年，18卷《解州全志》刊刻行世，分星野、沿革、疆域、山川、风俗等20余目，卷前所收图版17幅，包括解州州境全图、州城图及名胜图等。对于《解州全志》另辟蹊径，在志书编排体例上的创新，胡克家在《素园公墓表》中称赏不已："公修《解州全志》，阐微发幽，最为详备，凡修直隶州志者，多仿其体例焉。"[6]言如泗本人，也以此为得意之资。他在《常昭合志·序二》中写道："犹忆三十年前，如泗任解州时，纂一州五属志书，创立直隶州志之体裁，闻后来修《直隶州志》者，悉本其式。"[7]

乾隆三十四年（1769年），言如泗因为对属下犯罪存在失察之过，被朝廷免除襄阳知府之职。返回故里后，对纂修方志仍然抱有往日的情怀。因为"常昭邑志不修者已六十年矣"，"公虑文献无征，考订采访，手自编纂成《常昭合志》12卷"[8]。用言如泗自己的话说，"吾邑志乘不修已六十年矣"。其间，《常熟志稿》《昭文分志》"未卒业而辍"。"数十年中，邑之户口、田赋、职官、选举、人物、宦迹，与夫因革兴废，人皆知不可以不续纂，且恐其久而轶也。"所以，他"奉准州县志书听绅士自行编纂、交学政查核之例，蓄心二十余年，迨乾隆六十年纂《常昭合志》稿成"[9]。

言如泗侄孙辈的言尚焜，也把修志作为地方治理的一项要务。乾隆五十九年（1794年）中举人后，他以知县用分发福建。在任连江县知县时，他主持纂修了《连江县志》。

怡情见性展所长

农业社会里，人们的生产生活经常受到风霜雨雪等天气多重影响的实际，使观测天象、编制历法，以便自己的行为顺应自然规律，很早就得到了官家的重视。《周易》"观乎天文，以察时变"的表述，中国最早的历法出现于夏代的历史，彰显出天文历法在当时就已被人关注。

然而，对于大多古代的读书人而言，并不把通过仰望星空以观测天象，总结寒暑更替规律以编制历法，作为其基本的生存技能。

例外出现在言氏文学书院支的言喜身上。言喜亦作言禧，是言子的第六十九世孙。幼年从涉猎广泛的读书阅览中，他产生了研究天文历法的兴趣。不论寒冬腊月、高温酷暑，他经常在夜晚观测天象。作为学有所成的民间天文学家，他在日常观察实践中，成功自制了浑天仪，编制出了有他个性的历法。他写作的《天文说》，明显不是当时一般士子的求学读书所得。

古人有"不为良相，则为良医"的个性追求。他们认为，既然科举考试不是所有人都可实现的人生目标，通过医术造福他人，亦不失为实现自身价值的努力方向。言子后裔中，也有着这样的子孙。

言子第六十五世孙言江，"为人刚方正直，厚重不佻，自念出于儒族，兢兢焉惟家训是守，因自号守儒……"。参加科考屡试不中，便不再把精力继续放在八股取士上，而是四处寻访名医，向他们学习医技医术，得到了高明的治病之道。他诊病治疗不求钱财，反而把治病收入用来资助穷人、接济病人。家谱对他的记录是，确定自己的人生目标后，他"尽弃举子业，深究岐黄妙理，得不传之秘。望气能决生死，活人不再剂，千里之内以厚币邀之，公夷然不屑也……有所得，辄以与病且贫者，全活不可数计"[10]。融入他平日治病经验的《内经集注》《伤寒要览》等著作，可惜被火烧毁，没有流传下来。

言子第七十四世孙言廷镶也曾利用自己所学专长，在设教收徒的同时，给人悬壶看病。从他给儿子远程诊病之举，可以看到他医术的扎实。有一年，他的二儿子言登浚得了寒疾，家人请当地医生为其把脉视病，并按医嘱喝药医治后，不仅没有好转，反而脑痛欲裂，痛苦不堪。家人知道用药不对，赶紧写信给因罪被发落至河南永宁的言廷镶，告以具体情况。根据信中所述，言廷镶认为儿子之病，系真阳为阴寒所遏，因此激成悍气，应当用川文蛤、明珠粉滋阴调阳。收到言廷镶的回信，家人按照药方抓药。服了两个月，言登浚的病体果然康复了。

"采菊东篱下，悠然见南山"，是古代超尘脱俗、钟爱自然的读书人冀望的生活情趣。这种人，生性恬淡闲适，对生活没有太多物欲，而把结庐在静谧的山林泉水旁边作为理想追求。言子第四十三世孙言思贞，就是有这种心境的言氏后人。

言思贞"生于唐昭宗乾宁三年（896 年）"。唐代末年动荡不安的社会环境，难以自我控制的生命历程，让他看透了人生的富贵贫贱，使他产生了"众人皆醉我独醒"的自负清高之想，并据此取别号为醒居士。当时，"或劝之仕，辄弗应，言及人世是非理乱，便摇手不欲闻"。他"为人恬退寡营浮云富贵，慕陶靖节为人"，在祖茔言子墓下的影娥川南边，建造了一个名唤容膝轩的小庭院。他按照自己的理念，设计并营造了这个占地半亩的私家园林，种上奇花异草，作为日常起居之处。寄居其间，他焚香鼓琴，莳花弄草，显得其乐融融。偶尔有亲朋好友造访，不擅长饮酒的他，往往为了尽地主之谊，设席"相与品月题花"[11]。他的《百花谱》《四时行乐说》等著述，类同于他平日的为人处世，颇有些不同平常。

琴棋书画"四艺"，是中国古代文人雅士修身必备的技能，故亦称"文人四友"。"棋"字，最早出现于甲骨文上。在其后数千年的弈棋历史中，围绕棋枰对弈，古人们写下了多则耐人寻味的传奇故事，留下了棋高一着、棋逢对手、举棋若定、星罗棋布等言简意赅的流行词语。

把弈棋超越竞技的文化属性发挥得淋漓尽致的，言子的第二十六世孙言既孝算得上是一个人物。言既孝善于弈棋，不仅在于他精通棋理，更在于他从先祖言偃弦歌之治的初步实践中，由弈棋悟出了地方治理的门道。

言既孝在棋界的声名，为东晋有"江左风流宰相"之称的谢安所知，便邀他一起同枰对弈，切磋棋艺。对于谢安的才情，《晋书》在刻画他的人物形象时，曾借助弈棋的细节予以强化。当时，对于兵强马壮的强敌前秦符坚，京师也感到震恐。作为征讨大都督，谢安的首要任务就是安定人心。为此，他以从容下棋作为应对之道，纾解人们的紧张情绪。这在古代史书上有着生动传神的记载。本来，谢安的棋艺不如谢玄，但大敌当前，谢玄因为紧张过度，与谢安弈了个平分秋色。史书由此衬托谢安身居危境的镇定自若。之后，在淝水之战的捷报送到时，正在与人对弈的谢安，面对如此特大喜讯，竟然若无其事继续下棋。其实，对于渴望的胜利，他不可能无动于衷，以致在他起身出门时，屐齿绊到门槛被折断了，都没有感觉到。这种临危不乱的个人素养，成为千古佳话。

能够得到谢安的器重，言既孝不免有些感动，但他依然不卑不亢谈了对棋子、棋手、棋局的独到见解。听了言的看法，谢安惊异于他的不同凡响，便有意识起用他，推荐他到永嘉任职。

接到任职公文，言既孝把棋具统统扔入河中，在他看来，弈棋是陶冶心情的娱乐游戏，有一官半职之人，不能沉溺其中。因为弈棋犹如两军对垒，考虑到输赢，就难以做到心平气和。后来他因操劳过度卒于任上。

言子后裔对传统文化坚持不懈、矢志不渝进行传承创新的态度和实践，是其家族文化似清泉如小溪长期流淌、不曾中断的源头活水。可以不夸张地说，由言子肇端的言氏文化，历千年而活力依然，其根本在于其子孙不断在用自己的聪明才智增光添彩、添砖加瓦。

注释：

［1］朱熹撰：《平江府常熟县丹阳公祠堂记》，陈颖主编：《常熟儒学碑刻集》，苏州大学出版社 2017 年版，第 3 页。

［2］李贤撰：《重修吴公祠堂记》，陈颖主编：《常熟儒学碑刻集》，苏州大学出版社 2017 年版，第 63 页。

［3］杨一清撰：《常熟县重建吴公祠记》，陈颖主编：《常熟儒学碑刻集》，苏州大学出版社 2017 年版，第 73 页。

［4］许霆、陈颖：《言子与江南文化》，古吴轩出版社 2022 年版，第 102 页。

［5］傅著撰：《子游像赞并序》，陈颖主编：《常熟儒学碑刻集》，苏州大学出版社 2017 年版，第 47 页。

［6］［8］言如泗增辑：《言子文学录》，广陵书社 2019 年版。

［7］［9］常熟市地方志编纂委员会办公室标校：《重修常昭合志》，上海社会科学院出版社 2002 年版，第 1466 页。

［10］［11］言梦奎编纂：《言氏家谱》，常熟博物馆藏稿本。

充任提振家族凝聚力的中坚

——言偃后裔人生足迹探析之四

对于绵延 2500 多年的言氏大家族来说，在生存繁衍的一些时间节点，都曾经面临过变故、遭遇过突发危机。处此特殊时刻，家族能否凝聚起合力，影响的不仅是一个个支脉的生息，而且是整个家族的命运。在言氏家族历史上，其成员在困境、危局面前，发挥群体协作精神，凝聚起了从容应对的整体力量，维护了言氏在不同历史时期应有的社会地位。

言子在传播孔子学说、践行孔门理念方面的业绩，彪炳史册，得到了他身后历朝历代士绅的认可和肯定。与言子儒家经典的传播者、弦歌之治的力行者、东南文化的拓荒者的崇高地位相比，其子孙在他们所处时代的观念意识、言论行为、社会声望，根本不能望其项背。然而，他们在争取祖先荣耀、增进家族合力、维系亲情血脉、绵延士子风范等领域，并不都是庸庸碌碌、无所作为的。在长达两千多年的时间里，言子后裔以自己独特的方式，凝聚起了家族面对世情变化从容应对的整体力量，维护了言氏在不同历史时期应有的社会地位。

言子后裔在聚宗族、振家声、尚气节上的作为，形诸文字得以流传下来的资料不少，对其进行归类梳理，可以概括为谋世职、护故宅、修谱牒、葺家庙、缮祖茔等多个方面。

一、循迹陈例谋世职

中国古代，上自名门望族下至黎庶百姓，有着尊先敬祖的悠久传统。言子后裔对作为圣门高弟之始祖的尊崇，有着普通人家同样的考量，更有着寻常之家的不可比拟之处。

言子后裔不同寻常的崇先之举，源于孔子及其多个弟子得到了朝廷赐予的封号，体现在其谋求当政者给予的荣典上。

孔子的学说，在春秋战国时代作为众多治世思想中的一种，起初并未得到统治者的垂青。迨至汉代董仲舒"罢黜百家，独尊儒术"，儒学才获得当权者的追捧，取得至高无上的政治地位。由此，孔子本人也从一介政见的推崇者，逐渐演变成历代君王尊崇的"素王"。据记载，汉元帝永光元年（前43年），曾担任元帝之师的孔子第十三世孙孔霸，上疏请求奉祀孔子。皇帝据此诏令孔霸以所食邑奉祀孔子，并将其长子孔福的户籍迁回曲阜，专供庙祀。这是史籍所载孔氏世袭爵位的奉祀之始，此后孔子嫡系长孙便有了世袭的爵位。其后的千余年里，孔子后裔的世袭封号一直有所变化，直至宋至和二年（1055年）改为衍圣公。

历朝皇帝除给孔子后裔封赏外，在言子后裔接受册封前，朝廷先后授颜氏（1451 年）、孟氏（1452 年）、曾氏（1533 年）、仲氏（1587 年）、端木氏（1684 年）、闵氏（1699 年）的后裔各一员以世袭翰林院五经博士，分别奉祀颜回、孟轲、曾参、仲由、端木赐、闵损等孔子门生。

孔子及其弟子开启、传承儒家学说被朝廷嘉许所获得的荣耀，给当时认同言子思想行为的官员很大的借鉴和启迪。从明朝中期开始，他们先后多次上奏，请求皇帝给言子后裔与孔子及其弟子的后代同样的世袭封号。明正德十二年（1517 年），直隶提督学校监察御史张鳌山上奏，正式表达了这种愿望。他说，"当时《论语》，从难诸贤，列子游文学之科。自唐以来，列于十哲配享。则子游之在孔门，视颜、曾或不及，而视宋时朱熹，因典籍以求圣贤之道，存著述以启来学之功，则已过之。况我朝章表先贤，以朱熹辈俱有世袭五经博士，则子游之后，似亦相应。伏望皇上特敕该部（礼部），查照朱熹事例，札行该府（苏州），勘保言氏嫡派子孙一人，起送赴部，除授五经博士之职……"[1]。之后，明嘉靖时的刑科给事中沈汉、礼部尚书汪浚，清康熙时的江宁巡抚汤斌等官员多次上奏，向皇帝重申与张鳌山同样的请求。汤斌在上奏皇帝的《请录贤裔疏》中申述："孔、颜、曾、孟及先贤仲由、先儒朱熹，皆世袭五经博士。我皇上崇儒重道，复录程颢、程颐子孙。圣驾东巡，录周公子孙，近人录周敦颐子孙，皆世袭博士。圣贤后裔，尽乘异数，甚盛典也……独偓生长勾吴，政教之所不通，乃能奋起遐荒，北学洙泗，开东南数千年人文之盛。其功之所及，尤大且远，而后裔未获邀一命之恩，实为阙典。倘蒙圣恩，念偃之贤，比例仲由，录其子孙，于以光大治化，昭示来兹，裨益良匪浅鲜。"[2]

在多名朝廷命官、地方大员为言子后裔谋求国家荣誉的同时，言子的裔孙并没有选择坐享其成。其间不遗余力为此作出努力的，非言子第七十三世孙言德坚莫属。当时，对于"维尼山之德教，久而愈光，施及贤裔，皆有禄于朝，独子游之后，以贫困不克彻闻"的家族现状，言德坚痛下决心加以改变。他曾自责地表示："今山左及中州诸贤裔皆蒙恤录，独吾宗无有，是余之责也。"[3]

康熙四十四年（1705年），皇帝南巡，在扬州行宫召见了颇有文望的言德坚。言氏有备而来，以家族谱牒进呈御览，获得嘉许。皇帝为言子祠亲笔书写了"文开吴会"的祠额。隔年，言德坚被允准迎接再次南巡的康熙。借此机缘，他献上《谢恩诗册》十章，并请皇帝给言子后裔进行封赏。皇帝对言子裔孙的重视，为其得到朝廷册封开了方便之门。康熙五十一年（1712年），经江南学政张元臣提请，由巡抚王度昭上奏"请恤贤裔"。皇帝旨授"以子游后裔比照闵子、子贡后裔，世袭五经博士，同沐国恩"，并由"文品兼优，委系大宗嫡派"的"言子游七十三世裔孙、廪膳生员言德坚"担任首任翰林院五经博士[4]。"圣祖崇儒重道，表阐往哲，录其后昆，而言氏得授世职，比颜曾诸家。"[5]自此一直到言子第八十二世孙言雍熙，言氏共经历了9任世袭五经博士。

被朝廷册封为世袭五经博士，使言子后裔取得显赫的社会地位。

这一支"圣贤血脉",承续其先祖的德业,以书香世家特有的文化气质,塑造了"秩然大备,为江南氏族冠冕"的形象[6]。

二、尽心竭力护故宅

言子故宅,位于现今常熟古城区东言子巷,是言子早年的生活、学习之处。唐代陆广微在《吴地记》中记载:"常熟县……北一百九十步,有孔子弟子言偃宅,中有圣井,阔三尺,深十丈,傍有盟……"[7]宋代朱长文的《吴郡图经续记》及历代邑志,对此也有明确记载。后人记述及此,总要强调"先贤言子,产于吾虞,有宅在县治北,其巷曰言子巷……去县治百九十步,图志可覆验也"[8]。

在言子身后的千余年时间里,言子故宅一直由言氏子孙世代相守。但到了唐代中期,出现了言宅易主的变故。

唐乾元二年(759年),有堪舆师放出风声,称言氏诗书传家,世代簪缨,跟言宅风水极佳存在莫大关系。邑中大族获悉此情,愿出重金购买,正好与受到利益驱使的言氏不肖子孙不谋而合,双方遂达成交易协议。言子第四十一世孙言端操得知族人干出这种欺宗卖祖的恶劣行径,予以坚决斥责,并抱着不收回言宅不罢休的决心,手捧言子遗像,将一纸诉状告到县衙。之后,他毫不理会地方官员装聋作哑,铁了心地逐级上告。由于大族买通了官府,他的状告之路,终究没有使祖宅回归言氏。

在中国古代，失去祖先世居之地，是族中大事，对于作为先贤之家的言氏家族而言，则更是不能容忍之事。然而，唐代以后，言端操守护祖宅之举，竟然淡出了言氏子孙的记忆。这从清代衍圣公孔传铎在《复言子故宅记》中，明白无误地写下"常熟治城，言子始生之地也……去山（虞山）半里，为子游巷，有故宅，子孙世守之，垂二千余年"[9]，可以概见。

言子故宅再次遭遇不测，缘于明朝初年，言子第六十二世孙言信"以言事得罪，簿录其家，而宅遂废"[10]。"杨仪《明良记》载，明太祖时，言氏有任谏垣者，以忤旨簿录其家，子女皆谪戍。盖言氏繇此几中绝，而宅亦弃之他族。其后西洋人入而踞之，为天主教堂。"[11]从前人的记载中可知，当时，言信因君子气节为方孝孺仗义执言，触怒明成祖朱棣，本人被处死，子女被充军，言氏一族遭受沉重打击。人去屋空，言氏故宅遂被弃置，并为他人所占。后来，这座先贤之宅被天主教徒占据，成为他们做礼拜的教堂。

清兵入关以后，清廷尊崇"孔子之道，以为耶教惑民，一切宜屏去，乃命天下郡县驱其人……"。随之，当政者关闭了设在言子故宅的天主教教堂。清雍正二年（1724年），"言子大宗孙、五经博士德坚因得以请复故宅，言于抚藩。檄下有司，置木主而释奠焉。于是乎，向者二千余年之世守，其废又三百年，而岿然复为言子宅矣"。[12]言德坚看准时机，借助地方官的力量，获得朝廷准许，使得失去三百年的言子故宅重归言氏家族后，意犹未尽，派孙辈言如洙专程前往山东曲阜拜见时任衍圣公的孔传铎，请他撰文记述此事。

言博士恢复、守护祖宅的拳拳之心，极大地提振了言氏族人的自信心。"后之人思二千逾年之业，犹得保守之，或且庆幸世泽之绵延。然历观兴替之由，前人修复之不易，以自昔王侯将相至于庶人之家，所不可多得，而儒素之门幸得而有之，当何如勉自立身，以克绍其先业者，则有睹斯宅而兴其向往之心矣。"[13]

在"雍正间，先博士系园公始克复之"后，言子故宅由于"历年既远，栋宇挠折"，亟待修缮。于是，"如泗鸠工葺治，与兄如洙相度经营，易朽以新，补其缺略，廓大门，建仪门三楹……"[14]经过此次大修，言子故宅有中轴线、东轴线、西轴线三组建筑。中轴线依次为大门、仪门、言子正庙；东轴线依次为祠堂、系园公专祠、墨井亭及世恩楼；西轴线依次为照厅、斋房。

三、持之以恒修谱牒

谱牒，在中国古代有着家谱、宗谱、族谱、祖谱、家乘等不同的称呼，是一种以表谱形式，记录一个以血缘关系为主体的家族世系繁衍和重要人物事迹的特殊文献。它是一部"全息"的家族生命史，不仅条分缕析记录所涉家族的来龙去脉、迁徙轨迹，还包罗其在不同时代生息、繁衍、婚配、族规、家训等历史文化的全部基因。在华夏文明中，谱牒与国史、方志一道，统称为中华民族的三大文献。

言子后裔纂修谱牒，始于言子第十六世孙言成大。据言梦奎纂修之《言氏家谱》载，言成大为"扬前烈，垂后昆"，创修了言氏家谱[15]。之后，仅聚居常熟的言氏后裔，整个家族范围的续修、增修、重修谱牒，就有 16 次之多[16]。

元顺帝至元四年（1338 年），言子第六十一世孙言顺孙按照祖上修谱的旧例，重修了言氏家谱。他在家谱的自序中简要地写道："始祖讳偃，字子游，诞生常熟，为圣门高弟……传至十六世祖成大，始创其谱。至二十七世祖（引按：应为二十六世祖）既孝，辑而上之。三十五世祖寅恭、四十三世祖思本、五十四世祖斌，累代修葺。至元丙子（1336 年）邻灾，回禄延及，毁庙，致令遗书散轶，谱牒毁伤。顺孙随按旧本重复鼎新，间有名讳阙疑，不敢妄补……仍题曰：《言氏家宝》，俾子孙永保守之。"[17]

接受言顺孙的求序之请，与其"交处十有余年"的干文传在为其所作家谱的序言中明白指出，"言吴公之在圣门号高弟……公殁千有七百余年，而其子孙繁衍迄于顺孙，考诸旧谱重编葺之，自公以下凡六十一传。其源流之远，履历之详，与夫崇报之典，靡不悉备。且夫风雨有晦冥，而其道无变迁；时世有污隆，而遗泽无转移。吴公之迹陈矣。自周、汉、晋、唐以迄于今，续其统，振其绪，导其源，浚其流，上以接先贤之正传，下以发潜德之幽光。所谓根之茂者其实远，膏之沃者其光华，而衍庆当无穷矣"。干文传看到顺孙"确（恪）守礼法，和而不流，慎择交游，不为邪媚所惑"，因而发出了"言氏家法有如此者，非徒不忘其本，又能推及敦祖敬宗之意，非习于孔教，其能然乎"的感慨[18]。

言子后裔"汲汲焉以尊祖敬宗为己任"，把持续不断纂修谱牒作为家族的重大事务，是出于他们担心"族属繁衍而或失昭穆之伦、紊长幼之序，又虑世代浸远，后之人莫知或忘继述而自暴弃"。诚如言顺孙从弟养正先生对明宣德间翰林院修撰张洪说的，"请子之言书之谱后以自勖，并得以勖诸后昆，俾继继相承，毋敢失坠"[19]。

当时，言子后裔所修之谱，"条分缕晰，支派秩如，兼载古迹、祀典、历代恩荣及名人记序铭跋、诗篇匾对，触目琳琅，诚洋洋之大观……有祖如子游夫子，固极人世之难事；而子游夫子有如此之贤子孙，则又难中之难也"[20]。

除了世居常熟的言氏子孙外，因家族遭难远走他乡的言子后裔，同样把修谱作为家族事务的重点之一。从明朝初年起，言氏迁居株洲已有600多年的历史。清乾隆三十二年（1767年），定居于株洲的言氏第一次修谱牒。为了找寻到祖宗的根脉，他们不远千里来到常熟，在言氏族谱中找到了其公认的始迁祖言信。其后，他们以三十年左右为修订谱牒的周期，已修谱6次。其中，1925年纂修的《言氏六修家乘》，现保存于湖南省图书馆。

四、赓续传统葺家庙

中国古代，家庙祠堂之设，有着与谱牒纂修大致相同的动因。

如果说，谱牒从精神层面发挥着凝心聚力、壮大家族力量的作用的话，家庙则从器物层面承担着传承家风、强化血缘纽带的载体的功用。

言氏家庙，由言子后裔依靠家族力量，同时依托地方长官助力而建成。据记载，"言氏家庙，在常熟县治东街。庙后西北隅，邻新巷，为庙之后门。明巡抚周公忱总辑图文，载入邑志；县令甘泽重修"[21]。至于家庙始建于何时，家族后人也语焉不详。言氏第七十五世孙言如泗只是在《始祖先贤吴国公县东家庙重修记略》中，有着"县东家庙，自宋以来，建修始末，俱详家乘邑志"这种笼统的表述[22]。

由于"至今惟祠之于家者或有兴废"，在明弘治年间（1488—1505年）"毁于邻火"的言氏家庙，由来自慈溪的知县杨子器重建，"为屋数楹以妥公神，仍置田若干亩，资延世祀"[23]。

言子家族经过两千多年不间断的生息、繁衍，开枝散叶派生出了多个分脉支系，其中以定居县东街区域的县东家庙支人才最多。他们作为言氏大宗，在"弦歌复振旧家声"[24]上发挥了独特的作用。

清顺治初年，言氏家庙再次遭遇火灾被烧毁。言子第七十一世孙言森身体力行，倾尽全部家财进行修建。此举感动了县令周敏，他拿出自己的俸禄襄助修庙。

清乾隆三十九年（1774年）秋，因为言氏县东家庙"所存惟大门一楹，仪门亦曰茶厅者三楹，正殿三楹……庙久不修，瓦漏墙裂，屋势欹斜”，裔孙言如洙、如泗等“鸠工葺治，自大门以迄正殿，焕然一新……正殿供奉圣祖仁皇帝御书‘文开吴会’额，前厅供奉今上御书‘道启东南’额”。事后，言如泗对修庙之举及家庙周边的情形进行了专门记述，强调自己“所以记此修葺之岁月，固示不忘于后……抑且愿子弟有能助我之心，以求祖业之克完”[25]。

五、彰显荣耀缮祖茔

言子墓，修建于“常熟县城内虞山”上，“后倚乾元宫，前临影娥川”，唐代以前的古籍中，有着“吴郡有言偃冢”“言偃冢在吴乡常熟县西海虞山上”等记载[26]。

言子墓修建的年代，现在难以稽考。有研究指出，战国初年，言子的孙子言丰葬先祖于“虞山之椒，与仲雍墓并”，为言子墓葬之嚆矢。到了东汉初年，言子第十六世孙言成大，对经年未修、仅存墓冢的祖墓进行修缮，“封之，树之，使过者有所景仰”，开了言氏裔孙修墓的先河[27]。之后，墓冢逐渐荒芜，可家族谱牒、地方志书却一直缺乏清理、维修的记载。直到南宋端平三年（1236年）以后，县令王爚明令保护墓道，地方官对言子墓的维护修理才成为常态。至于言子后裔对祖墓的保护修缮，则保持着与官家基本相同的节奏。

明正统年间（1436—1449年），言子墓“奉官给帖保护”。万历二十一年（1593年），官府应言子后裔之请，“给墓帖载明四址”：

南至清真宫土地祠，北至三元堂，西至齐女墓，东至官街，并作为凭证保存起来[28]。此后，这份"四址帖"成为官方设定的言子墓区域保护建设范围。

然而，事实上，乾隆年间，当地就出现了破坏这种规矩的情形。当时，"有仲雍别裔，以言氏占越墓道，争控批词，发县。周氏不俟勘详，于昏夜建立清权坊于街口"。对此行径，"如泗率同族人具控"进行反击。县衙据此下令拆除牌坊，但遭到上司委派的粮道胡文伯的阻拦。胡因与五经博士言如洙"挟有夙嫌，遂将墓右让为仲雍墓道，自罗城坊表碑亭祠屋池桥而外，余地悉归之官，两冢俱不得争执"，根本没把"前朝印帖"作为凭据，"率行断结"[29]。

明清时期，围绕言子墓冢的保护、修理，墓葬周边相关纪念、

言子墓道文学桥

祭奠设施的建设，言子裔孙花费了很多精力，也投入了不少财力。

言子墓的头道牌坊，正额刻有"言子墓道"四字。中间两根石柱上，所刻柱联"旧庐墨井文孙守，高坦虞峰占树森"，为裔孙言如泗所撰。左、右两侧门额上，分别刻着"乾隆三十三年岁次丁亥三月廿八日建""翰林院世袭五经博士裔孙如洙等恭立"字样，明白告知牌坊建立时间、经办人员。清代常熟县志在记及言如洙时，曾赞其"尤尽力于贤墓，请于当事，拨给祭田百亩，修废举坠，树坊甃路，规制一新"[30]。

第二道牌坊，坊额为"道启东南"。此坊建于清乾隆二十三年（1758年），以言如泗于七年前在苏州迎驾时所得到的乾隆御书"道启东南"摹刻于坊额之上，以彰荣耀。与此同时，言如泗还在石坊左右建立了谕祭文碑亭各一座，在报功亭旧址建立了飨堂，修浚了影娥川，并在其上架设文学桥以登墓道。

清乾隆三十五年（1770年），言如泗于言子墓前半山甬道增建方形石亭，摹勒康熙所赐"文开吴会"额于亭内。乾隆五十二年（1787年），御书亭圮，言如泗予以重建。

先贤墓庐之修缮，与古代社会"崇道学，敦教化"存在莫大关系。"岁时崇祀，列代因之"的言子墓，因"咸丰庚申粤匪陷城，祠墓半就倾圮"。清同治十年（1871年）秋九月，"邑人与贤裔以修理言子祠墓请"。当时带兵路过虞城的曾国藩，下令由牙厘局拨款"以充经费"，并派员"勘估监修，与邑之官绅同襄厥事"。他登上虞山，对杨泗孙说，"从来刑政之余，必陶于礼乐；干戈之后，必被以文章。然后人心可归于正，风俗可返于醇……圣门贤哲，万世景仰。筹款兴修，不容缓也"[31]。曾氏之言，说出的是他修墓的用意，道出的却是言子后裔共同的心声。

除了上述荦荦大端外，言子后裔还在祖先祭祀、子孙课读、家风阐扬等众多方面，创立大量承先启后、光前裕后的功业，其孜孜于养成言氏家规、振拔家族宗纲之举，确保了其勋业一辈又一辈的绵延不绝，文化一代又一代的传承不断。

注释：

[1] 张鳌山撰：《为褒崇先贤以隆圣化事疏》，杨载江：《言子春秋》，同济大学出版社 1992 年版，第 317 页。

[2] 汤斌撰：《请录贤裔疏》，杨载江：《言子春秋》，同济大学出版社 1992 年版，第 319、320 页。

[3] 陶正靖撰：《系园言公墓志铭》，《言氏家乘》，常熟市图书馆藏稿本。

[4] 王度昭撰：《请恤贤裔疏》，杨载江：《言子春秋》，同济大学出版社 1992 年版，第 320 页。

[5][8][11] 陈祖范撰：《复先贤言子宅记》，陈颖主编：《常熟儒学碑刻集》，苏州大学出版社 2017 年版，第 191、190 页。

[6][15] 言梦奎编纂：《言氏家谱》，常熟博物馆藏稿本。

[7] 陆广微撰：《吴地记》，清同治十二年，江苏书局刻本。

[9][10][12]《复言子故宅记》，陈颖主编：《常熟儒学碑刻集》，苏州大学出版社 2017 年版，第 259 页。

[13][14]《重修始祖先贤言子故宅记》，陈颖主编：《常熟儒学碑刻集》，苏州大学出版社 2017 年版，第 235、234 页。

[16] 中共常熟市纪律检查委员会、常熟市地方志编纂委员会办公室、

常熟市文化广电新闻出版局编:《绵延的古风——常熟历史上的家规家训》,广陵书社 2017 年版,第 19 页。

［17］［18］［19］［20］［27］杨载江:《言子春秋》,同济大学出版社 1992 年版,第 305、306、310、311、312、196 页。

［21］［26］言如泗增辑:《言子文学录》,广陵书社 2019 年版。

［22］［25］《始祖先贤吴国公县东家庙重修记略》,陈颖主编:《常熟儒学碑刻集》,苏州大学出版社 2017 年版,第 252、253 页。

［23］《重建吴公家庙记》,陈颖主编:《常熟儒学碑刻集》,苏州大学出版社 2017 年版,第 85 页。

［24］林大同赠言信诗句。江苏省常熟市政协文史委员会编:《南方夫子——言偃》,古吴轩出版社 2015 年版,第 224 页。

［28］［29］言如泗撰:《始祖先贤吴国公林墓修建记略》。原碑在常熟言子墓。

［30］常熟市地方志编纂委员会办公室标校:《重修常昭合志》,上海社会科学院出版社 2002 年版,第 982 页。

［31］杨泗孙撰:《重建先贤言子祠墓记》。陈颖主编:《常熟儒学碑刻集》,苏州大学出版社 2017 年版,第 275 页。

言偃后裔低调处世的原因
——言偃后裔人生足迹探析之五

在常熟的世家大族中，言氏占据着一席之地。但与后起的翁、庞、杨、季、归、屈、蒋等大族相比，其在政治上的建树、科举上的成绩，均居于末位。产生这种现象的原因，既有外在的，也有内在的；既有受到命运操弄不得不为之的，也有出于内心自觉主动而为的。家族历史的演进，总是这么的不同寻常。

自言偃出生于吴地虞山之麓，直至当今之世，言氏家族在常熟延续了2500多年时间。年复一年春华秋实，漫长的岁月，不仅没有使言氏的文脉出现中断，反而由于一代代族人的自励自立，使其诗书之风得到了更好传扬。倒是其政治上的建树、科举上的成绩，似乎与其家族渊源不甚合拍。这种耐人寻味的现象，究竟是缘何产生的，值得作些探究。

一、概说常熟名门望族中的言氏

常熟是一个自然禀赋优越、文化根基深厚的地方。在这方钟灵毓秀的土地上，不同的人群聚族而居，生息繁衍，随着历史的变迁起起伏伏、兴衰沉浮，经过成百上千年的大浪淘沙，到清代形成了翁、庞、杨、季、归、言、屈、蒋八个世家大族。

判断名门望族在地方上所产生的影响，按照古代社会人们的认知，不外乎科举考试的成功率、出仕为官的级别和人数等方面。以此而论，言子后裔在八大家族中，似乎稍逊一筹。

查阅《重修常昭合志》《言子春秋》《南方夫子——言偃》等书籍，言氏子孙中考中进士的有唐代的言大章、言克光，明代的言芳，清代的言士绅、言朝标诸人；考中举人的有言震、言承游、言朝楫、言思鸿、言廷镔、言尚炜、言尚焜、言九经、言友恂、言忠进等；成为贡生的有言锷、言如泗、言春荣、言朝樾、言尚烈、言尚炽、言尚爔、言尚鏮、言尚炯、言尚照、言尚煦、言尚燡、言良钰、言良鉁、言良锺、言忠福、言南金、言家黼等，且多人是恩贡生。

中国古代，众多士子把科举考试作为入仕的不二之选，执着于通过考试达到自己的目的，在历史上闹了不少笑话，在文学作品中也留下了一些贻笑大方的故事。与他们相比，有着先贤作为深厚家族渊源的言氏，固守一向坚持的轻科举重实际的学风，把提升自己的能力素养当成日常课读的主要动力。由此，他们对于从政为官的追求，也远没有亟欲借助考试改变命运的士子强烈。这在言氏子孙出仕任官的层级和人数上可见一斑。

纵观历史上言氏族人中的任官者，在中央政府，官职最显者位居部门最高行政长官；在地方政府，七品知县官居多数，知府郡守则不多见。二者加在一起，在旧志家乘中有名有姓留下记录的前后不足30人。

言氏在科举考试上不温不火、在仕途追求上不求闻达的情形，与常熟科举发达、高官频出的大环境，存在着非常明显的反差。有资料显示，从隋代开科取士至清末废除科举，常熟在历朝科举考试中共产生文武进士486名[1]、文武举人1137名、文武贡生684名。这些士子科考得售后，被朝廷委以枢机重任或派往地方，承担起安邦定国或治理一方的责任。据《言子春秋》对常熟籍政坛耆宿的梳理，从宋代到清朝被推翻，总共有宰相2员，内阁大学士7员，尚书21员，都御史13员，军机大臣5员，总督3员，安抚使、巡抚21员，转运使、提举常平、布政使32员，另有太傅太保8员[2]。

另外，从与常熟的其他望族如翁氏、蒋氏进行比较，也可看到言氏族人在古代社会的低调内敛。翁氏家族兴盛于明清时期，显赫于世长达数百年，出现了"父子拜相、同为帝师、兄弟巡抚、叔侄联魁、三子公卿、四世翰苑"的独特人文现象。其一门人才，给后人留下了众多的物质文化遗产、精神文化遗产。

常熟城南蒋氏自八世祖蒋棻进士及第，开启荣耀乡里的先河，一门共有十余人高中进士，其中蒋廷锡、蒋溥父子先后领文华殿大学士、东阁大学士，蒋陈锡、蒋洲官至总督巡抚，多名族人在礼部、工部、兵部任侍郎或主事，得到朝廷的厚待和重用。其家业的辉煌，并不亚于常熟八大家族中的首席翁氏。

　　历史现象的出现，有其无法避免的主客观原因。即便是造就了江南"冠冕半天下，丞相、御史、翰林学士之属，更仆不能数"[3]局面的南方夫子言偃，也难以预设其子孙在科举考试、任官为宦等方面的作为，但历史本身总会给人们留下一些其演变的蛛丝马迹。让我们从宏观把握、微观剖析两个层面，对言氏的处世之道展开一些深度分析。

乾隆御祭碑拓片

二、低调的基因流淌在言氏族人的血脉之中

自远离故土到鲁地师从孔子学习儒家学说，言偃一直生活在孔子周围。孔子对言偃人生的影响，不仅涵盖儒家学说的学理层面，而且深入到了日常的言行举止、待人接物的方方面面。

春秋时期，列国纷争。割据一方的诸侯，凭借个人的喜好，对社会上出现的不同学说，采取功利主义的态度。作为诸子百家中的一个学派，当时的儒学并不被君王所看重，其创始人孔子每天惶惶度日如若丧家之犬。这种疲惫颓丧的处境，使孔子对入仕做官不抱期待。孔子认为，身处乱世，莫衷一是，他着重要做的，首先是周游列国游说国君，再就是举办学宫，收徒讲学，把自己的治国理想变为现实。在他看来，门生弟子可以入仕就进入官场，不能入仕则通过讲学传授其治国之道，使其思想、主张为后世所用。孔子的这种观念意识，极大地塑造了言偃等弟子的人生。

孔子而外，言偃在如饥似渴地学习儒学经典，不断与师友深入探讨学理的过程中，也从学友身上获得了很多教益。

孔子最得意的弟子颜回出身贫寒，身居茅屋陋室，用竹筒当碗盛饭，用瓢喝水，但他人穷志不短，一生安贫乐道，没有从政为官。一次，孔子把颜回叫到跟前，问他"家贫居卑，胡不仕乎？"他回答说："不愿仕。回有郭外之田五十亩，足以给飦粥；郭内之田十亩，足以为丝麻；鼓琴足以自娱；所学夫子之道者，足以自乐

也。回不愿仕。"孔子听后,变得严肃起来,引用他人说的"知足者,不以利自累也;审自得者,失之而不惧;行修于内者,无位而不怍",对颜回的价值取向予以肯定[4]。

言偃的学友中,不恋权位的,还有闵损、原宪等人。闵损幼年丧母,时常受到继母虐待;成年之后,为父守丧之时,又逢战事而应征从军。艰辛的生活和复杂的人生经历,使闵损深深体味到世事不易,从而养成了他寡言少语、老成持重的性格。他守身自爱,不食污君之禄,是个有原则且品行高洁的人。他明确主张不出仕做官,也以实际行动表明自己的态度。在鲁国权臣季氏派人请他出任私人领地费邑之宰时,他婉言坚决予以辞谢。一段时间里,晋国、楚国想以高官厚禄诱使他做有违其本心的事,都被他断然拒绝。

原宪也出生于贫困寒素之家,有着愤世嫉俗的个性,不肯与世俗同流合污。他在给孔子做管事家臣时,老师准备给他一定数量的粟米作为俸禄,他虽贫依然辞却不受。孔子弃世之时,原宪正值盛年,但他既没有投靠权贵,也没有去追求高官厚禄,而是跑到卫国过起了隐居生活,以此力行孔子倡导的"天下有道则见、无道则隐"的主张。

颜回、闵损、原宪等学兄穷且益坚、不坠青云之志的人生志向,对言偃未尝不是人生镜鉴。事实上,言偃的为官之途,仅止于武城之宰。孔子哲人其萎、告别人世后,言偃离开取得弦歌治理的官场,选择载道南归之路,到长江三角洲一带传授儒家学说。

言氏族人在漫漫人生路上的取舍,不是没有来由的。他们温文儒雅、沉稳内敛的性格，是从其始祖言偃时就开始形成的。简言之，言氏一族延续千年的低调基因，早在言偃身上就埋下了承传不息的种子。有了这样的前因，也就不难理解其家族中接连出现东汉时的言成大，因为不愿阿附权贵，与上官关系紧张而辞职；北宋时的言琭，不满朝廷斥责伊川程氏之学是伪学而绝意功名；元代的言文振，本来就结庐于破山寺旁，对官府设宴的邀请，也以年事已高不予响应等多种事迹了。

三、命运多舛是言氏族人不事张扬的要因

在历史上不同的时代，常熟言氏出于维护家族整体利益的考虑，在不少场合、很多事情上所采取的隐忍态度，摆出的低调姿态，跟他们时不时遭际命运的播弄是密不可分的。可以说，这是他们为谋求大势舍却小利而作出的理性选择。

追溯从言偃起始一步步走过来的历史，言氏宗族曾经历过辉煌，也遭遇了诸多磨难。对后者进行梳理归类，大致有如下五个方面：

一是朝廷的"圣恩阙典"。

在汉武帝独尊儒术、对孔子礼遇有加之后，其众多得意弟子也先后得到了朝廷的封赏。言偃作为孔门十哲之一，依例深受其惠。然而，朝廷对于先贤的态度，并不都是正面、积极的；至于对言氏子孙的看法，则更是根据实际需要在进行不断调整。

对于朝廷授予言裔翰林院世袭五经博士职位，言氏族人一直抱

有很高的期待。这种期待随着孔子一些弟子的后裔被授，言子后人的社会地位却没有达到其期望的程度而变得更加强烈。明嘉靖年间（1522—1566年），"家贫废诗书而学贾，不数年遂成巨富。自奉甚啬，而为祖宗则倾赀弗惜"的第六十六世孙言弘业，念及言氏"子姓式微，非有世袭博士无以为祖宗光，因挟星术走京师，遍千士大夫。士大夫皆爱重之"，并得到刑科给事中沈汉的支持，为其上疏题请荫袭。此议虽为言氏争得了"敕赐祭田，子孙优免差役"等待遇，但没有谋到世袭职位[5]。此事在其后通过多位高官的力陈争取，加之清廷希望借助正统儒学更好笼络士子，才在1712年成为现实。

言子后裔通过自身努力、不断借助外力，最终得以荫袭五经博士，或许可用好事多磨进行解释。而明朝初年言子第六十二世孙言信被诛杀、族人被流放，就完全是皇帝对异己的沉重打击了。言信，明洪武中（1368—1398年）"由象贤斋弟子员宾兴于朝，擢居胄监上舍，寻任工科给事中，弹劾无所避，权贵多畏之。后以议论不合，辞官归。永乐入继大统，方孝孺得罪。公疾走京师，连疏论冤，上大怒，并置于辟"。不仅他本人"以直谏得罪死"，受到牵连，言氏"男女族人多谪戍……核湖南湘潭言氏之谱，其先自茶陵军籍迁湘潭在明末年，皆公之后也"[6]。尽管曾任翰林院修撰、承务郎的乡贤张洪在论及言信被诛事时说，"虽以直谏见罪，而忠鲠之名著闻朝野，亦庶几不昧乎文学之传，不背乎礼法之正"[7]，对他的所作所为予以极高的评价，但这种几乎是涉及整个宗族的灾难，使言氏元气大伤，难以在短时间内得到恢复。

二是社会的动荡不安。

春秋战国以后，中国社会所遭遇的战争、动荡，像被人不时抽动的陀螺，隔一段时间就会重复上演。它所引发的灾难，如影随形，影响着人们生产、生存、生活的方方面面。对于整段历史而言，这种影响或许是局部的、短时间的；然而，对于持续时间超长、涉及人数众多的言氏家族来说，这种影响可能关乎族群的延续、家道的盛衰。

宋朝末年，元兵大举南下，所经之地一片狼藉。言子第五十六世孙言仁和"闻平江守潜说友送款于元……号哭累日"。县城被元兵攻破之日，他表示"臣世受国恩，义不可负，况先贤之后，衽可左乎"，遂后登楼自缢而亡。其妻贾氏在为夫收尸埋入菜圃中后，亦自经死[8]。

当时，与言仁和同样慷慨赴死的，还有言子第五十九世孙言文蔚。家谱记载，"及元师围城，城将陷"，言文蔚言辞激昂地说："三百年养士之恩正为今日，吾其忍觍颜偷生乎？今幸城未陷，吾得死于赵氏之土，亦幸矣"，便跃入泮水之中[9]。

如果说，言仁和、言文蔚等人之舍生，是为心目中之义的话，那么，死于咸丰庚申年战乱的言氏后人，就充当了战争的牺牲品。

1860年，太平军在再次击破清军江南大营后，乘胜攻下了江苏南部多个地方。在两军的攻防战中，江南的言氏后人受到重创。言敦源在《焚庄存稿》中记述，"顾自庚申之乱后，吾宗之祠宇、祭器、法物、图籍固已荡焉无存，而其间之男死义、女死节者更仆难数，各子姓之流离失所，散之四方者尤夥……"[10]对此，《言氏家乘》的记录颇为详细，当时，被杀或城陷遇害的有言子第七十六世孙言翔霄夫妇、言嘉栋夫妇，第七十六世街西二房支言懋经，第七十七世孙言复亨夫妇、言复坤、言复震，第七十八世孙言忠春、言忠福、言忠焴，第七十八世街西二房支言声湘、言声柏夫妇，第七十九世孙言良镜、言良承、言良康、言良铨，第八十世孙言家柱、言家桂等；至于被太平军所掳的则有言子第七十八世街西大房支言声详，第七十八世街西二房支言声涯、言声浚、言声芳，第七十九世街西二房支言洪俊、言洪银，第八十世仲庄支言光远、言光宏、言光春、言光曜、言光迦，第八十世前臧墅支言光斗，第八十世街西大房支言光朝等。

社会的动荡不安，给人们造成的危害是一样的，但对不同阶层、不同地位的人带来的内心感受，却大不相同。这或许是经历了众多国难家变后，言氏后人有意识地选择低调的原因之一。如元初经历了改朝换代之累的言子第五十九世孙言文振，"及宋元鼎革，遂绝意举子业……足迹不入城市"[11]。

三是权贵的欺压霸凌。

言氏家族，在儒家文化成为中国古代社会的主流政治意识后，获得了相当高的社会地位。纵然如此，与大权在握的权贵相比，他们的影响依然不可同日而语。正因为这样，他们在与权贵抗衡之时，往往得失不能相当。

言子故宅内墨井旁的捣衣石，据说是言偃生活时的遗物，汲井中之水捣衣其上，可保持衣服光洁鲜亮，因而被言氏子孙视为镇宅之宝。梁武帝大通二年（528年），皇帝亲戚、太守萧正达到常熟巡视，听闻捣衣石的奇异之处，派人到言家索要，被言子第三十世孙言正坚拒。派去的公差，把言正从石上强拽下来，抢了石就走。县令不敢开罪萧太守，任由公差而去，言家就此失去了这件宝物。后人据此作诗写道："文笔如椽赖染挥，灵泉一派应元机。井旁有石谁持去，不与儿孙更浣衣。"[12]

建于郡城的学道书院，"元初夺于豪僧……元末复夺于豪僧"。在"万历八年，相张居正议毁天下书院，奉行者逐先贤于门外，不拆而送于时相申时行"后，言子第六十九世孙言仲文，"抱先贤位及历代恩典碑文，遍诉当事垂三十余年，家为之破，志不少弛"，才取得了"当事悯之，申亦悔过，捐银买地，官为建屋吴中，书院之不至化为乌有"的结果[13]。尽管申时行通过自己捐出钱财、购买土地的行动，对当初收受书院表达了后悔之意，但权贵及其攀附者不讲道义对社会产生的影响，在当事者心中留下的印记是很难磨灭的。

四是强梁的巧取豪夺。

常熟言氏后裔在尚未显达之时，不为豪门所容，要被其无端找茬；开始显达之后，又不时遭到依仗权势者的滋扰，使得他们的族群延续之路依然走得颇为艰难。

唐代，言氏曾经历过城中豪门勾结族中不肖子孙，联手卖掉始祖之宅的事。"始祖故宅在虞山东里许子游东巷内，自周迄唐千余年间未尝易主。乾元二年，有形家者言，居此宅者累代簪缨弗绝。邑豪印在心，信之，以厚赀唉族不肖子。不肖子利其财而售之。"言子第四十一世孙言端操切齿痛恨这种"蔑弃祖宗"的恶行，"抱始祖遗像诉之县，县畏豪威，弗为理；又诉于府，府利其赀又弗理"。最终，"始祖之宅遂废为民居"[14]。

言子第六十六世孙言弘业曾于明嘉靖二年（1523 年）创建家族式文学书院，从而成为"邑文学书院分支之祖"。这一"崇重先贤，激励后学"之举，在书院落成后却遭遇磨难。言弘业之孙言愚在《自传》中记载，言"弘业，别号思远，少严毅，能继先志，科道文章请给五经博士，部有修怨者，因仅得葺庙之旨，书院由是复兴焉。思远公殁，长子不能守，为新贵所并"。言弘业之季子"讳解，居幼不能禁，破家捐躯以争之，每为不肖族所屈。嘉靖季年，直指吕公以梦感翻案，而父已饮恨长逝矣……至于书院再毁再复，当吾世而得继前人之志，抑何幸耶"[15]。

地处虞山东南麓的言子墓区域，地敞景幽，为不少人觊觎。围绕这片土地，言氏与地方大族也进行过争斗。言氏谱牒中，对此有一些记载："先贤林墓旁小三台，万历年间为蒋副使所占，公与讳潜等控官复之，邑令给帖。""国朝初，里豪召致郡中名优演剧于凌驾山之麓，一时开张茶酒肆甚侈，吾族以掘伤祖坟墓地脉为辞挠之娄。"[16]

五是宵小的图谋不轨。

言氏族人在历史上遭际的磨难，并没有因为他们是先贤的后裔而稍有减少。一方面，常熟言氏毕竟延续了上百代二十多个世纪；另一方面，社会的各色人等中，总有一些离经叛道的无赖之辈，根本不把圣贤放在眼里，而作出无耻的举动。

清康熙壬寅年（1662年）春，言家"世仆王振寰之子静伯、仲和与邻人哄，居然以言氏名帖诉赵宦，以贤裔禀单达官府"。起初，包括言子第七十一世大宗孙言森在内的本宗嫡派都认为，"是恶不可长。不大惩之，异日何以为子孙！"可是，过了几天，同是言子第七十一世孙的言靖，在"同族兄公宷、公觐等到家庙"时，言森居然以"和为贵"为说辞，"非复毅然之色矣"。实际上，他是收受了好处才改变自己最初立场的。对此，言靖等人嗤之以鼻，为言森"不辨主仆之大分"感到痛心。事后，言靖之所以用文字将此记录下来，为的是"使后人知正名，定分云尔"[17]。

王氏冒姓之举，实际始自明末崇祯年间（1628—1644年），而且类似的还不止一宗。当时，言氏子孙世代寥落，"丁不满百，又皆贫弱不振，岂遭有异类奸棍，觇福等式微，冒姓为言，如无锡华氏之家奴，丹阳之市井、屠狯，居然称为先贤后裔。更有本族六十六世孙言世杰无子身故，从幼灶养之仆王振寰罢其家资，并冒言姓，可恶已极"[18]。可见，此类事情由来已久，主家对这种无法无天的行径，也只能是徒呼奈何。

继"王振寰之后一案"，言氏后人又遭遇了"其中之是非曲直自有明断"的"本族大宗孙言德垕控告王隆士"案。"始祖先贤子游，诞生常熟，自南归以来支传七十余世，虽历年久远，而谱系井然，从未有慝生匪类乱吾宗祧者也。"然而，"并非本支"的王隆士，"居然冒姓为言，诉词擅称贤裔"。一向以来，言氏后人"恪遵遗教，非训蒙糊口，即闭户读书，从未有片纸只字涉于公庭"，但"为祖宗起见"，不得不具文公堂，"俾先贤一脉不为异姓混淆"。收到呈文，时任常熟县令杨振藻专门作出批复，"王隆士冒言为姓已非一日"，"大贤之后不容紊乱宗支。嗣后，言隆士但许姓言，不许通谱。存此，以为万世铁案可也"。这一次，宵小之徒的伎俩，纵然没有得逞，但"此辈冒称贤裔，将来为非作歹，不特有玷先贤，亦恐牵累本裔，实属可虞"[19]。

时运不济，对于延续数十个世纪的言氏家族来说，是难以避免的。因此，言偃的子孙后代，在对人生经历的深切感悟中，从历史留下的严酷教训中，慢慢养成了低调应对各种世情俗务的心理预期，并在星移斗转中沉下心来，不露机锋。

四、族属不蕃引发言氏族人的生存隐忧

言氏内敛不张扬的处世态度，固然有客观的外在因素，同时有着家族内部自身的原因。其中最为突出的一个方面，是言氏家族在子嗣繁衍上存在的问题。

史料记载，清乾隆末年，常熟、昭文两县的人丁总数，达到了89万多，人口的集聚程度很高。反观当时谱牒所载言氏宗支的男丁人数，总共仅超千人，所占的份额极小。贤裔生员言廉、言德

垦、言梦奎等在斥逐异姓冒宗者的呈文中也承认，言氏宗族"子孙寥落，在常熟者止有家庙、书院两支，在苏郡者止有专祠一支，共计老幼不过五十余丁，从未有流寓他郡者，谱牒昭然可据，岂遭奸棍觊觎……"[20]不可否认，这种说法有夸大言裔坚执居住于苏常的成分，但言氏人丁不旺之事，则不是说辞。

上述情况，也可以从言氏谱牒中得到印证。在始祖言偃之后的第一轮十个世代，有谱牒记录的言氏人丁数是108口；第二轮十个世代，尽管以一子居多，甚至标明"无传"，或者索性没有子息的记录，其人丁数还是升到了284口；不可思议的是，进入第三轮十个世代后，直到第六轮十个世代，其人丁数不升反降，依次为109口、77口、61口、53口；这种情况，在第七轮十个世代才稍有改观，其人丁数再次超百，计108口。

对言氏谱牒中的记录，再进行些细化归类，可以看到：言子第三十一世"之"字辈，兄弟8人生10子；第三十三世"拱"字辈，兄弟6人生7子；第四十一世"端"字辈，兄弟5人生5子；第五十二世"公"字辈，兄弟4人才生了3个儿子。明洪武四年（1371年），朝廷在给言子第六十二世孙言烨编列儒籍的户部帖中写道，言烨"附籍儒户，计家四口，男子一口：成丁一口，本身二十岁……丁妇三口：妻某氏，年二十岁；母姚氏，年五十五岁；女回奴，年一岁"[21]。这些零星的记录，让人一眼看出了言氏少子化的实情。

古代常熟地方史志、言氏谱牒等的记载中，言氏在族内出嗣的人数不少，也为其子嗣繁衍不多提供了佐证。据未刊稿《言氏家谱》记载，言子后裔中，最早出嗣的为第三十一世孙言英。《言氏大宗图》中明确：第三十一世"之行无子，以侄英继宗"。之后，第四十七世"若虚无子，以侄琛继宗"；第六十世"时学无子，以侄顺孙继宗"[22]。是故，言敦源在《重修〈言氏家乘〉序》中感慨：言氏"大宗一支统绪中断，即以县东支论，入嗣者已三次"[23]。至于因为"乏后""乏嗣""无子""无传"等种种名目由侄辈嗣宗的言氏族人，更多达300余人。以言氏从始祖起传承八十多代计算，每一代出嗣者接近4人。最让人讶异的是，言子第七十四世臧墅支的言其播，以宪伦三子出嗣宪纲，他生养的"四子俱无出，复入继其捷次子德城嗣"[24]。

中国古代，普通的族人乏嗣，也要作为族中要事看待；大宗乏嗣，将影响到嫡长子继承制，其家族就更要加以重视了。"之行，正长子，乏后，以之化之子英嗣为大宗。见于大宗之图，而统宗之图仍存其旧"；之化之子"英，为大宗之行后"。言子第七十五世孙言如洙系支子言钧之子，即"驭平公长子，以德坚长子乏嗣，族长若澄等议立为兴后"。言德坚"子兴、立、镳，皆早亡。择近属诸孙中以如洙为兴后，嗣世职……"[25]。

族众不繁盛，对于古代社会的一般家庭，尚且已经存在立足乡里的心理负担，何况言氏这样的豪门大族，就更不是一桩可以不屑一顾的事了。"大宗为子，继别为宗。宗法虽今异于古，然枝分派别，源远流长"[26]，所以要通过纂修谱牒对子姓族属进行调查记录。但是，族群繁衍能力的强弱，不是人力所能左右的。出于对宗族血脉延续的忧虑，言氏族人在日常生活中谨言慎行，尽可能减轻社会面的生存压力。这或许是言氏家族在长期的生存发展中，既需要冷静地直面以对、又最感头疼的难言之隐。

注释：

[1] 科举考试殿试赐进士出身，为入仕资格首选。进士取列一甲第一，称状元；进士取列一甲第二，称榜眼；进士取列一甲第三，称探花。历朝科考，常熟共产生 8 名状元、4 名榜眼、5 名探花。

[2] 杨载江：《言子春秋》，同济大学出版社 1992 年版，第 160—168 页。

[3] 冯家红：《江南贡院碑刻》，文汇出版社 2014 年版，第 101 页。

[4] 方勇注释：《庄子·杂篇·让王》，中华书局 2010 年版。

[5][8][9][11][14][15][17][18][19][20][22] 言梦奎编纂：《言氏家谱》，常熟博物馆藏稿本。

[6][10][21][23][24][25][26]《言氏家乘》，常熟市图书馆藏稿本。

[7] 张洪撰：《谱后叙》，言梦奎编纂：《言氏家谱》，常熟博物馆藏稿本。

[12] 邵松年辑：《海虞文征》卷三十，鸿文书局，清光绪三十一年石印本。

[13][16] 言梦奎编纂：《言氏家谱》，常熟博物馆藏稿本；《言氏家乘》，常熟市图书馆藏稿本。

言偃及其后人的慈善贡献

中国慈善历史上，言偃最早提出"慈善"的理念，深深地影响了此后国人的慈善行动；他的后人坚执善的信念，以各自的行为方式从事善行义举，给家族的传承增添了强大的内生力量。言偃及其子孙为后世贡献的慈善智慧和济世救人大爱，既帮助了他人也成就了自己，成为华夏慈善史上的浓重一笔。

言偃及其后人在中国慈善历史上，有着不可忽略的地位和影响。一方面，早在先秦时期，言偃就在深入思考社会未来的发展时，围绕人们应当做到的善行义举，提出了中国历史上最早的包含慈善意蕴的理念；另一方面，其一代又一代的孝子贤孙，把与人为善的祖训深深地铭刻在脑海之中，通过善行帮助他人也升华自我，使善成为言氏家族传承千年活力依然的内生力量。

一、中国最早的慈善理念肇端于"大同"理想

中国传统文化中，"慈"与"善"是各自有着多重意义的两个

字。"慈"，最初的字义为父母之爱。春秋初年，石碏在规劝卫庄公时提及的"君义臣行，父慈子孝，兄爱弟敬，所谓六顺也"[1]；春秋中期，鲁史克申述的"父义、母慈、兄友、弟共、子孝，内平外成"[2]中的"慈"，即是此意。后来，其字义逐渐扩展到人与人之间的关心、爱护。《左传》的记载中，"享以训共俭，宴以示慈惠。共俭以行礼，而慈惠以布政"[3]，可为佐证。"善"本义为吉祥，引申为完美、友好、善良等意，如《论语·述而》中的"择其善者而从之，其不善者而改之"[4]。后来，随着历史的发展和文化的演进，"慈"与"善"的字义越来越接近，到南北朝时，"慈"与"善"常常组合在一起使用，"慈善"便成为固定搭配的词语。《魏书·崔光传》中就有了"光宽和慈善，不忤于物，进退沉浮，自得而已"[5]的说法。

"慈善"在五六世纪成为词语以前，人们就已经在日常生活中从事善行了。若从"慈善"的现代意涵进行溯源，早在先秦时期，人们就开展了早期的慈善活动，儒家、墨家还对慈善进行了见解独到的阐释，其中以"仁爱"为中心的儒家思想，构筑了民本思想、大同社会等系统的理论体系，成为中国古代慈善思想最主要的渊源[6]。

在早期躬身开展善行的人群中，儒家学派中不仅有人亲力亲为，把救贫济人作为处世追求，而且贡献了依托个人力量帮助他人的真知灼见。

在孔子众多的高徒中，春秋末年的卫国人端木赐[7]是公认的儒商祖师。在司马迁笔下，"子贡好废举，与时转货赀……常相鲁、卫，家累千金"，是孔子"七十子之徒，赐最为饶益"[8]。不过，他经商曹、鲁间，富至千金后仗义疏财的慈善家身份，却一直被人忽视。

近年，投身公益慈善事业的浙江实业家叶正猛，从浩如烟海的史料中爬梳剔抉，提炼出了"子贡，一个不应被忽视的古代慈善家"的鲜明观点。他通过引述儒家经典《论语》中"子贡曰：'如有博施于民而能济众，何如？可谓仁乎？'子曰：'何事于仁！必也圣乎！尧、舜其犹病诸？夫仁者，己欲立而立人，己欲达而达人。能近取譬，可谓仁之方也已。'"[9]这组孔子师徒的对话和汉代桓宽在《盐铁论·贫富》中有官方色彩的"子贡以著积显于诸侯，陶朱公以货殖尊于当世。富者交焉，贫者赡焉。故上自人君，下及布衣之士，莫不戴其德、称其仁"[10]的评价等资料，认为这些以往未被重视的"子贡慈善事迹的史料"，"完全说明在孔子儒家思想的熏陶浸染下，子贡形成了富而好礼的品质，与范蠡一样大范围周济穷人、从事慈善了"。由此，他明确提出，中国慈善史上的首善，不是范蠡一人，而应该是"双子星"："春秋时期中国民间慈善发端，子贡和范蠡同时发挥了率先垂范作用。"[11]

在端木赐于鲁地"博施于民"，救济穷困民众的同时，孔子的另一位高徒言偃对当时的善行进行了理性思考，描画出了中国早期的"慈善"图景。

周敬王三十八年（鲁哀公十三年，公元前482年），言偃随侍老师孔子参加鲁国公室的岁终祭神大典（蜡祭）。祭仪结束后，言偃陪同孔子出游于观之上。其间，两人进行了一段涉及面相当广泛的对话，留下了流传千古的"大同""小康"理想社会蓝本。这段对话，后来以《礼运》为篇名，被收录于《礼记》一书中。

在孔子构想的"大同"世界里，社会上不同类别的人，应当有符合他们角色的行为，用他的话表述，就是"大道之行也，天下为公，选贤与能，讲信修睦。故人不独亲其亲，不独子其子，使老有所终，壮有所用，幼有所长，矜、寡、孤、独、废、疾者皆有所养，男有分，女有归。货，恶其弃于地也，不必藏于己；力，恶其不出于身也，不必为己。是故谋闭而不兴，盗窃乱贼而不作，故外户而不闭，是谓大同"[12]。

对于《礼运》的作者究竟为何人，学界有过不同意见，但现在已达成了是孔子唯一的南方弟子言偃的共识，他们认为《礼运》是后者托名孔子答问的著作。唐朝时的孔子裔孙孔颖达在《礼记正义》中，对篇名确定为《礼运》的解读是："子游所问唯论礼之运转之事，故以《礼运》为标目耳。"[13]南宋理学大家胡明仲曾确认"《礼运》是子游作"[14]。近代的康有为也持"著《礼运》者，子游"[15]之论。郭沫若则从学术传承上分析后得出结论："子思之儒和孟氏之儒、乐正氏之儒应该只是一系。但这一系，事实上也就是子游氏之儒……《礼记·礼运》一篇，毫无疑问，便是子游氏之儒的主要经典。"[16]

明了了《礼运》这篇文章的作者，就可确定"大同"理想中慈善理念首倡者的身份了。基于此，有文史学者认为，"2500多年前，言偃所撰《礼运》篇，最早提出'慈善'的理念，在中国慈善史上具有重要的地位并产生了深远的影响"[17]。

二、"家慈善"成就言氏家族延续了两千五百年

在中国传统社会里，确保家族不断承传的力量，不仅是有形的、物质层面的，更多的是无形的、精神方面的，在某种程度上，后者的作用显得更加持久而影响深远。所以，古代社会中，流传着"道德传家，十代以上；耕读传家次之；诗书传家又次之；富贵传家，不过三代"的人生智慧。

中国第一大望族孔子家族，从春秋战国时期一直延续到现在，已经超过了 2500 年。在这漫长的历史岁月中，无论是连年的战争烽火、还是不时的水旱灾荒，无论是王朝的更迭换代、还是地方的混乱动荡，这个家族都顽强地生存了下来。保证他们没有被强大的外力压垮的，是其生生不息的族属文化。北京师范大学中国公益研究院院长王振耀在 2022 年 8 月举行的"乐善不倦：家慈善首届论坛"[18] 上所作的主题发言中指出，善行是家族传承之本。修养、德行是孔氏家族不受外界干扰、长期保持自我生存能力的基本因素。"没有一个家族是光靠财富传承的。所以要传承的话，好好研究孔子家族为什么能传承 2000 年？"[19]

也是在这次专题论坛上，王振耀专门为"家慈善"这个概念破题：家之善为中华文明之本，至善是修养之基础，是家国情怀之

源。家慈善有着独特的品格，是以孝为本的伦理，是耕读传家的美德，是士大夫对天下负责的担当精神。

在华夏大地上，存续千年的名门大族可谓凤毛麟角。山东曲阜的孔氏族人，通过躬身自省的日常修炼，使孔子倡导的做人的行为规范[20]，成为支撑家族良性发展的内生力量。

作为孔门高徒，孕育于江南沃土常熟的言偃，得益于孔子的谆谆教诲、悉心栽培，成为早期儒学的重要传人。其家族后人，以曲阜孔氏为取法榜样，忠实践行儒家学说，赓续由始祖打下坚实基础的精神气质，在家学家风家教等方面谨遵孔子之训，着力维护孔子声名，从而同样传承了千年而没有中断。

应当承认，言偃之《礼运》篇，假托孔子之名，表达自己在建立"大同"世界上的期望，把不同族属的人"不独亲其亲，不独子其子，使老有所终，壮有所用，幼有所长，矜、寡、孤、独、废、疾者皆有所养，男有分，女有归"，描摹了需要着力构建的理想社会图景，规划了我国慈善事业早期的发展路径，也影响了其后漫长的历史进程。但根据具体情形分析，言氏家族积善之家的形象，既与言偃是慈善蓝图的最初设计者有关，更与其后裔对其教导始终不渝的遵循、践行密不可分。

中国古代的慈善事业，存在着政府慈善、宗族慈善、宗教慈善、社会慈善等多元共存的运行格局。作为宗族活动的重要组成部分，宗族慈善活动可以远溯到春秋战国时期。到宋代，出于巩固社会和谐稳定的需要，宗族慈善从形式到内容都有了显著的发展。

言氏族人身体力行贤祖理念、注重日常施与救济的善举,与他们在谋世职、护故宅、修谱牒、葺家庙、缮祖茔等方面持续的有所作为[21]互为表里,成为言偃家族历十数世纪没有间断、绵延至今的重要因素。

自从隋代开科取士后,参加科举考试成为读书人进入仕途的敲门砖。据《文献通考》记载,有唐一代,共有6692人考中进士[22]。言子第四十五世孙言克光,作为通过寒窗苦读实现目标的一员,从中感受到了备考之路的艰辛、高中进士的荣耀。不过,从政为官的生涯,对他而言仅仅是人生的一种经历。走上仕途之后,尽管官声不错,他还是早早选择离开官场,在家乡善待需要帮助的人,并尽己所能扶贫帮困、赈灾济民。家谱记载,言克光"年五十三以病乞归,分俸余以赡族人,设先施堂以养民之鳏寡孤独者;具贫而不能读书者,设义学以教之。丁巳,邑大水,田禾漂没殆尽,民之饥而死者相枕藉。公率先赈恤,由是富室慕义竞出粟以济之,民赖以全活者甚众"[23]。

像言克光一样乐于为善、经常行善的人,在言氏族人中并不鲜见。仅见于言氏谱牒记载的就有:言子第六十八世孙言愚,"借修脯奉节母,菽水承欢,克尽孝道,而又以其余教族之贫而废学者,助之贫而不能婚丧者","如前乡饮宾言愚,隐居教授,竭修羊所入,备甘旨以娱节母,矜其族孤,以贫废学,育而诲之如其子"[24];言子第七十二世孙言以亮,"里有公事,辄捐资不吝。族故有吴公祠倾圮者久矣。乾隆辛未,公爰向德仪等谋曰:吾祠不修即废，则祖宗露处，其曷以妥先灵庇后嗣乎。公于是首捐白金数十两，即量土木，不数月而落成。由是燕寝有室，更衣有所，斐然是举也"；言子第七十八世孙言声金，"以勤俭起家，而好行善事。宗族亲友之贫乏者，有求必应，不能偿者置之，能偿而不即偿者亦置之。曰：安得以身外之物，伤亲族情耶。可谓仁矣"[25]。

言氏的诸多族人，不仅把善意深深印在脑海里，而且通过著录文字将其固化为约束阖族之人的行为准则，使之成为家族的集体意识。

明万历年间（1573—1619 年）任常熟县令的耿橘，在为先贤言子家族训定的《言族六礼》中，有着"均恩泽"的要求，把专设祭田确定为"奉宗祀亦恤贫族"之举[26]。

一个多世纪以后，言子第七十二世孙言梦奎在编纂《言氏家谱》时，应时而变，对《言族六礼》进行了局部修正，仍然以"均恩泽"为规范之一，明确"祭田之设，奉祭祀亦恤贫族也，泽之不均可乎？嗣后著为定例，择田之肥者四千亩付大宗孙掌管，以备祭用，再听不科。肥田十亩，每年收米堆置砖瓦，以备修葺庙宇。其余贫族、鳏寡孤独及有志读书者，均各授田十亩，仍著宗纲掌管。每岁秋成后，宗纲率众孙眼同收租分给……"[27]

远在湖南湘潭的言氏一支，在民国年间六修家谱时，把乾隆五十七年（1792 年）的《博士给发家规》收入谱书之中，作为"凡湘支后裔，一体恪遵，毋贻隕越"的规范。家规共有四条，在"积德治生"一条中写道："历考世家富室，俱本祖宗忠孝行善、勤俭操家而发。若刻薄寡恩，奢华懒惰，无不流为贫贱者。但德须久积，生须长治，终身如一日，数世如一人，有诚无伪，慎终如始，方可永保。否则一发无余，甚且一两代即便衰歇。信得真，守得定，天道报应，不爽毫发。我始祖学道爱人，万世俎豆，奕叶簪缨，湘支时念祖泽，将来感发兴起，与大宗遥映，岂不休哉。"[28]

三、把"修身"的善意拓展推广到泽被大众

在儒家的观念意识中，无论是高居庙堂的帝王将相，还是身处底层的平民百姓，修身都是人生的根本。只有注重个人言行举止的日常修炼，借此养成优异的为人处世品质，齐家、治国、平天下这些循序升级的目标追求才可渐次实现。用儒家的经典语言表述，就是"古之欲明明德于天下者，先治其国；欲治其国者，先齐其家；欲齐其家者，先修其身；欲修其身者，先正其心……心正而后身修，身修而后家齐，家齐而后国治，国治而后天下平"[29]。

个人的德行修养，内容广泛，含义丰富，但行善是不可或缺的一个方面。不论何人，行善都是一种个人修为。当这种修为成为个体不加思索的自觉行动，得益的就不仅仅是被施者，施与者也会缘此得到净化和升华。

中国古代传统中，行善、积德是相互关联的两个方面：行善能够为人积德，积德必须通过行善加以实现。正因为二者存在互相依存的关系，儒家针对社会上一直存在的有德者未必有福、享福者未

必有德的矛盾现象，强调家庭作用的发挥，把它摆上重要位置。从这种意义上说，《周易》所提出的"积善之家，必有余庆；积不善之家，必有余殃"[30]就不是迷信的说法，而是儒家对社会伦理的理性总结。

"道德人家福泽长。"言氏家族的历史上，贤达之人用自己的模范行为、德行品格影响、感化家族的其他成员，以个体之善成就家族的福报，使众多族人在修身中立德，共同营造起道德之家的形象。言子第七十三世孙言立矩，"里有事，不惜己财以分解之；亲有急，不惜己资以救恤之。故历年八十七，幸遇皇恩，赐以冠带，赐以绢米，厚享儿孙，诚天之报善人也"[31]。

回顾言偃后裔从修身起始的行善历程，言氏一族所奉行的与人为善，对同胞的关怀、施与是一个方面，更重要的是他们由此及彼，把扶贫济困的对象推展到了整个社会层面。

清乾隆乙亥岁（1755年），江南发生重大饥荒，许多人无以为生，流离失所。为救民于倒悬，不少地方乡绅倡议捐资设赈，并公推言子第七十五世孙言德绪主持其事。受命之后，"公身先输金，营画尽力，赖以济者颇众"。同时代的言氏青城支裔孙言德洽在"邑绅设局劝捐以赈"时，不仅"日置钱米以给乡党宗族之贫者"，还专程到募捐之处，"慨然以数千金为创。后凡遇捐岁捐输，至数千缗"[32]。

言子第七十三世孙言德坚，是常熟言氏首任翰林院五经博士。在就任世袭职务之前，他的家境相当普通。他曾对人说过："余穷士也，幸际圣明，求先贤后，得特达拜今职。先时憔悴屯邅，饥驱四出，授徒异地，家无一瓦之覆、罂粟之储以庇余，子又无他材能可自存……"[33]显达以后，他教育子孙后代按照圣贤之后的要求行事，循规蹈矩，守礼讲义。家谱记载，他的侄子言钧、孙子言如洙因之而"平生语不涉谑，乡党间排难解纷，周急扶困，未可吏仆数，而尤谊敦族亲，赖公成立者甚众"，"邑中善举及大兴作，必推公领袖"[34]。

言氏族人行善乡里的模样，多姿多彩，在家谱中有着诸多记载。言子第七十一世孙言廉，"见义必为，见危必援，教子以方严，御下以宽厚，无论识与不识，咸奉为楷模"[35]；言子第七十二世孙言一爵"具陶朱猗顿之智，而缓急济人，有随机应变之才"；言子第七十五世孙言德宰"居家以节俭自守，一丝一粟，靡不珍之。然亲邻有急难事，竭情相助，即赔费钱钞不吝焉"；言子第七十六世孙言懋读"见其贫乏者，量力而济之"；言子第七十七世孙言昭瑶"慷慨好义，饥者食之，寒者衣之，岁岁不懈"[36]。

言氏族人在多地开枝散叶后，不仅始祖故居地的贤裔谨遵祖训，迁居他乡的子孙也恪守祖德，传承先人遗风。言子第七十三世街东支裔孙言立仪，"其先虞山人，先贤后裔也。徙居云阳，再徙毗陵之青城。家世耕读……天性慷慨好义，不吝千金，独建家庙，以妥祖灵。仿义田之式，捐百亩之产，俾期功之亲，各安其业焉。亡弟成炎无后，为立甥承嗣，其笃亲亲之谊有如此。他若建桥梁以济众，捐田亩以饭僧"[37]。

言氏家族百世不断的传承，靠的不是积累多日的财富，而是行善尚德的本色。他们以善的追求，所成就的超越亲情友情恋情的大爱，在历史上留下的足迹，印证了古人"积金遗于子孙，子孙未必能守；积书遗于子孙，子孙未必能读；不如积阴德于冥冥之中，此万世传家之宝训"的治家之道，诚为千古不易的至理。

注释：

[1][2][3]《左传注疏》，文渊阁《四库全书》影印本第143册，上海古籍出版社1987年版，第72，450，578、579页。

[4]朱熹撰：《四书集注·论语》，岳麓书社1985年版，第125页。

[5]《魏书》卷六十七《列传第五十五·崔光》，清同治十一年金陵书局印行。

[6]孙燕：《早期儒家和古代犹太教慈善思想之比较》，《孔子研究》2018年第2期。

[7]字子贡，生活于公元前520年至公元前456年之间。在中国古代语录体经典《论语》中，子贡的名字总共出现了57次。

[8]司马迁：《史记·仲尼弟子列传第七》《史记·货殖列传第六十九》，清光绪四年金陵书局印行。

[9]朱熹撰：《四书集注·论语》，岳麓书社1985年版，第118页。

[10]桓宽撰：《盐铁论》卷四，文渊阁《四库全书》影印本第695册，上海古籍出版社1987年版，第536页。

[11]叶正猛：《子贡，一个不应被忽视的古代慈善家》，《公益时报》2022年10月11日。

[12]胡平生、张萌译注：《礼记·礼运》，中华书局2017年版，第422页。

[13]杨载江：《言子春秋》，同济大学出版社1992年版，第303页。

[14]朱熹撰：《朱子语类》卷八十七，文渊阁《四库全书》影印本第701册，上海古籍出版社1987年版，第826页。

［15］吴熙钊、邓中好校点：《南海康先生口说》，中山大学出版社 1985 年版，第 30 页。

［16］郭沫若：《十批判书·儒家八派的批判》，《郭沫若全集》历史编第二卷，人民出版社 1982 年版，第 133 页。

［17］钱文辉：《〈礼运〉与"慈善"》，《中国政协》2019 年第 7 期。

［18］家慈善论坛，由浙江省德润公益基金会、杭州理想村、浙江盛和塾公司联合发起，旨在挖掘中华慈善文化传统，通过家这一个连结古今中国人情感的港湾，激活每一个人从事慈善的内在动力。

［19］王振耀：《家国兴善，华夏固本——共同富裕中家慈善的独特价值和重大意义》，2022 年 8 月 15 日在家慈善论坛上的演讲。

［20］孔子曾提出仁、义、礼相结合的价值原则："仁者人也，亲亲为大；义者宜也，尊贤为大；亲亲之杀，尊贤之等，礼所生焉"，强调仁以爱人为核心，义以尊贤为核心，礼是对仁和义的具体规定。

［21］参见本书《充任提振家族凝聚力的中坚》部分。

［22］马端临撰：《文献通考》卷二十九《选举考二·唐登科记总目》，清光绪二十八年上海鸿宝书局石印本。

［23］［24］［27］［35］言梦奎编纂：《言氏家谱》，常熟博物馆藏稿本。

［25］［31］［32］［34］［36］［37］《言氏家乘》，常熟市图书馆藏稿本。

［26］《言族六礼》，《虞山书院志》，常熟市图书馆藏明万历刻本。

［28］《言氏六修家乘》，湖南省图书馆藏刻本。

［29］朱熹撰：《四书集注·大学》，岳麓书社 1985 年版，第 4 页。

［30］《子夏易传》，文渊阁《四库全书》影印本第 7 册，上海古籍出版社 1987 年版，第 9 页。

［33］陈祖范撰：《节孝朱孺人墓志铭》，《言氏家乘》，常熟市图书馆藏稿本。

古代书院奉祀言偃刍议

中国古代书院，有着课徒、祭祀、藏书等基本功能。书院祭祀的主要对象，或者是至圣先贤，或者是有功德于地方的官宦、乡绅。常熟城乡的 20 多座书院，有部分是以出生于斯终老于斯的言偃为主要祭祀对象的；国内其他地区，也有着一些主要祭祀言偃的书院。这些建于不同处所的书院，择地而建主要有何用意，相较于其他书院有何个性，对地方士庶教育有何作用，有着值得加以条分缕析、详细厘清的价值。

中国古代，书院是介于官学私学之间、官私性质兼具的培育人才的专门机构。它最早创办于唐代，兴盛于两宋，至清末退出历史舞台，共延续了一千多年时间。作为我国古代公众教育的重要形式之一，书院对于传统文化的传承发展，特别是地域文化的成长壮大，产生了无可替代的作用。

不论是建办于哪个朝代、落户于何种地区，书院都有主要供奉的对象。放眼全国，书院中供奉最多的无疑是至圣先师孔子。而从地域分布考察，宋代儒学的集大成者朱熹当是福建各类书院中奉祀最多的历史人物。至于当时尚有不少地方性的中小书院，则主要奉祀当地的乡贤或名宦。

孔门重要弟子言偃在历史上的身份、地位，并不十分显赫，但作为"独悦周公、仲尼之道，而北学于中国，身通受业，遂因文学以得圣人之一体"的"豪杰之士"[1]，言偃在弘传儒家学说上的作用，是得到古代众多文人学士认可的。由此，在与言偃生平业绩有紧密关联的地方，设立着一些以言偃为主要祭祀对象的书院。

一、奉祀言偃之书院的地域分布

书院是古代学校的一种形式。元代"儒林四杰"之一的黄溍曾论及，"昔州县未有学，先儒或择胜地，建精舍以讲授。为政者辄就而褒表之，号曰书院。宋初，天下四书院而已……其后命州县咸立学，而学校之官遍于天下，书院之创置亦日增多"[2]。

在全国各地学校竞起、书院风行之时，常熟也开始了书院的创建。"孔子之门，从游三千，速肖七十，独子游为吴人。今常熟州，实其所居里，南州之先贤孰有加于子游者乎寥寥，千载莫有能表显之者……"到了元代"至顺二年（1331年），州人曹善诚始出私钱买地作祠宇，而辟讲堂于其后，列斋庐于其旁。有司因为请于中书，设师弟子员，而揭以新额曰'文学书院'"[3]。

主要奉祀言偃的文学书院创建以后，延请学行高深的儒士教育言氏后裔及当地学子。然而，朝廷对书院时热时冷的态度，极大地影响了书院存废兴毁。据常熟地方文献记载，"至顺间，邑人曹善诚去墓二百余步即山麓建文学书院，祀子游建祠，肖像比白鹿睢阳，有赡田若干亩。年远而废。嘉靖间，邑令王叔杲益辟地增置号舍、书楼，为一邑巨观。万历庚辰，江陵相议毁天下书院，有司漫不经意，豪右利其所有，遂毁，仅存一祠。乙巳，县令耿倡率士民重建，更名曰虞山书院"[4]。

如果用地方文献相互参证，《虞山书院志》的记述，从文学书院最初落户之处到其名称的演变，乃至不同时期的主事者，都不尽准确。但不管怎样，这座书院开宗明义奉祀言偃所折射出的尊崇言子、传承言子文化精神的意蕴，却是一脉相承的[5]。曾在重建虞山书院上出力甚多的县太爷耿橘，在书院大功告成后感慨系之，称焕然一新之书院，"足以报吴公之德，而慰吾人景行之思"[6]。

在古城内兴修主祀言偃书院的同时，常熟的地方当政者还在邑内乡间建设类似的教育机构。清乾隆中期，进士康基田接受委派来到江南担任昭文县县令。"基田承乏兹土，盖言公故里之所析置[7]，仰追昔贤学道之训，而未逮也。"昭文东临大海，"幅员寥廓，广袤殆百里，文人学士，往往出于其间，而后起之秀，散处一隅，恒有抱残守独之患。宜择地延师以课之"[8]。于是，"康公莅任兹土，于各乡添设书院"，以彰显地方"遐思先贤言子道行于兹，余韵流风，至今未艾，重以我朝表彰文物，尊右师儒，各县城乡创立书院，以辅学校之所未及"之意[9]。正是出于这样的考虑，康基田知县昭文任内，在辖区里建起了梅里、清水、正修等多座书院。

历史上，常熟一直属于吴地。作为"由句吴之墟，登圣门者"的"吴公子游"[10]，自然是吴地子民供奉的对象。明中期吴县文人徐缙在《学道书院记》中记述，"孔门三千弟子，而产于吴者惟公一人"。"迨言公北学而孔子之道渐于吴，吴俗乃大变。千载之下，学者亦众，家诗书而户礼乐，东南学道之宗，实言氏启之。"虽然言偃"能不远数千里，亲受业于孔子，传圣学以淑诸乡人，一洗其陋而归于儒，其功不在泰伯下"，但在相当长的时间内，他只是在孔庙从祀，而没有专门的纪念设施以充分表达吴地之人对他的崇敬怀念之情，于是为他建立祠堂、创办书院成为地方官的一大施政重点[11]。

古代文献记载，"宋咸淳间，郡守黄公镛奏立书院以祀公，而教育其子孙，故址在郡城西南隅直锦帆泾之上"[12]。证诸史实，启动当地书院建设的，是早于郡守黄镛的赵顺孙。"今枢密赵公顺孙守吴，卜地于府治文正坊之南，甫经始，即受代去。黄侯镛继之，鸠工庀材，三阅月而堂成，请于朝，匾以学道书院，取爱人易使之义。"[13]"学道书院，为吴公言偃立，初在府城东北隅。宋咸淳五年（1269年），知府赵顺孙营度武状元坊北普贤院之故址，未成而去。黄镛继之，奏以学道为额，选言氏先贤后及民间俊秀教之。有先圣燕居殿，师友渊源堂，并四斋……六年落成。七年常琳建先贤祠于西……嘉靖三十年（1551年），复改督粮参政府，书院迁于雍熙寺西桥之右社学焉。"明代寓居吴县的周南老有诗赞曰："有美吴公祠，宋敕书院名。奕奕燕居宫，傍临锦帆泾。地接浮屠邻，设讲终侵陵。圣学日以湮，异端势可乘。旧贯不可复，贪夫犹可憎。永言纪故实，后人或有征。"[14]

吴地是言偃的诞生之地，当地的人们以他为荣，在他身后数百年时间里，通过修建书院等设施供奉他、祭祀他，以张扬其礼乐观念、传承其文化精神，对地方公序良俗的形成、完善，发挥了极大的培育、教化作用。

言偃在南归传道之前，一直在齐鲁大地追随孔子学习儒家学说，同时也在践行孔夫子治国理政的理念。他在武城任官一方，推行礼乐教化的治道，不仅博得了老师的莞尔一笑，更赢得了当地民众的景仰和尊崇。

元代，武城县尊言的弦歌文化盛极一时，邑内建成了弦歌台、丹阳公祠、弦歌书院等多处专门纪念言子的设施。泰定年间（1324—1327 年），武城乡绅王仲在"县治异隅"新建了一座丹阳公祠，与原本位于县治西十里弦歌台之上祭祀言子的丹阳公祠并存。新建的丹阳公祠中，辟有一座书院，经刘文赛、张起岩等官员大力推荐，得到官方认可，命名为弦歌书院。张起岩在《弦歌书院记》中记载，"丹阳公祠旧在武城县西十里故县中，岁久摧坏。乡善士王仲尝过祠下，顾瞻神宇弗称，乃择县治异隅，创新祠，设像其中，即祠所构书院，以泰定乙丑春兴工，迄明年夏告成……翰林承旨刘文赛尝过是邑，以弦歌名其书院"[15]。

明代，武城的学道书院，继承了元代弦歌书院的文脉，两者存在一脉相承的关系，但主祀的对象已有所改变。《康熙山东通志》称，"学道书院在城南，隆庆元年知县金守谅建。前厅榜曰学道堂，后厅榜曰莞尔堂，有序有门，中肖夫子、子游、澹台子羽像，以春秋丁日祀……"[16]《新建学道书院记》也明确记载，"武城旧有书院，祠夫子，以子游、灭明配食。地远于城，岁久日就圮，金尹守谅移于城而廓之，额其堂曰莞尔，大门曰学道书院……"[17]

进入清代，武城奉祀言子的书院又恢复了弦歌之名。据记载，康熙二十四年（1685 年），县令赵完璧在元代弦歌书院旧址上重建了弦歌书院，"延本邑庠生丁懿师而教之，构数椽为肄业之所，四境之内无力延师者接踵而至……"[18]之后，这座书院还分别重修于康熙五十九年（1720 年）、乾隆十三年（1748 年）、道光十二年（1832 年）、光绪二十五年（1899 年）。

武城的弦歌书院，从元代泰定年间创修，断断续续延续到清末，前后共经历了近六百年时间。与人亡政息的其他书院相比，武城的这座弦歌书院，虽也曾被废弃、坍圮过，但较好地发挥了其教育的功能。曾于道光十二年主持弦歌书院重修事宜的龚璁在《重修弦歌书院碑记》中写道，"邑之南隅有弦歌书院，稽县志，为邑人王仲所创修……自时厥后，代有废兴"。为继承前人开创的文脉，他莅任以后，把修缮书院当作重要政务[19]。

除言偃的祖居地、任官地外，其后裔也在为官之地，创建了以其祖先为主祀的书院，把言子文化拓展到异域他乡。

言如泗是言偃的第七十五世孙。清乾隆三年（1738 年），皇帝举行临雍大典，祭祀儒家圣贤，言如泗作为圣贤后裔受到邀请。参与祭祀活动后，皇帝恩赐他为贡生，担任正黄旗官学教习。乾隆十六年（1751年），言如泗正式进入官场，出任山西垣曲县知县。就任后，他重视公众教育，安排资金对县学进行大修，并创建弦歌书院作育人才。

垣曲之地，"旧有勉庸书院，久就湮没，仅存遗址"。清中期仍在邑内发挥育才功效的"亳城书院，则吾邑先辈许公莅此所建，而前任秦公名之者也。然屋止数楹，不足容多士，余思有以创之"。于是，言如泗借助并扩充勉庸书院旧址复建书院。其间，为"求其不伤财，不劳民"，他精心擘画，费了一番心思。"既乃高其闳闳，敞其庭宇，广其房屋，纷庞鸿矣。落成额曰弦歌书院，志祖德也。"[20]

二、奉祀言偃之书院的特点分析

古代各地主要祭祀言偃的书院，有着书院的共性，也有着与其他书院有所区别的个性。现据史料记载，梳理主祀言偃之书院的特点，分门别类胪列于后。

第一，书院级别以中低端为主。有研究者指出，清代江苏书院具有明显的梯级结构，省会书院、府城书院、州城书院、县城书院及其他书院构成了较为完善的书院体系。书院所在地的行政级别成为影响书院规模的首要因素，并从各方面制约着书院的发展[21]。实际上，书院的梯级结构不仅在清代存在，而且在其他省份也有体现，只是程度有所不同。

言偃作为孔门十哲之一，在古代国家最高学府和省会书院中，取得了陪祀的资格，但因为儒家学说是一个完整的体系，受到其历史上所作出的业绩和后代对其认可程度的影响，尚没有成为主要祭祀的对象。这样，在等级社会中，奉祀言偃之书院的影响力明显受限。

古代奉祀言偃之书院级别最高的，当属平江府知府黄镛于宋咸淳五年（1269 年）建成的学道书院。"学道书院，祀吴公言偃，初在府城东南隅，旧长洲县学南。"[22] 书院里有祀言子的祠堂，还建有先圣燕居殿，并建正己、选贤、问礼、知本四个"师友渊源斋"作为讲堂。咸淳七年（1271 年），知府常懋在讲堂西侧增建先贤祠，分别祀颜、曾、思、孟四贤，澹台子羽，并周、程以下九贤。

元朝初年、末年，学道书院最初的落户之地、迁址到徐贵子桥高氏园第的复建之处，两次被豪僧所据。书院失却日常教学场所长达数十年，引起了地方长官的关注。明嘉靖二年（1523 年），知府胡缵宗遂依托景德寺进行改建。重新建造的书院，门匾上题有"东南邹鲁"四字，塑言子像，其中的学孔堂、讲堂、弦歌楼依次排列，两庑各建有房屋五十楹。之后，巡抚御史赵继本、舒汀都曾先后对此加以改建。嘉靖三十年（1551 年），知府金城将书院迁到社学去了。

在各地奉祀言偃的书院中，相比较而言，县城书院是数量最多的一个层级。言偃故里的文学书院、游文书院，言偃任官之处武城的弦歌书院，其后代言如泗当政垣曲时修建的弦歌书院等，都属这种类型。

游文书院始建于清雍正年间（1723—1735年），地处"江南诸山中最秀"之虞山南麓。"前人命名之义所由来"，一则是"取《汉书》所谓'游文六经之中'"，另则"又合于邑先贤子游子之文学"。简言之，书院之设，是要让入院就读诸生"绩学砥行，缅言子流风则思前贤弦歌之化，抚昭明遗迹则思古人读书之勤，缅巫相义王家则思人臣康济之略"，从而在当地形成"人材辈兴，蔚为世用"的局面[23]。

康基田任知县期间，在言偃故里修建的梅里、清水、正修等多座书院，层级偏低，影响有限，但以尊言为要务，重点在基层弘传先贤业绩，对地方官学起到了拾遗补缺的作用。

在古城常熟，有文学书院之名的，除了由曹善诚在元至顺二年（1331年）始创的，还有一座由言偃第六十六世孙言弘业斥资建造。言弘业早年家贫如洗，没有读书仕进的经济基础。但他精明能干，善于经营，凭着一己之力，获得了事业上的成功。他动用家财买下了城内山塘泾岸的一块土地，而后投资建设了一座书院。这座与元代文学书院同名的家族书院，也许是各地奉祀言偃的书院中层级最低的，但它不仅传承了地方文化，对凝聚言氏家族力量也发挥了一定作用。

第二，书院与祠堂存在紧密联系。中国古代书院功能多样，祭祀是其中一个重要的方面。由此，书院与祠堂之间，存在着或多或少的联系。这种现象，在各地奉祀言偃的书院中，显得更加突出。

证诸地方文献，可以看到，奉祀言偃的书院，有的是由祠堂演变而来的，有的则在院舍内专门建造了祠堂。元至顺初年，曹善诚在常熟县治东北文学桥东"购地作祠宇，开讲堂，列斋庐"[24]，本意是借此祭祀言子。时人黄潜在《文学书院记》中有着明确记载。个中情形，说明文学书院是先有祠堂，而后获得官方许可扩建为书院的。两者在祭祀言子上一脉相承，但功能明显得到了拓展。

武城弦歌书院的修造，有着与文学书院类似的情形。当地文献记载，乡绅王仲有感于城内原有丹阳公祠的破败，选择另一个处所建造了一座新的祠堂，并"即祠所构书院……"[25]把祠堂作为建设书院的前奏。

至于另外一种情形，即奉祀言偃的书院内建造独立祠堂，也并不鲜见。明嘉靖年间（1522—1566年），县令王叔杲"选地于虞麓之阳"，修建文学书院，把"为门为沼，为坊为堂，为寝为楼，为周庐，凡为楹若干，中妥先贤像，以瞻礼之"的多种建筑融为一体，使"书院专祠，则自永嘉王公始也"[26]。

万历年间（1573—1619年），耿橘"来宰是邦凡二载……乃重建虞山书院于故文学里，启学道之堂，堂上设宣尼圣像，其西为吴公言子祠，后为有本室"[27]。书院建成后，共有各类用房160间（楹），主体建筑包括学道堂、言子祠、弦歌楼、射圃、讲武厅等五个院落。

第三，书院的性质因时因地而异。古代中国，官学有着至高无上的地位。而初创于唐代的书院，一开始有着私学的性质。随着时代的变迁，书院主事者从自办教育动辄被朝廷取缔的现象中逐渐意识到，教育实现不了与政治的结合，就难以得到当政者的重视，便慢慢向当局靠拢，从而取得其对书院在政治、经济、课业等各方面的支持。

常熟文学书院之设，是得到了官方认可才成其育才之计的。从曹善诚的善举得到地方官最初的肯定，呈报上级同意其招收生徒，委任其为山长主持院务，并由广东宣慰使王都中为此题写"文学书院"匾额，到清咸丰十年（1860年）毁于战火，在断断续续延续500多年的时间里，这座书院屡有兴废，院址有所变迁，名称也多次更改，不同时期有着文学书院、学道书院、虞山书院、言子书院、子游书院、言公书院等多种名目，呈现出官学私学融为一体的特征。具体而言，有着县令主持院舍修造、官家出资支持修葺、在任官员参与讲会等方面。

文学书院最初建造于县治东北文学桥东的行春坊内。元朝末年毁于兵燹后，明宣德九年（1434年），知县郭南把县学之西的都宪行台琴川驿改建成"为堂为寝，为庑为庖，层门深窈，不近市喧"的书院，由巡抚周忱取名为学道书院[28]。嘉靖四十三年（1564年），知县王叔杲选中并买下"虞山之麓，御史台之西，去吴公墓二百步"的一处废圃改建为书院。万历三十五年（1607年），来到常熟任知县的耿橘，"不惟在虞山之麓，而且当虞山之首"重建了虞山书院后，其"宗庙之美，百官之富，不减洙泗当年矣"[29]。

明清时期，不少常熟的知县官不仅主持了书院修建大业，还捐出薪俸，带动其他衙门赞襄盛举。明代的巡抚都御史周孔教对支持书院修葺，曾有这样的表述："常熟县乃学道名邑，先贤子游书院久废成墟，殊为缺典。今该县知县耿捐奖银倡修，使庙貌焕然一新，深得崇正黜邪、学道爱人之意，相应量助以彰盛美……于该县库贮本院赎银内，动支四十两为修建子游书院工料之费。"当时，还有苏州府李右谏支"二十两助修子游祠"；巡按御史杨廷筠"支本院赎银三十两，少助鸠工之资"；巡江御史李云鹄"支本院公费官银二十两，少助工用"[30]。

知县作为一县最高行政长官，掌管着全县重大事务，自然也参与了培育人才之书院的教学、讲会。耿橘在虞山书院大功告成后，"乃大会衿弁，推延名流博闻有道者，谈经讲道其中"[31]。作为主事者，耿橘在大会上讲论经典，启发听众。

同时在书院里进行会讲的，据《虞山书院志·会语志》记载，还有南直隶提学杨廷筠、苏松兵备李右谏、两浙巡盐左宗郢和方大镇、松江府推官毛一鹭等[32]。

武城弦歌书院的办学性质，在不同的时代有着多次反复。书院创办之初，由乡绅王仲出资，具有义学性质。元天历二年（1329年），武城地方官请求朝廷恩准将弦歌书院纳入官方学校系统，没有得偿所愿。至顺辛未年（1331年），当时影响政坛与文坛的重要人物张起岩出任礼部尚书时，书院得到元政府认可，被纳入具有官学色彩的社学体系之中，同时委派山长对书院进行管理。由义学变为获得朝廷认可并管理的社学，弦歌书院的知名度、影响力得到相当大的提升。

元代武城弦歌书院的文脉，在明代由学道书院承续后，地方官逐渐建立起了城乡一体的社学教育体系，大大拓展了当时社学教育的规模。

清代重建的弦歌书院，其性质复由社学转变而为义学，因为当时朝廷"准令各省府州县多立义学，其民间义学仍听自建，虽二者并行，而官为区画者统名义学，不复名社学矣"[33]。

第四，书院的常规支出与经济来源多样。各地奉言书院的支出，包括师资、雇工的薪金和生徒的膏火，院舍修缮的费用，书籍编印、购买的开支，春秋祭祀的开销等。

书院的师资，由作为管理者兼首席讲席的山长和专任、临时聘任的老师等组成。清梁章钜在《书院山长》中称，"掌书院讲习者谓之山长。山长亦称院长，亦称山主。近时山长有以本学教官兼管者，亦自古有之"[34]。书院对山长的遴选十分重视，一般会聘请品行端正、学问渊博的当世名人担任，但对被聘者的年龄、户籍、曾否任官没有严格要求。由于在书院中位高权重，山长的薪水在书院的支出中占有相当份额。

曾经参与过游文书院创建、修缮的言子第七十五世孙言如泗，"服官二十年，以爱民教士为先务，垣曲、芮城、平陆书院，均所创建；并葺东雍、解梁、条山诸书院，延师主讲。公余亲与诸生讲解，随时资给之"。其子言朝标也主持过游文书院讲席。当时，担任过游文书院教席的，尚有"爱才若渴，于寒素尤多奖拔"的陶贵鉴，"教授里门，从其游者多知名"的邵广融，历任多所"书院讲席，教士多所成就"的孙原湘，"归里后，掌教游文书院"的姚福奎，"居邑之游文、学爱讲席，提倡实学，士多致力于经史"的陆懋宗等[35]。这些达官显宦或专门或临时在书院讲授经典，自然需要给他们支付授读费用。

书院的正常运转，师资为必不可少之人才，同时从事日常勤杂差事的人，也是书院教育开展的基本保障。虞山书院告成以后，每月上旬三、六、九日，往往有"多士会文讲学于内"。平常工作量的增加，使主事者有了新添两名馆夫之想，以承担典守、洒扫、承值之事。对新增人员，"必照例请给工食，庶彼得尽心承事"。经过商议，"每名日给工食银一分，每年给银三两六钱。馆夫两名，共应给银七两二钱"。对此，官员作出批示，"工食准于力差银内扣给"[36]。

除此之外，书院还有给予生徒一些膏火的一项人员支出。中国古代教育中有着教养合一的传统。对于一些贫穷的生徒和少数外来住读的生徒，书院也会在食宿层面给予一些必要的照顾，解决他们的温饱问题，使他们一心向学用功读书。这项开支是多是少，各座书院的尺度不一，安排的标准也不尽相同。

书院院舍的建设与维修，不像人员支出那般经常，但总额度的占比明显要大。耿橘修建成的虞山书院，"堂、圃、楼、台，罔不增而饰焉，以传其胜"。林林总总的各类建筑，投入了大额资金。据记载，当时共用工银二千八百二十二两七钱七分一厘七毫，米七十六石；茶银一百三十三两[37]。

游文书院修建过程中，"除动支乾隆四十年分阖邑公捐施粥余剩通足钱肆佰叁拾陆千伍佰叁拾文，又银壹佰两外，所有各绅士乐输钱银数目"甚多，内中既有知府、知州、知县等在任官员，也有举人、生员、童生等未仕之人，还有商人、职员等社会贤达，总计107人共捐出银钱2183两[38]。

中国古代的书院，与书籍的编、校、刻、印等存在着千丝万缕的联系。有研究者指出，书院是中国士人围绕着书，开展包括藏书、读书、教书、讲书、修书、著书、刻书等各种活动，进行文化积累、研究、创造与传播的文化教育组织[39]。由此可见，书籍在书院中占据的位置。

缘于此，书籍的编印、购买、收藏等，成为书院开支中的一大项目。武城弦歌书院的创修者王仲故世后，他的嗣子王昺"置祭器于祠，置经籍于书院，几席器用，罔不备具，莫献有常，讲肄有所"[40]。

虞山书院肇建之时，"即于书院右边官地上建造书楼一所、经房六座，仍期收买书籍，贮之书楼，以资贫生览诵"[41]。在当时书院的佐工佐茶佐书记录中，有一笔书银共68两，当是购书之资。长年累月不断的积累，到明万历三十四年（1606年）前后，书院购藏图书数为257部（套）。至于《虞山书院志》中，"月之三日，会诸生于有本室，拣文之精而可式者若干，首付梓成帙"的记载[42]，当是书院刊刻书册的实录。

书院春秋两季祭祀的开销，主要为采办香烛、酒和各类肉食、蔬果祭品的费用，虽然都属常规，但仪式每每郑重其事地进行，所用钱款并不太少。

奉言书院的各项开支，需得有固定的经济收益作为保障。当时，各书院的收益大同小异，主要以官府的安排、乡绅所捐田地的产出、社会各界的捐款为大宗。

古代社会，书院是地方行政长官重视培育人才的一个方面。"国家方以文学造士，今仅有祠而书院不立，造士之制，无乃缺诸？"[43]一个地方特别是文化兴盛之地，如果"书院之制缺然未之有作"，不仅是"士之耻"，更是"有司之过"[44]。所以，对于书院之设，当政者总要表示尽力予以支持。学道书院成，当局"拨官田以赡士，又别有育材庄，专充孔、颜、言氏子孙费"[45]。文学书院"建廨之役……总为金千六百有奇，出公帑者十之六，余捐俸而设处者十之四"[46]。"嘉靖乙丑之岁，王知县叔杲拓其地至八亩，大新规制，复名曰文学书院……是役也，计费一千六百金有奇，公帑十六，设处十四"[47]。

中国古代书院的学田赡学制度，始于宋朝。当时学田的主要来源，为当地有经济实力而又重视教育的乡绅之捐赠。文学书院始创之时，曹善诚先"赡以田一千六百亩有奇"，后"曹君益之，畀以二千六百亩有奇"，"自是其田有苗税而无力役，春秋之事，得不匮乏，为士者亦有所蒙赖，而优游于诵弦俎豆间"[48]。后来，生员周景星为避免家族内部争夺田产，通过征得大多数眷属同意，将其姐姐、姐夫留下 319 亩良田中的 300 亩捐献给了书院。"惟是田产三百亩零，周景星兄弟不甘为他人所夺情，愿献虞山书院公用。"[49]

支塘的正修书院，源于县令黎龙若所创的社学。清乾隆三十一年（1766 年），被知县康基田改建为书院，"奉言子木主于内"，始立为正修书院[50]。书院"故有堂，前后各三楹，其西为斋舍，左右厢廊若干楹。增建门三楹，以廓其制"。当时，正修堂旧存的田地和十多名乡绅所捐的田地共 120 亩，被用来维持"乡之秀者肄业焉"[51]。

类似于上述两座书院，武城弦歌书院、昭文梅里书院等，也有各界捐赠的田地用以赡学。"重建弦歌书院在县城南……创自康熙二十四年，知县赵完璧捐俸市民地建立，外门楼二间，中讲堂三间，西北书房各三间，又西厨房二间，并置庄地三顷以给膏火管理。"[52]"梅里书院在梅李，清乾隆二十九年，知县康基田建。有公捐田一顷四十二亩六分五厘。"[53]

书院接受乡绅捐赠的田地后，并不直接派人耕种，而是出租给佃农进行耕作、播种、收获，然后按照确定的租额收取租金。书院依托自有土地所收的田租，自然成为其主要的经济来源之一。文学书院建成后，"乃选邑校髦彦，讲肄其中。月给饩廪笔札费若干，而余亦捐田六十亩，校士张君继诗亦六十亩，每岁各入租以助之"。书院"祭有品，试有馔，费安从出也？于是有常稔之田者六十亩，除其税收，其入以为共焉"[54]。

中国古代乡绅重视教育，固然是为了培养自己的子孙后代，让他们走读书仕进之路，同时也与他们借此行善积德密不可分。由此，他们舍得捐出田地，也愿意慷慨助学。当时，书院中的很多善款，由他们无条件捐出。

武城弦歌书院"增构神门、讲堂、别宅、居学官屋，凡四十楹"，以及木石、丹漆、工食之费"为钞盈八百缗"，都出于王仲、王昺家里的私人财产，"不假他姓助"[55]。

耿橘重建虞山书院时，工银、茶银、书银等总的花费超过了3023两，计有245名包括官员、绅士、良民的人共同捐出。其中25名官员中，既有巡抚、巡按、巡盐、郡守等上级官员，又有县令、教谕、训导、县丞等本地官员，还有太仓、昆山、吴江、长洲等周边地区的官员。

除此之外，各地的奉言书院，还有把学田质押给当铺生息，或以书院储存之银存入银号生息作为收入来源。游文书院在清末有学田三顷九亩九分八厘四毫，于沙洲"存正田二十三顷三十二亩六分一厘二毫，塌田四顷六十二亩五分七厘九毫零"，并"存各典生息钱六千七百三十二千四百七十九文"[56]。

康基田设正修书院、梅里书院于常熟东乡，为地方教育发展倾注了很多精力。对正修书院，"康基田及后令何奏成，募捐银七百余两，康令又续捐银一百两，俱存典生息为经费"。对梅里书院，"公捐银三百两，康令又续捐银一百两，俱存典生息为经费"[57]。

五、书院对就读生徒的不同选择。古代各地的奉言书院以言偃为主要奉祀对象，在有些场合，其授读的生徒就以言氏子孙为主。

对于吴郡的奉言书院，地方文献记载，"吴有学道书院，尚矣。

孔门言子，吴人也，封吴公。宋咸淳间，郡守黄公镛，奏立书院以祀公，而教育其子孙"[58]。

《虞山书院志》是明代张鼐等撰写的记录这座有着多年历史的书院各方面内容的专题志书。其《建置志》记述道，"言子祠凡三楹，内奉先贤言子塑像"；"言祠奉祀房凡三楹，在祠之后，以栖言氏子孙之读书者"[59]。可见，这座书院有着重点培养言氏后代，使之传承家族文化的明确指向。

中国古代书院的重要功能之一是养士，即主办者把这种教育作为求学者获得进身仕途的一个阶梯。这与当时纯粹官学之间存在的或明或暗的生源争夺，成为书院时兴时废的深层缘由之一。从这个层面看，通过灌输儒学经典培养潜在的从政为官者，也是各地奉言书院的职能之一。

言如泗在山西多地担任过县令，并分别在垣曲、芮城、平陆等地修建过弦歌书院、西河书院、傅岩书院。他在"余所见如斯，爰述祖德"的《弦歌书院记》中写道："或曰武城所教，教以礼乐，若今世书院，大率讲习文艺，而文艺中，又惟帖括是务，以希进取，不有大小本末之殊乎……夫文章之原，肇自血气，帖括一途，代圣言语，考锱铢，定毫芒，必如柳柳州云……其为礼乐也大矣。至三年大比，持羔雁于有司，以视乡举里选，吾乌知今必异于古所云耶。"[60]

平江府"学道书院，为吴公言偃立"。黄镛继知府赵顺孙建成书院后，"奏以学道为额，选言氏先贤后及民间俊秀教之"[61]，明确把社会上的俊彦之士，放在与言氏后裔同等施与教育的范围内。

"东南之人"，因言子"与闻圣人之道"。是故在常熟一地，有着多座奉言书院。其中最著者当属文学书院。"海虞故有文学书院，祠子游，宋元以来屡兴屡废。岁丙午，耿侯初令尉氏，以治行高等，徙令兹邑……侯方饬吏以儒，弦歌讲诵不辍，间乃修复言子之祠，辟书院于左。前者为堂，后者为室，而加以重楼邃宇，胪列其次……自邑之士绅先生与子弟之好学者、四方之愿从者，相与讲学校艺，习礼其中。"[62]

在奉言书院的就读生徒中，还有一种类型是借此求知进德的平民百姓。他们没有明确的仕进之想，或许只是把读书作为丰富、完善、提升自我的途径。

武城弦歌书院始创后，因获得高官支持而被朝廷纳入社学体系，委派官员进行管理。尽管书院的日常运行，有赖于当地王氏家族的财力，但其授读对象却是周边的普通民众。进入明代，武城的地方官员针对"非士"的普通民众兴办启蒙教育，教学内容不仅包括句读，重要的还有德行，以期达到"根本植立，然后转于经师，进之举业，以待选于督学者"的目的。清朝建立直到康熙年间，统治根基逐渐稳固，整个社会进入稳定发展时期。此时的武城县令赵完璧着力重振当地的"养蒙"教育，重建了弦歌书院，希望以子游的弦歌文化教化普通百姓[63]。

耿橘到常熟履职，"以兴教化明道术为己任"[64]，十分重视地方教育。他"新言子之讲堂，颜曰虞山书院，群邑之衿绅父老子弟而会讲焉"[65]。"瀛海耿侯来令兹邑，期年政通人和，案牍直供，其游刃而慨然念曰，治世有大于人才者乎，育才有外于教化者乎。兴教兹土，有舍其先贤而别有示之者乎。于是重复书院，群邑之缙绅先生博士弟子讲习焉。"[66] 耿橘"重建虞山书院于故文学里……每月上旬之九，则群乡之士大夫孝廉诸生孺子，先谒先圣，次谒言公，乃升堂列坐，相与商榷"[67]。

三、奉祀言偃之书院的主要作用

古代各地奉祀言偃的书院，存在着存续时间上有长有短，建设规模上有大有小，师资配备上有强有弱，生徒养成上有多有少，办院水平上有高有低等多个方面的差异，然而在其发挥的实际作用方面，却是基本相同的。

首先，更着实地凝聚了家族力量。

中国古代对祖先、圣贤的祭祀，有着家祭、祠祭、庙祭、墓祭等多种形式。书院祭祀作为祠祭或庙祭的衍生类型，渐次成为书院教育的明显特色，为地方文化的积淀提供了基础养料。

古代书院的祭祀对象，指向十分明确，不是"道冠古今，德参天地"的圣人，就是与书院关系亲近的先哲、乡贤。历史上，言偃称不上圣人，只能说是圣门高弟，对儒家学说的发扬光大起了不小作用。奉祀言偃的书院，把言子作为主祀的历史人物，自然蕴含着对其地位和作用的肯定。

"虞山故有书院，因先贤言子旧祠云。祠起于有宋，院建于有元，盛于国朝。"[68]由于奉言书院与祀言之祠存在着难以分割的联系，到了元明清时期，书院因袭传统官学释菜、释奠的做法，进行例行的祭祀活动。

虞山书院的祭祀，有着自身的规制，形成了独特个性。据记载，书院在"每岁孟春"选择黄道吉日，由"县官送诸生入书院，具祭品"行释菜之礼。祭礼现场，庄重肃穆，知县作为正献官在一应儒学官员的陪同下，斋戒行礼如仪并宣读祭文，逐一完成祭祀言子的仪式。与此相类，书院在"每岁春秋仲月上丁之次日"，举行释奠之礼，"昭告于先贤吴公子游之神"。不过，两套仪式在祭物上有着很大的不同，前者仅为酒、香烛和兔、栗、枣、菁菹四样，后者除酒、香烛外，还有15样贡献之物[69]。春秋致祭，所费不赀，成为书院支出的一个方面。

上述奉言书院的祭祀行为，看似地方官员的尚文崇教之举，实际上与言氏子姓在当时社会上的处境存在莫大关系。18世纪初，江南布政使司马逸姿"奉命分守，驻节常熟，所居官署与书院仅隔一垣"。他惊讶于书院的颓圮，在听了言子第七十一世孙言继光陈述的"书院兴废不常，前此不复记。忆有明万历丙午，邑令耿君讳橘实鼎新焉。后此无继者，子姓式微，乡党寡助，虽崩压无告"的一席话后，更是感慨系之。他感到，有幸生在"圣天子重道崇儒之世"，又刚好"在先贤之里"宦游，不可"坐视庙貌之不修"的情形延续。于是"乃为捐俸，督工葺治，稍复旧观"[70]。

奉言书院的修复，以及"书院春秋有祀，祀有诗歌；朝夕有业，业有考核"的风范，让人仿佛看到了"古人弦诵书礼之遗"[71]。但是，官府对累代簪缨、阀阅世家的言氏提供支撑，从历史演进的过程看，并不是无条件、全方位的。有些时候，社会地位还是依托了家族力量而有所改观。

明代晚期，正是言氏子孙式微之时。通过个人奋斗出人头地的言弘业，为提振家族声望，凝聚同宗合力，在山塘泾岸置地并建设了一座文学书院。这座书院体量不大，存续时间也不长，但言氏后裔尽心着力于此，有着比官方书院更多的考量，就是更好地发挥家族的作用。后来，言氏宗族分出文学书院支的支脉，说明在一定程度上是实现了主事者最初的期待的。

其次，更扎实地造就了乡邦后学。

古代各地的地方教育，都以孔子为宗师。学子们日常所学的经典，待人接物的道理，思考问题的方式，都奉儒家的一套为圭臬。

奉祀言偃的书院，外在形式上以言子为主祀，实际上所教内容都是儒家学说。明嘉靖年间把重建学道书院作为"事有若缓而实急"的胡缵宗曾说过，"惟周道衰先王之教废，赖孔子及其门弟子传而守之。惟吴公起，南服北学于中国，衰然以高弟称圣门盛矣。顾其曰文学云者，非尽于今之君子所能而已，盖圣道之精蕴，诸心见之，言而达之，政事凡其粲然者皆是也"。于是，他选择"南临通衢，形势宏敞"的景德寺，改建成有着"中肖公像"的学孔堂、"为师生讲授之所"的文学堂、"以居诸生之学道者"的斋舍和弦歌楼等建筑的学道书院，"择弟子之俊秀者，讲读其中"[72]。

类同于郡城的学道书院，常熟的奉言书院亦汲汲于培养乡邦后学。虞山书院把"端士风，维世教"作为办院基本准则，强调"诸生列四民之首，履仕进之端，故处则一方邪正所系，出则四海祸福攸关"。由此，"每月初三日书院作文，初九日书院讲书，岁以为常……诸生亦习以为常，会文会讲津津有味。虞山诸生，非畴昔之诸生矣"[73]。"河间耿侯来令常熟，慨然以表章先贤兴起后学为己任……经房以奉先贤，精舍以尚友，诸子各绘其像而镌之，各有赞辞，有所北面，有所比肩……"[74]

石梅游文书院，由乡绅言德坚、陶贞一"诸人醵金购址，请于前观察朗山杨公爱创规模"。接着，"拨田规画，为师生膏火。数十年来，鸿儒硕彦，多出其中，是虞山固毓材地，而书院又储材薮也"。清乾隆四十二年（1777 年），言子后裔言如泗等集资重修游文书院，为达成"人材辈兴，蔚为世用，以仰副我圣天子蒸士育才至意"提供基础保障[75]。

再次，更务实地弘传了礼乐之风。

古代书院，有的侧重讲学，有的侧重课士，有的侧重祭祀，关注的重点有所不同，然而在弘传礼乐之风、教化万民大众方面则基本相同。

弦歌文化在古代武城流传日久，可以一直追溯到子游任武城宰时。当时，他秉承孔子"君子学道则爱人，小人学道则易使"的师训，以礼乐之道教化百姓，使治内弦歌之声不辍，民众乐享平安生活。

春秋战国以后，言子首倡的弦歌文化，像一股溪水在齐鲁大地静静流淌。进入元代，这一无形的精神财富，通过书院这种有形的载体，在武城之地不断得到传扬。元代中期，王仲在武城新建的丹阳公祠中，兴建了一座弦歌书院，"买田三百亩以供时祀，以廪师弟子员"[76]。这座由翰林承旨刘文赛题名的书院，标志着以儒家礼乐为旨归的教育，在武城开启了面对大众弦歌雅化的大门。之后，无论是改建的学道书院，还是重建的弦歌书院，都沿袭书院最初确立的目标，进行礼乐教化。

耿橘知常熟县之时，明代复建的学道书院"年久颓废"，"仅有祠堂三楹而已，而隘且颓也"。为此，他感到书院"尤当首先议复，而不容一日缓者也"。作为熟读经史、进士及第的地方官，他"自八九岁读《论语》，已知有文学之选，而怀向往之私。以后遍阅古今诸儒书，印证当代诸名儒于子游之学，未尚不深信而极尊之。第据其治邑以道、取人以节、论学以本三者而言，孔门孰出其右者。乃其家在琴川，教流江左，洗文身之陋为文物之邦，变荆蛮之俗成邹鲁之美"。他认为，书院是这些成就的根柢。究其原因，"讲道敷教在于斯，树规立极在于斯，鼓舞人心在于斯，兴起士类在于斯"。正是出于"书院之废兴，有司之政教关焉"的考虑，耿橘"裁节支费，相度规模，一遵乙丑王知县故事，勉效前绩，力图重举，以供多士之讲习，以振文学之遗化，庶几盛典既复，先灵亦妥，而人心兢劝，士行可兴，民风可美矣"[77]。

循此办院之思路，虞山书院成了"举邑之内，自衿绅以至黔黎无不欣欣色喜，自城邑以至四境无不日日往观"的文化要地[78]。有亲历其事者这样写道："不佞谒先贤之像，升学道之堂，入有本之室，登弦歌之楼，遍历十五贤精舍、五经社房，徘徊顾瞻，栋宇檐阿翼如也，规矩科条秩如也，执事奔走之人济如恪如也，恍然置身洙泗之滨……"[79]

奉祀言偃的书院获得如此不俗的评价，有着对言子本人业绩肯定的因素，更多反映的是读书人对言子的尊崇者通过书院传承弦歌文化的崇敬赞美之情。

注释：

[1] 朱熹撰：《平江府常熟县吴公祠记》，陈颖主编：《常熟儒学碑刻集》，苏州大学出版社2017年版，第3页。

[2][3][48] 黄潜撰：《文学书院记》，陈颖主编：《常熟儒学碑刻集》，苏州大学出版社2017年版，第288页。

[4]《虞山书院志》卷之一《古迹志》，常熟市图书馆明万历刻本。

[5] 蒋伟国：《常熟的书院及其文化精神》，《东吴学术》2021年第3期。

[6][29] 彭尚炯：《耿橘与虞山书院》，《常熟史志》2015年第4期。

[7] 1726年，析常熟县东境置昭文县，两县同城而治；1912年1月，昭文县重新并入常熟县。

[8] 康基田撰：《梅里书院记》，陈颖主编：《常熟儒学碑刻集》，苏州大学出版社2017年版，第225页。

[9] 李蒙泉撰：《重修梅里书院记》，陈颖主编：《常熟儒学碑刻集》，苏州大学出版社2017年版，第268、269页。

[10][13] 陈宜中撰：《学道书院记》，钱谷辑：《吴都文粹续集》卷

十三《书院》，上海图书馆稿本。

［11］徐缙撰：《学道书院记》，《吴县志》卷二十七《书院》，江苏古籍出版社、上海书店、巴蜀书社1991年版，第403页。

［12］［58］［72］胡缵宗撰：《重建学道书院记》，钱谷辑：《吴都文粹续集》卷十三《书院》，上海图书馆稿本。

［14］［45］［61］周南老撰：《学道书院》，钱谷辑：《吴都文粹续集》卷十三《书院》，上海图书馆稿本。

［15］［17］［25］［40］［55］［76］《乾隆武城县志》卷十四《艺文》《中国地方志集成·山东府县志辑》，凤凰出版社2004年版，第365、366页。

［16］《康熙山东通志》，《山东省历代方志集成·省卷二》，齐鲁书社2016年版，第987页。

［18］胡天龙撰：《赵邑侯建义学记》，《乾隆武城县志》卷十四《艺文》，《中国地方志集成·山东府县志辑》，凤凰出版社2004年版，第368页。

［19］《道光武城县志》卷十四《艺文》，《中国地方志集成·山东府县志辑》，凤凰出版社2004年版，第479页。

［20］［60］言如泗撰：《弦歌书院记》，《垣曲县志》卷之十二《艺文》，清光绪庚辰年刻本。

［21］孟义昭：《清代江宁钟山书院研究》，南京大学硕士学位论文2014年。

［22］《苏州书院简介》，《苏州地方志史志资料选辑》第30辑，2008年。

［23］［75］苏凌阿撰：《重修石梅游文书院碑记》，陈颖主编：《常熟儒学碑刻集》，苏州大学出版社2017年版，第240、241页。

［24］陈三恪撰、陈其弟校注：《海虞别乘》，上海科学技术文献出版社2018年版，第50页。

［26］严讷撰：《文学书院记》，陈颖主编：《常熟儒学碑刻集》，苏州大学出版社2017年版，第131页。

［27］［67］钱时俊撰：《虞山书院有本室会艺序》，《虞山书院志》卷之十《艺文志》，常熟市图书馆明万历刻本。

［28］张洪撰：《学道书院记》，陈颖主编：《常熟儒学碑刻集》，苏州大

学出版社 2017 年版，第 55 页。

[30][78]《虞山书院志》卷之五《文移志》，常熟市图书馆明万历刻本。

[31][64]申时行撰：《虞山书院学道堂记》，《虞山书院志》卷之九《艺文志》，常熟市图书馆明万历刻本。

[32]《虞山书院志》卷之七《会语志》，常熟市图书馆明万历刻本。

[33][63]刘东祥：《子游"弦歌之治"与武城弦歌书院考》，《德州学院学报》2020 年第 1 期。

[34]陈谷嘉、邓洪波：《中国书院史资料》，浙江教育出版社 1998 年版，第 1951 页。

[35][50][53][56][57]常熟市地方志编纂委员会办公室标校：《重修常昭合志》，上海社会科学院出版社 2002 年版，第 1069、1070、1071、1078、1079、1083、1088、307、306 页。

[36]《馆夫申》，《虞山书院志》卷之五《文移志》，常熟市图书馆明万历刻本。

[37]《虞山书院志》卷之一《地胜志、建置志》，常熟市图书馆明万历刻本。

[38]盐业公堂捐的 200 两和价值 32 两的峰石一座、计价 120 两的捐田未算在内。详见《公建及重修游文书院原议》，陈颖主编：《常熟儒学碑刻集》，苏州大学出版社 2017 年版，第 238、239 页。

[39]邓洪波：《明代书院讲会研究》，湖南大学博士学位论文 2007 年。

[41]《请修子游书院后申》，《虞山书院志》卷之五《文移志》，常熟市图书馆明万历刻本。

[42]薛敷教撰：《虞山书院有本室会艺序》，《虞山书院志》卷之十《艺文志》，常熟市图书馆明万历刻本。

[43]瞿景淳撰：《重建文学书院记》，陈颖主编：《常熟儒学碑刻集》，苏州大学出版社 2017 年版，第 294 页。

[44][46]王叔杲撰：《叙建院始末》，陈颖主编：《常熟儒学碑刻集》，苏州大学出版社 2017 年版，第 127 页。

［47］［77］耿橘撰：《复子游书院议》，《虞山书院志》卷之五《文移志》，常熟市图书馆明万历刻本。

［49］《公田申》，《虞山书院志》卷之五《文移志》，常熟市图书馆明万历刻本。

［51］康基田撰：《正修书院记》，陈颖主编：《常熟儒学碑刻集》，苏州大学出版社2017年版，第231页。

［52］《乾隆武城县志》卷四《学校》，《中国地方志集成·山东府县志辑》，凤凰出版社2004年版，第252页。

［54］严讷撰：《文学书院记》，王叔杲撰：《叙建院始末》，陈颖主编：《常熟儒学碑刻集》，苏州大学出版社2017年版，第131、126页。

［59］《虞山书院志》卷之一《建置志》，常熟市图书馆明万历刻本。

［62］王锡爵撰：《重建虞山书院记》，陈颖主编：《常熟儒学碑刻集》，苏州大学出版社2017年版，第296页。

［65］《顾教主报诸君子书》，《虞山书院志》卷之十一《学记》，常熟市图书馆明万历刻本。

［66］高攀龙撰：《虞山会语序》，《虞山书院志》卷之九《艺文志》，常熟市图书馆明万历刻本。

［68］［74］张以诚撰：《〈虞山书院志〉序》，《虞山书院志》，常熟市图书馆明万历刻本。

［69］《虞山书院志》卷之三《祀典志》，常熟市图书馆明万历刻本。

［70］马逸姿撰：《重修文学书院言子祠碑记》，陈颖主编：《常熟儒学碑刻集》，苏州大学出版社2017年版，第187页。

［71］孙慎行撰：《〈虞山书院志〉序》，《虞山书院志》，常熟市图书馆明万历刻本。

［73］《士风世教申》，《虞山书院志》卷之五《文移志》，常熟市图书馆明万历刻本。

［79］吴默撰：《虞山书院有本室会艺序》，《虞山书院志》卷之十《艺文志》，常熟市图书馆明万历刻本。

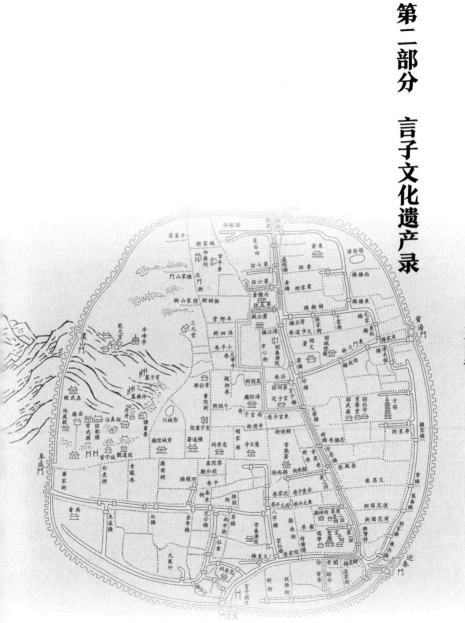

第二部分　言子文化遗产录

常昭县城全图　西常熟境　東昭文境

缘起

　　言偃在离乡背井、远赴齐鲁大地求学问道之时，就已留下了一些有他个人印记的文化遗产。迨至追随孔子到各处游历讲学，践行其治邦安民的政治理想，特别是学成南归以后，言偃的文化遗产则遍布于华东沿海地区。在此后的两千多年时间里，随着言氏裔孙或谋求事业发展，或被迫远走他乡，其文化遗产因他们走南闯北而散播到了更多地方。这些遗产，成为言氏文化的一个重要组成部分。

　　对于言偃留给后人的文化遗产，前人有过梳理钩沉，但没有做过系统整理。这对深入研究言子、把由他开创的文化理念让更多的人知晓，不能不说是一个极大的缺憾。本着为关注言子者提供尽可能详尽的资料考虑，兹依据各种地方文献中的相关材料，进行分门别类的耙梳归纳。

　　文化遗产在外在形态上，有着有形的物质文化遗产和无形的非物质文化遗产两大类。有形的物质文化遗产，有的占地很大，累积于其上的历史信息甚为丰富，且不可移动，像皇帝的宫殿、陵墓，重大的交通、水利工程，皇家园林、私人庭院等均属此类；有的则体量较小，可以移动，也能够随身携带，如碑帖字画、瓷器玉器、金银礼器、各种版本的古籍等均是。无形的非物质文化遗产，则以记忆或技艺的形式出现，人们的生产技能、地方的风俗习惯、年节的活动安排等，都可以归入此列。

按照这种学理上的区分方法，本篇拟把言子的文化遗产归并为不可移动的物质文化遗产、可移动的物质文化遗产和非物质文化遗产三个方面，以从不同角度、不同层面呈现言子的言行、业绩及其对后世产生的影响。

古城常熟历史上，祭奠、纪念言子的专属设施城乡均有，因为言子而命名的建筑、街巷也为数不少，它们作为物质的存在，让人感受到远去的先贤言子的存在。由此，对诸如有关言子的书院、祠堂、坟墓、桥梁、街巷等进行追根求源，并作条理化的记录，不仅仅是面对历史抒发思古之幽情，更是为了从中得到启发借鉴，通过汲取过往的经验教训探寻不断前行的力量。

古代社会，可以移动的物质文化遗产，受到经济条件的制约，也并不是寻常百姓人家都能拥有的。它往往流转于名门望族、阀阅世家，成为体现其身份、地位的传家之宝。相对于不可移动的物质文化遗产，它有着更强的隐蔽性。对这些资源进行挖掘、整理，更多的需要借助不同时代地方志书的记载、私人笔记的记述、家乘谱书的记录。循着这样的思路，把摘录言子言论的文集，展示言子后裔之面貌的谱牒，呈现言子遗迹之庄严的画作等辑录为一编，以平实文字烘托言子文化的不同凡响，及其对人们影响的经久不息。

　　非物质文化遗产，或称无形文化遗产，是文化多样性的源泉和保持创造性的维系所在。根据联合国教科文组织通过的《保护非物质文化遗产公约》的界定，非物质文化遗产分为口头传说和表述，表演艺术，社会风俗、礼仪、节庆，有关自然界和宇宙的知识和实践，传统的手工艺技能等五个部分[1]。它与物质文化遗产并不是非此即彼、截然对立的，而是你中有我、我中有你存在重叠部分的统一体。经过历史长河之浪不断的淘选，言子给后世留下的不仅有众多的物质文化遗产，还有不少非物质文化遗产。对这些影响到言子家族文化传承的家训族规、言子业绩的熟语来源等进行分析汇总，将使得言子的个人形象显得更加丰满，助力弘扬中华优秀传统文化。

　　言子的足迹，遍布于现在的中国东部地区。从一定程度上说，他的活动范围之广泛，是他同时代的很多人难以企及的。正因为如此，他留给后人的文化遗产，也远非普通的历史人物所能比拟。但考虑到分散于各地的言子文化遗产存在史料搜集、材料论证上的不确定性和困难，为尽可能避免挂一漏万，本篇以言子在常熟留下的各类文化遗产作为收录范围，用看似简单但也是不易引起争议的方法，保障这项工作能够有一个切实的开端。

　　最后需要作出说明的是，本篇套用前人所辑《言子文学录》的名目，从文化遗产角度采录、编撰《言子文化遗产录》。

注释:

［1］金露:《游走于有形与无形之间的文化遗产——物质文化遗产和非物质文化遗产的定义、分类、特征和关系》,《徐州工程学院学报（社会科学版）》2012 年第 2 期。

上编：

不可移动之物质文化遗产

言子故宅

　　古城常熟，有关言偃的文物古迹、文化遗存门类颇多，主要有墓冢墓道、故宅旧居、祠宇家庙、街坊巷弄、碑刻石亭、古桥老井等，其中言子故宅的历史内涵是最为久远和丰富的。

　　言子故宅，地处古城常熟中心区域，与唐代以后历朝所设置的县署仅有半里之遥。春秋时期，言偃先人选择此地安家落户，与此处西望是山、有溪流过，生存环境之优异于平常，不少人已将其作为聚居之地存在莫大关系。事实上，20世纪80年代初，考古人员在对虞山东麓石梅一座古墓进行的抢救性发掘中，发现的西晋"太康三年"（282年）纪年墓砖和一组器物器型十分精巧、足以反映当时庄园经济丰饶富足的越窑青瓷明器；唐武德七年（624年），当时的县治从长江之滨的福山，迁到虞山东南里许的海虞等，都为言偃祖居之地已有初步的市集形态提供了实证。

　　现存古籍中，记录言子故宅最早的，应是唐代陆广微的《吴地记》。该书对言偃宅之地理位置、房屋所属、特色物件等的记载，在此后为北宋朱长文之《吴郡图经续记》、南宋范成大之《吴郡志》等地方载籍，以及历代所修常熟邑志分别采录。

历史上，言子故宅长期由言偃子孙世代相守。但在言偃身后2500多年的时间里，故宅也出现过易主的变故。

一次是在唐乾元二年（759年），言氏宗族中有贪图私利之人，被人设计诱惑，把言宅私自出售给一户常熟大族，尽管言子第四十一世孙言端操等人竭力加以反对，也向县衙递交了诉状，但言氏还是痛失了祖宅。

另一次是在明朝初年，言子第六十二世孙言信本人因进谏被处死、子女被充军以后。此事在清代衍圣公孔传铎的《复言子故宅记》中，有着明白无误的记录。

言子故宅重归言氏家族，是清代雍正初年的事了。之后，言如洙、言如泗等言氏后人大规模修葺扩拓故宅，并建造墨井亭，形成了延续至今的基本格局。如洙、如泗兄弟在《重修始祖先贤言子故宅记》中，对葺治祖宅之举，进行了详细铺叙："自昔王侯将相以至于庶人之家，其第宅鲜久而弗替者。惟至圣先师德侔天地，是以曲阜之宅，至今犹存。及门如颜闵诸贤，亦得附至德之光以垂不朽。至我祖于圣门独为吴人，常熟实钟灵之地，坊巷犹昔，俗称东西子游巷。东巷中有宅，即旧宅也。宅中有墨井，志乘可考。《易》云：改邑不改井。矧邑之不改者乎？是宅世代相守，委弃于明末。雍正间，先博士系园公始克复之，衍圣公孔传铎、邑人陈祖范并有记。历年既远，栋宇挠折。如泗鸠工葺治，与兄如洙相度经营，易朽以新，补其缺略，廓大门，建仪门三楹。复于庙前恭立今上皇帝御书扁（匾）额，与庙中旧奉圣祖仁皇帝赐额先后辉映。天章云汉，照耀海隅。庙故有楼三楹，增设户牖，以宝藏钦赐墨迹并历蒙钦赐博士书籍，敬谨什袭，名曰宝翰楼。庙之东有屋四重，每重皆三楹，前重为祠，旁出入便门；次重则旧所名鸳鸯厅者，专奉先博士系园公神主，以先封君驭平府君为配享，皆有功祖业者也；又次重为楼，奉历世大宗神主及子孙之膺封赠有职者，他不得滥列焉。鸳鸯厅之后，即旧井，浚之，甃砖垒石，并构亭于井南，为瞻谒者憩止之地。楼之后重为故宅后门。庙之西亦有二重，每重亦皆三楹，为祭祀时斋宿更衣之所。其四址：南至本巷大街，北至浜巷，东至张屋，西至如泗之私居。阅四月而工竣，如泗共费钱七百四十缗有奇。工竣之日，闻于邑之士大夫，与于斯文皆来会，与博士躬率族姓，共相瞻拜，以妥我祖之灵。"[1]

2018 年，依据清代《言子文学录》所载乾隆年间（1736—1795 年）大修后绘制的《言子故宅图》，常熟开工修复言子故宅建筑，还原其古代的风貌。翌年 9 月 28 日，言子故宅修缮完毕向公众开放，使徜徉其间的各界人士，有机会近距离跟古圣先贤进行超越时空的对话、交流。

注释：

[1]陈颖主编：《常熟儒学碑刻集》，苏州大学出版社 2017 年版，第 234、235 页。

言子墓

汉代独尊儒术以后，孔子的地位陡然得到提升，其所居住、施教、落葬之处，经过多个朝代的建设、完善，逐渐形成了孔府、孔庙、孔林的独特格局。作为孔子的高第弟子，言偃有着编书弘扬、躬亲践行、实地传播儒家学说的功绩。他的子孙后代、家乡职官，依据朝廷和各级官员尊崇至圣先师的做法，守护言氏故宅，修建吴公祠庙，葺治言子林墓，以使诗书礼乐、家歌户弦之风不断承续、世代相传。

言偃溘然长逝后，言丰选取仲雍墓北侧之山地，葬先祖于虞山东南麓，成为言子墓地的嚆矢。查阅《吴地记》等地方史籍，有"言偃冢在吴乡常熟县西海虞山上"，"子游冢在常熟西虞山上，与仲雍冢并列"等记载，可知在当时的虞山上，有着一些影响常熟历史的名人墓葬。[1]

言子墓，在不同的朝代，有不同的称呼：唐代称吴侯子游言公墓，宋代称丹阳公言偃墓，元代称吴公言偃墓，明代称先贤子游言公墓，到了清代有了先贤言子林墓之称。

先贤之墓的名称因时有所不同，但是地方官、言氏宗族对其的修缮、保护，没有随着王朝的更替而变化。

战国初年言偃被葬于虞山后，直到东汉时期，墓茔多年未予修葺，仅存孤坟。公元2世纪前后，言子第十六世孙言成大在辞官归里后，眼见祖墓草木凋零，便给墓冢添加封土，在周边植树种草，优化墓冢及周边环境。

进入南宋以后，随着中国政治、经济、文化重心的渐次南移，常熟的地方官对在孔子看来"吾道其南"的言偃，表现出了前所未有的尊重、敬仰，他们在给言偃修专祠、建书院、立坊巷的同时，对言子墓及其附属设施开始了有重点的保护、维修。

南宋端平三年（1236年），县令王熽明令保护言子墓道，重视先贤墓地成为当地官员从政的重要考量。明清之际，崇言更是日甚一日，地方志书上留下了多条地方官围绕言子墓进行建设、管护的记载：

明正统年间（1436—1449年），县署参酌《太平寰宇记》中所确定"东是仲雍，西是齐女"的方位，给言子裔孙发放虞山墓帖；

明弘治十年（1497年），县令杨子器修墓，言子墓封树在虞山东岭，处于仲雍墓与齐女墓之间；

明嘉靖十年、十一年（1531、1532年），县署接连发布告示，重申保护言子墓道；

明嘉靖十八年（1539年），巡按御史舒汀于墓前新建崇祀堂、仰高亭；

明嘉靖二十七年（1548年），巡按御史陈九德在墓前树立石碑、种植松柏；

明万历年间（1573—1619年），因言子墓北缘遭到侵占，县署再次发出墓帖，划定墓地四址：南至清真宫土地祠，北至三元堂，西至齐女墓，东至官街（北门大街）；

明崇祯九年（1636年），苏松巡按御史路振飞重修墓地，在罗城内树立"先贤子游言公墓"碑；

清康熙年间（1662—1722年），江苏参议王缮修言子墓道；

清康熙二十五年（1686年），县令杨振藻修墓；

清雍正年间（1723—1735年），江苏布政使鄂尔泰在言子墓罗城前建三间冲天式石坊一座，高4.65米，通宽9.68米，额题"南方夫子"；

清雍正六年（1728年），苏松兵备道王澄慧筑墓墙，防止附近官民取土，危及墓道；

清乾隆年（1736—1795年）初，县署立石禁止在言子墓地取土；

清同治十年（1871年），两江总督曾国藩登临虞山，筹款倡修言子墓；

清光绪二十七年（1901年），江苏巡抚聂缉椝拨款修墓。

言子后裔对先祖之墓的修缮，同他们对待言子的其他遗迹一样，也是十分看重，而且力所能及加以整修。清乾隆二十三年（1758年），裔孙言如泗在言子墓前建花岗岩石坊一座，正面镌高宗御书"道启东南"额，背面刻御祭文中"灵萃勾吴"之语，并在左右两侧各建御祭文碑一座，镌刻高宗御制祭文。言如泗所刻石坊，亦为三间冲天式，高 4.71 米，通宽 10.05 米。他还疏浚了影娥川，架设了文学桥。乾隆三十二年（1767 年），世袭五经博士言如洙奉敕在北门大街建墓门坊，高 7.8 米，通宽 11.15 米，额题"言子墓道"。乾隆三十五年（1770 年），言如泗在半山甬道建重檐歇山顶石亭一座，镌康熙御书"文开吴会"额，世称御书亭。

现存的言子墓坐西朝东，不同朝代所建的墓道、墓地附属建筑，基本上保存原有形制。墓冢封土直径约 3.5 米，高 1.6 米，两通墓碑竖立于罗城正后方，外圈的围墙起着保护墓冢的作用。长达 142 米的墓道，自墓坊起向西逐渐往上延伸，直达拜台谒墓之处。墓区尚有龙头石、言子飨堂、墨池、《先贤吴公修建祠墓记略》和《重修先贤言子林墓记》石刻等古迹。现为江苏省级文物保护单位。

言子墓图石刻

言子墓在战国初年由言丰营建于虞山东南麓后，特别是到了明清两代，吸引了众多文人墨客前来凭吊拜谒。面对给后世留下不少精神财富的先贤，他们情思奔涌，留下了一首首表露自己心迹的诗篇。

步出言公里，徘徊陇树边。风泉何处响？想象武城弦。

——明代常熟人金定乐《言子墓》

有树枯来不计春，却依虞仲冢为邻。山家相约休樵采，十哲人中第九人。

——明代长洲人王宾《言子墓》

言子封丘枕翠微，到来灵峤起瞻依。精华蔚作卿云起，常绕崇祠画栋飞。

——明代陕西按察使、常熟人徐待聘《言子墓》

为道名贤万古埋，翠微一上一徘徊。碑荒赢得文章在，松响如听弦诵来。山仰岱宗群岭下，水源洙泗众流回。生当同里余馨被，白首无闻愧不才。

——明代常熟人薛胤龙《子游墓》

登揽城西胜，风烟四面开。浮阴芳树远，春色大荒来。碑蚀先贤迹，山寒帝子台。无穷怀古意，日暮属徘徊。

——明代常熟人严济《春日登虞山望子游墓》

空山积雪里，敬拜哲人墓。海虞凤奋迹，精华开学祚。挹彼尼丘父，泽此吴士羽。千秋烂不极，风流自可溯。神明载东南，肉骨岂云故。

——明代苏州人朱鹭《雪中谒吴公墓》

客居卑湿又尘氛，独上山椒望海云。乱草久荒虞仲墓，高松还覆子游坟。土中埋没寻残碣，石上依稀识旧文。老子祠堂最高旷，流连不觉至斜曛。

——清代桐城人方文《登虞山》

墓古残碑在，荆榛一径通。开吴尊旧业，配圣起新宫。琴瑟声余鲁，诗书道已东。巫咸祠树老，尚父钓矶空。水浅荒苹合，岩高落日红。不堪凭吊意，拜罢感悲风。

——清代常熟人陈玉齐《言子墓》

路转城西最上峰，昔贤遗寝翠微中。弦歌共沐流芬远，文学还钦吾道东。一坞白云团野色，四山黄叶战秋风。隔林蔓草谁家垄？牧笛吹残夕照红。

——清代戏曲作家、常熟人瞿颉《谒先贤言子墓》

三桓在圣门，孟仲多良士。亦有礼许人，汰哉称叔氏。平生议论间，师没尚阙里。何年南方来，海隅有居址。马迁记吴人，所本盖世史。箕山许由冢，考古多疑似。我来昆湖南，有坟此高峙。山名昉虞仲，墓门复伊迩。缅兹四科英，再拜荐潦水。此邦富文学，高让亦前轨。两贤岂相阨，何至烦钧矢。末俗惩干糇，学道宜易使。无为诮贱儒，诗书敦未耜。清风飒然来，松桧发宫徵。慨想弦歌声，肃然增仰止。

——清代两江总督、安化人陶澍《虞山拜言子墓》

郁郁佳城枕大冈，颜曾而外见文章。西河并世同传教，南国千秋此破荒。偶试弦歌偕宓子，若论豪杰过陈良。一抔土在虞山麓，禹穴姚墟共久长。

    ——清末著名学者、德清人俞樾《至常熟谒言子墓》

  民国时期，莅临常熟的文人墨客不绝如缕。其中，著名学者闻一多还与虞山结下了文字因缘。

  1919年初夏，时年21岁的闻一多被推选为清华学校（清华大学前身）学生代表团的负责人之一，承担致巴黎和会之通电、致全国学界之宣言等文字的起草工作。6月16日，闻一多、罗隆基等五人作为清华学生的代表，赴沪出席了中华民国学生联合会的成立大会。会后，闻一多等人来到了文风称盛的常熟。他们选择这座江南小城专程前来，据称与时在清华就读的常熟籍学子浦薛凤等有一定的关联。

  当时，闻一多一行先从上海坐火车到昆山，接着换乘帆船抵达常熟。在常期间，他们游览石梅场，拜谒言子墓，登临辛峰亭，寻迹桃源涧，濯足石屋涧，攀上维摩寺，领略了虞山的多处胜景。一路走来，闻一多诗兴大发，写下了《自言子文学书院射圃谒言子墓》《辛峰亭眺远》《寻桃源石屋二涧皆涧溯石屋上游乃得水因濯足焉》《维摩寺》《北郭即景》五首诗作。这些纪游之诗，描写了虞山的风物之美，同时流露出了作者对先贤的景仰之情，于1919年11月刊登在《清华学报》第五卷第一期上。兹录《自言子文学书院射圃谒言子墓》一诗，以记闻一多在虞山的足迹和情思。

北山夫子尚遗阡，南国文章叹倒澜。栖鹘丽龟留射圃，眠龙变石护桐棺。千秋风气开吴会，六艺渊源祖杏坛。一瓣心香赊礼谒，瑶墀独立久盘桓。

注释：

［1］言如泗增辑：《言子文学录》，广陵书社 2019 年版；陈颖主编：《常熟儒学碑刻集》，苏州大学出版社 2017 年版，第 221 页；常熟市地方志编纂委员会办公室点校：《（崇祯）常熟县志》，凤凰出版社 2021 年版，第 352 页。

言公井

井的汉字，最初见于商代的甲骨文。因为水是生命之源泉，人们为了生存，才挖出了一口口用于取水的井，后来在日常用语中，就有了市井、背井离乡等与生活紧密联系在一起的语汇。

常熟依水成集、凿井汲水的历史相当悠久。现存的古代水井，就有崇教兴福寺塔东侧的南宋古井、开凿于虞山维摩寺后院的涌泉井、原县学明伦堂前的学宫井、常熟唯一存有元代铭记的支塘贺舍井、翁氏丙舍的溧井等。其中，历史记载年代最久远的古井，当推言子故宅内的言公井。

言公井，又称圣井、墨井。唐代陆广微在《吴地记》中记载：常熟县"北一百九十步，有孔子弟子言偃宅，中有圣井，阔三尺，深十丈，傍有盟……"。宋范成大在《吴郡志》中，也有言偃"宅有井，井边有洗衣石，周四尺，皆其故物"[1]的记录。

言公井现存于言子故宅东轴线的第三进庭院中，井栏用天然太湖石凿成，孔径 0.32 米。历史上由于长年累月用吊桶打水，井栏内侧勒出了 10 多道绳痕。井身上部口径 0.37 米，接近水面部分稍稍放大。井旁竖立太湖石一块，上镌隶书"墨井"两字。井深约 6

墨井

米，井壁用砖垒成。

　　此井几经堙废，又多次被疏浚。元代以前，言公井的状况究竟若何，人们不甚了了。14世纪中叶，大画家倪云林在《过虞山陈适庵处士》中，称"甘洌言游井"[2]，可知其水质清澈、回味微甘。距此未满百年，明正统年间（1436—1449年），副都御史吴讷在《言子宅》中写下的"身通列四科，文学冠同伦。井堙宅已荒，桥巷名犹存"[3]诗句，说明当时井已堙塞。不过，到明成化年间（1465—1487年），经疏浚，此井又可汲水而用了。从常熟走出去、时任工部尚书的李杰通过诗句证明了这一点。他在《言公井》中写道："吴公遗井在，水色同墨汁。余泽可沃心，修绠须劳汲。"[4]水黑而味甘，是言公井原来的特色，据说现在同普通水井了无差异了。

　　清乾隆年间（1736—1795年），言子后裔、五经博士言如洙，襄阳知府言如泗兄弟整葺言公井，砌砖垒石，并构筑一亭于井旁，供人歇脚休憩。可惜井亭已毁于清末。

除言子故宅中有墨井外，耿橘在重建虞山书院时，在弦歌楼中庭之东偏，新凿了一井，也命名为"墨井"，作为院内师徒汲水之所。徐待聘对此处墨井的描写是："玉乳清冷墨汁鲜，依然旧迹还相传。源头活水通洙泗，天下应归第一泉"。[5]

在此值得书写一笔的是，清初常熟籍大画家吴历，与言公井有着密不可分的关系。吴历出生于官宦世家，但到他父亲时，家境趋于没落，一家人的生活大多依靠他卖画维持。明末清初"国破山河在"的大环境，也使得他的内心相当苦闷。这在他的诗文中不时有所流露。中年的吴历，情绪愈加消极，向往"与世无求独往还""远放江湖读书去"的隐居生活。此时，他的亲人相继离他而去，更促使他产生了"出世"之想。他先拜佛祖寻求解脱，继而转向信奉耶稣。清康熙二十一年（1682年），吴历加入耶稣会，成为天主教教徒。信教以后，他曾寄居于被天主教徒占据的言子故宅，便把居处的水井作为自己的别号，称为"墨井道人"。此后，他的诗文集也冠以"墨井"，以《墨井诗钞》《墨井画跋》行世。

吴历自号"墨井道人"，为言公井添加了一抹文化亮色。除此之外，古代一些文人墨客的诗词歌赋，也为言公井增色不少。

陈颢，字仲明，元代清州人，曾官至中书平章政事。他对海虞的直观印象，留在其《游海虞城中》一诗中，寄托在他对言子故里的美好记忆里：琴川风物旧如何，此日乘闲试一过。海邑官清无狱讼，土城风古有弦歌。言公井畔苍梧老，虞仲山前白石多。谢此高僧留我宿，暝随猿鸟入烟萝。

高启，字季迪，号槎轩，明代平江路长洲县人。他直截了当以《言公井》为题的诗作，把他对先贤的钦敬之情，融入他生花的笔端：寥寥武城宰，遗井虞山阴。千载汲未竭，九仞功应深。艺囿自可灌，道源谁复寻。弦歌听已歇，瓶绠看还沉。无为渫弗食，恻恻起叹音。一瓢乐未改，庶几回也心。[6]

明代常熟的不少文士，耳濡目染先贤所遗景物，也留下了以《墨井》为题的诗作。陈宏诗中，有"叔氏北游日，勾吴始尚文。身通沾圣泽，学术冠同群。古甃荒春草，危桥映夕曛。至今邻里子，濯濯被余芬"之溢美。周思敬则用妙笔写下了"玉甃埋苍藓，墨花香暗飘。源通洙泗回，润及武城饶。遗泽流千古，文光烛九霄。一瓢时自汲，挥翰遍庭蕉"的诗句。[7]

注释：

[1]《吴地记》《吴郡志》，收录于《江苏地方文献丛书》，江苏古籍出版社 1999 年版。

[2] 常熟市图书馆编：《历代名人咏常熟》，扬州广陵古籍刻印社 1999 年印制。

[3] 常熟市文化局编：《常熟国家历史文化名城词典》，上海辞书出版社 2003 年版，第 164 页。

[4][5][6][7] 杨载江：《言子春秋》，同济大学出版社 1992 年版，第 328—331 页。

言子祠庙

中国古代祭祀先贤或祖先的场所，统称为祠庙。实际上，按照祭祀对象的不同，祠庙可分为祭祀公众人物的乡贤祠、名宦祠、贤良祠和祭祀家族祖先的宗祠、家庙。一般而言，公祠由地方官组织人力、财力、物力建造；私祠则由家族聚力兴建，或公私合力促成。

言子在古城常熟的祠庙，公祠、私祠兼有。下面分而述之：

言子祠在建成后的各个历史时期，有着子游祠、丹阳公祠、吴国公祠等不同名称。地方志书记载，"子游旧祠在县治东北文学桥左"。这当是常熟最早也是最正规的祭祀言子之处。宋庆元三年（1197年），知县孙应时在常熟学宫内，建言子祠于明伦堂之东。因北宋大中祥符二年（1009年）言子被册封为"丹阳公"，故取名为"丹阳公祠"。朱熹特为此撰写《丹阳公祠堂记》。当时的文献明确记述，"庆元三年，县令孙应时，以言游里人也，始祀于学，新安朱子既为证其事"。宋开禧三年（1207年），知县叶凯修庙学，同时葺缮言子祠。宋宝庆间（1225—1227年），惠畴更新祠堂于学宫之东，"建门庑、堂室，几三十楹。识者议其位次失宜，规模高广过于文庙"，遂由县令王爚于端平二年（1235年）移建于文庙之后，并建象贤斋，专设训导一员，聚言族子弟其中而教。袁甫撰记。元大德间（1297—1307年），言子被册封为"吴国公"，祠又改称为"吴国公祠"。明天顺三年（1459年），知县唐礼修祠，李贤撰记。明成化二十二年（1486年），巡按御史胡汉命知县祝献、教谕张景元重新移祠于文庙之东，表其坊曰"吴公祠"。杨一清撰记。有清一代，言子祠经过多次修缮，并把康熙四十四年（1705年）康熙南巡时御书的"文开吴会"额、乾隆十六年（1751年）乾隆南巡时御书的"道启东南"额，俱榜于祠中。[1]

言子祠占地总面积1008平方米。现存头门为清同治年间（1862—1874年）建，前轩为明宣德年间（1426—1435年）建。祠堂正殿呈正方形，宋庆元年间（1195—1200年）造，元代重修，保存宋元格式较为完整，是目前常熟保存最早的古代官式祠庙建筑，也是全国唯一一处在文庙范围内单独设祠祭祀孔子学生言偃的建筑。1982年被公布为第三批江苏省文物保护单位。2019年被公布为第八批全国重点文物保护单位。

常熟的言子祠，除与文庙存在紧密联系外，与书院也难以分割。曹善诚出资买地所作祠宇，最初仅用于祭祀言子，并无书院之名。迨在"辟讲堂于其后，列斋庐于其旁"，特别是广东宣慰使王都中为其题匾"文学书院"后，方使其新增的教育功能，与原有的祭祀功能合为一体。其后，无论书院搬迁到何地，也不管名称有何种改变，一直有着单独的言子祠建筑。"吴公故有专祠，然仅容俎豆，而不足以聚生徒，则崇教之道未备。今书院之立，奉祀有祠，讲道有堂，藏书有楼，肄业有舍，规制宏敞，真足以报吴公之德，而慰吾人景行之思矣。"作为地方官春秋致祭的重要场所，书院里的言子祠在历史上存续到了清代晚期。[2]

虞山书院里所建的言子祠，"凡三楹，内奉先贤言子塑像。祠前轩一楹，颜曰南方精华。庭纵三丈五尺，横三丈六尺"。"言祠外门凡一楹，颜曰言子祠，在莞尔门之前……"祠之后，有言祠奉祀房三楹，"以栖言氏子孙之读书者"。[3]

常熟乡间支塘也建有言子祠。此祠于清康熙二十五年（1686年）由知县杨振藻改建五仙祠而成，祠中供奉言子木主。不久，又被改造成正修书院。

营建于古城县东街的言子家庙，世为子姓大宗居守。当时，地方官重视言子祠宇，累代加以修葺，"惟祠之于家者，或有兴废"。言子家庙最初由巡抚周忱于明宣德八年（1433年）修成，成化（1465—1487年）初县令甘泽加以修葺。弘治十年（1497年），知县杨子器对五年前被毁于火的言子家庙进行重建。清顺治年间（1644—1661年），知县周敏会同言子裔孙言森，修建了又毁于明季的家庙。清乾隆年间（1736—1795年），言子裔孙言德坚、言如泗等分别在庙后复建了弦歌楼、增建了后屋四楹。[4]

言如泗在重修县东家庙后，一仍其亲手办理族中大事必以笔墨记录的传统，写下了《始祖先贤吴国公县东家庙重修记略》，并镌之于石。文章写道："县东家庙自宋以来建修始末，具详家乘邑志矣。子孙废弃之余，所存惟大门一楹，仪门亦曰茶厅者三楹，正殿三楹。其殿后之楼曰弦歌楼，上下十间，则系先封大夫驭平公讼之官以钱赎归者。庙久不修，瓦漏墙裂，屋势欹斜。乾隆三十九年之秋，如泗鸠工葺治，自大门以迄正殿，焕然一新，费钱九十缗有奇。正殿供奉圣祖仁皇帝御书'文开吴会'额，前厅供奉今上御书'道启东南'额。其在庙东前所弃卖未绝之屋，有若东门房楼屋上下二间，次重楼屋上下二间，又次重为庙中东庑屋三楹，又次重为正殿东书楼上下二间。"接下来，他"历叙已弃未归之屋凡若干，及现当清理之屋又凡若干"，"固示不忘于后……抑且愿子弟有能助我之心，以求祖业之克完"。[5]

言子庙在古城东岳庙之东，由知县杨振藻于清康熙二十五年（1686年）在西庄庙的基础上改建而成，但题额却是"西城书院"。因言子出宰武城施行过弦歌之治，清乾隆十六年（1751年），知县张耀璧重建了其门楼弦歌楼。其后，言子裔孙言如洙、如泗兄弟重建正殿大门。对于这座家庙之修建，言如泗在《先贤言氏西城书院重建记》中，有着如下记述："西城楼阁负山面湖，为虞山八景之一，始祖言子庙在焉。后庙前楼，楼前仪门一重。北至墙外山麓石壁，南达西门大街，门坊额曰：言氏西城书院，东至严氏逍遥游别业，西并岳武两庙，四方瞻仰所必及也。查郡邑志，庙昉于国朝康熙二十五年，巡抚汤公斌奏毁五仙淫祠，邑侯杨公振藻奉文即西庄庙改，奉先贤木主。乾隆七年，邑侯张公耀璧筑基重建弦歌楼三楹，计费钱三百缗。岁庚子，裔孙如洙、如泗重建正殿，并葺大门，前楼增塑遗像，恭悬今上御书'道启东南'额，前后墙垣一律修整，计费钱二百八十缗有奇。庙后空地，即当日五仙太母殿基，向有围墙，近年坍废，墙基形迹犹存。附近居民竟在北墙根下盗厝数家，集地方孙泰来等公同清理，情愿迁去，仍酌给迁费，方得归正筑墙。计庙后基地，北自山麓界墙起，至新筑南墙止，南北计长十丈；西自关庙东墙起，至严氏西墙止，东西计阔四丈二尺，内空地约四分八厘五毫。楼前东首界墙计长四丈七尺，高俱六尺。"[6]

言子家庙、言子庙，虽然有着古代宗族家祠的性质，但其修造、改建、完善的组织者、实施者，乃至资金的来源，都与地方官府存在一定关系，因而其跟纯粹的私家祠宇还有相当差异。

注释：

[1][2][4] 常熟市地方志编纂委员会办公室标校：《重修常昭合志》，上海社会科学院出版社 2002 年版，第 288、296—298，303—305，349 页。

[3]《虞山书院志》卷之一《建置志》，常熟市图书馆明万历刻本。

[5][6] 陈颖主编：《常熟儒学碑刻集》，苏州大学出版社 2017 年版，第 252、253，260、261 页。

言子书院纵横谈

在关于言子的文化遗产中，书院占着相当重的分量，不仅是因为它的时间跨度大，涉及的历史人物多，更主要的在于它的文化内涵丰富。

暂且撇开山东武城、江苏长洲、山西垣曲等区域以言偃为主祀对象的书院，此处仅对古城常熟奉祀言偃之书院进行重点铺陈。

据地方文献记载，常熟历史上最早与言偃有关的书院，可以追溯到元至顺二年（1331 年），由邑人曹善诚个人出资买下土地所营造的建筑。当时，在这个位于县治东北文学桥东行春坊的地块上，建有祠宇、讲堂、斋庐等，但并未正式题额，待地方官员向上呈报并获得认可后，才有了文学书院之名。

元朝末年文学书院被毁后，继之而起者是在明朝宣德九年（1434 年），由知县郭南改造县学之西的都宪行台琴川驿而成的书院。这座"为堂为寝，为庑为庖，层门深窈，不近市喧"的书院，由江南巡抚周忱把"文学旧名改为学道"。书院之所以不沿袭原名，当时应请撰写碑记的张洪有着这样的解释："书院一也，昔谓之文学，今谓之学道，何也？以子游为邑人，北学于中国，圣师目其所长，故曰文学。及为武城宰，施其所学于民，故子之武城，闻弦歌之声，形莞尔之笑，有牛刀之戏。而子游以学道为对，言君子学道，必推己以及人，故能爱人；小人闻道，知职分之当为，故亦易使。然则弦歌者，学道之具，非以道为弦歌也。古者春秋教以礼乐，冬夏教以诗书。弦歌者，乐之属，举乐以该四教。四教者，诗以理性情，书以道政事，礼以谨节文，乐则荡涤其邪秽，消融其查滓。忽不知入于圣贤之域，于君臣、父子、夫妇、长幼、朋友之交，各致其道矣。诗以兴起于前，乐以涵养于后，故以弦歌为学道。但子游之学道，本末兼该，重在小人，故以之为教于邑中。周公之学道，先用力于根本，重在君子，故以之标名于书院。"[1]

在风风雨雨一个多世纪后，常熟知县王叔杲于明嘉靖四十三年（1564 年），选中并买下"虞山之麓，御史台之西，去吴公墓二百步"[2]的一处废圃，将其改建为书院，院名匾额回归到了文学书院。

明万历三十二年（1604 年），早知"有文学之选，而怀向往之私"的耿橘来到常熟任知县。莅任之后，他深感对民众施与教育的重要，便动员各种社会力量投入书院建设，终于建成了"不惟在虞山之麓，而且当虞山之首"，"足以报吴公之德，而慰吾人景行之思"的虞山书院。[3]

耿橘重建的虞山书院，占地面积超过 15 亩，建造或修复各类用房总计 160 间（楹），主体建筑大致可以分为学道堂、言子祠、弦歌楼、射圃、讲武厅五个院落。书院中体量最大的学道堂院落，有学道堂、体圣堂、有本室三座建筑，是书院举行课业和讲学的主要场所。在学道堂建筑的中轴线两侧，分列 15 间精舍，依次供奉颜回、曾参、孔伋、孟轲、董仲舒、周敦颐、邵雍、程颢与程颐、张载、朱熹、陆九渊、薛瑄、陈献章、胡居仁、王守仁的刻像，以示不忘他们传承和弘扬儒家学说的贡献，时时要对他们表示敬意。书院内还有分布合理、因地制宜的粮仓、厨房、寝室、浴房、厕所等众多配套用房，以满足生徒居学读书的需要。同时，书院内外，甬道两旁，房舍前后，种植了松、柏、槐、桧等各色树木 1600 多株。仅在体圣堂与有本室之间相通的庭院内，就种植了桂花树 44 株。

耿橘之后，言氏"子姓式微，乡党寡助"，虞山书院"虽崩压无告也"。清康熙四十六年（1707 年），粮守道马逸姿感慨于"圣门高弟皆鲁卫间人，子游生于断发文身之乡，而能北学中国，得圣人一体。迄今林墓岿然，后裔本支井井，实与颜曾氏匹休"。当时他任官正好"在先贤之里，可坐视庙貌之不修乎？"于是亲自捐俸，督工葺治，改变了书院原来的面貌。[4] 在书院存续的最后一百多年中，时修时圮，主要发挥了地方官春秋祭祀的功能。咸丰十年（1860 年），书院仅存言子祠。

文学书院从最初冠名，到一改为学道书院，转而回归文学书院，再改为虞山书院，加之在不同场合所称的言子书院、子游书院、言公书院等名目，称谓之多令人眼花缭乱，然其开宗明义奉祀言偃、尊崇先贤的做法，却是一以贯之的。

文学书院从创设之始，就重视教书育人之师资的选取和使用。在其延续超过 500 年的时间里，书院的历任主事者，通过持续聘用

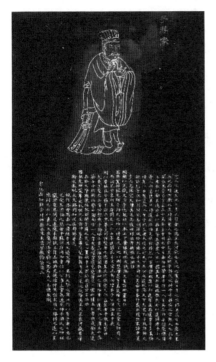

饱学的名士硕儒任教，保障了书院好学不倦之习蔚然成风、适合社会发展的经世致用人才不断出现。这种情形，在耿橘执掌虞山书院后，显得愈加突出。明万历三十四年（1606年）初，耿橘专程赴无锡东林书院，礼请东林党领袖顾宪成出山担当虞山书院的教主。当年五月、九月，在虞山书院举行盛况空前的讲学大会时，顾宪成亲自赴会，先是作《虞山商语》，后来又带着众多东林先生到常熟捧场——"东林诸先生毕集于虞……起莘钱先生一本、少白刘先生世学至自晋陵，泾阳顾先生宪成、景逸高先生攀龙、我素安先生希范、玉弦成先生心学、本孺刘先生元珍至自梁溪，彻如吴先生正志、文石张先生纳陛至自荆溪"。[5]

虞山书院在"推延名流博闻有道者，谈经讲道其中"[6]的同时，还不时约请在任的官员进行会讲。据《虞山书院志·会语志》记载，当时参与其事的有南直隶提学杨廷筠、苏松兵备李右谏、两浙巡盐左宗郢和方大镇、松江府推官毛一鹭等。

文学书院一直延续到虞山书院的漫漫长路，累积了丰富的书院文化。其中，一些名人雅士通过诗词联语所抒发的情感，给后人留下了他们真切的感悟，也寄托了他们从中找寻前行力量的情怀。

虞山书院建设之时，辟有大门、经正门、富美门、游艺门、乐寿门、学道堂、体圣堂、有本室、讲武厅、射圃等建筑。为了体现其文化内涵，主事者耿橘本人或请人题写了多条联语。下面，择要记录，以见一斑：

学求正人心自淑；

教化行风俗斯美。

——耿橘题虞山书院大门

登斯楼也，怡然旷然，不觉莞尔而笑，便见爱人易使，心从自性流出；

望兹丘也，崒如嵩如，曷胜仰止之思，当知礼乐文明，化由谁氏得来。

——侯先春题虞山书院大门

六经皆圣贤心精，讵云糟粕；

一贯即学者忠恕，亦非神奇。

——侯先春题虞山书院经正门

埋头倘识为轮意；

举目常新破卷心。

——严澂题虞山书院经正门

富贵尊荣一性中，富斯至矣；

美大圣神超世外，美何加焉。

——耿橘题虞山书院富美门

宫墙东鲁耸千寻，此中须另有世界；

门户三吴辟一径，这里莫错过路头。

——耿橘题虞山书院富美门

道德仁为艺之体，明了道德仁即明了艺；

志据依为游之用，不能志据依必不能游。

——耿橘题虞山书院游艺门

合体处，山非山，水非水，乾坤都归这里；

呈效处，山是山，水是水，这里放出乾坤。

——耿橘题虞山书院乐寿门

君子学道则爱人；

小人学道则易使。

——耿橘题虞山书院学道堂

孔子学何学？曰圣与仁是，时习之悦悦斯，朋来之乐乐斯；

孔子道何道？曰以一贯之，多学而识识此，忠恕而行行此。

——管志道题虞山书院学道堂

日用非他，常行便为至圣；

美墙何物，神尧就是吾心。

——耿橘题虞山书院体圣堂

何处非天？眼前正好识认；

吾身是理，此外更何寻求。

——耿橘题虞山书院体圣堂

识得时活泼泼地；

拈到手赤洒洒而。

——耿橘题虞山书院体圣堂

有严有翼非有；

无声无臭非无。

——耿橘题虞山书院体圣堂

耳目不着处；

战兢无息时。

——耿橘题虞山书院体圣堂

明是自家明，行是自家行，工夫不靠他人；

明是明自家，行是行自家，学问只求诸己。

——耿橘题虞山书院体圣堂

天下之人五品，吾身之用四节，以节节品品乃道；

贤者之行三德，圣人之学一贯，以贯贯德德乃天。

——耿橘题虞山书院体圣堂

明心见性，即诗书所称何加；

易俗遗风，则礼乐之用为急。

——李右谏题虞山书院体圣堂

一邑弦歌，仿佛东周气象；

千年俎豆，于昭南国精华。

——李右谏题虞山书院体圣堂

圣人就在凡近，只是善脱；

学者无不高明，却要能游。

——耿橘题虞山书院体圣堂

志孔子之志，老安少怀友信；

学孔子之学，命知耳顺心从。

——耿橘题虞山书院体圣堂

悟彻形色埃尘，乃有真得；

打破性天窠臼，方是真闻。

——耿橘题虞山书院体圣堂

洒扫应对，便是形而上者；

日用平常，只要默而识之。

——耿橘题虞山书院有本室

藏心于渊，神不外也；

至诚能化，吾何知焉。

——耿橘题虞山书院有本室

耿橘在建造虞山书院、传承书院文化方面，居功甚大。他所做的另一件功德无量的事，就是组织力量撰写、刻印了《虞山书院志》。

《虞山书院志》，明万历（1573—1619）末年由张鼐等人编撰。全书共 15 卷，按地胜、古迹、建置、先贤、祀典、宗像、院规、文移、官师、书籍、什器、树艺、院田、会语、艺文、学记等门类分别撰写。其中卷六《书籍志》突破传统的中国古籍四部分类法，创造性地把全部藏书分成 11 类，体现了虞山书院的藏书课士致用的特点。此书有刻本传世，为后人留下了地方书院文化的宝贵资料。

追溯从文学书院—学道书院—文学书院—虞山书院的记忆链条，可以感受到这座主要奉祀言偃的书院，在古代地方教育史上所留下的令人难以忘怀的瞬间，在地域文化传承方面留给人们的深刻印记。自然，它并不是独一无二的。在古代常熟历史上，无论是城厢还是乡村，还有不少这样的书院存在。

古代常熟城乡各地的书院中，以言偃为主要奉祀对象的，尚有比邻昭明太子读书台、距言子墓仅有数百米之远的游文书院，清中期康基田知昭文县期间，分别在梅李、支塘等地修建的梅里、清水、正修等多座书院，由言偃第六十六世孙言弘业凭一己之力买地建造的文学书院等。这些书院，通过聘任地方上的饱学儒士，面对来自四面八方的求学者，悉心讲授儒家经典，收到了"由是其乡之人相观而善，士气日上，乡邻风俗之美，可见于今日"的实际效果。[7]

当时，在游文书院授读的师资力量，差不多可以与虞山书院相媲美。据地方文献记载，言子第七十五世孙言如泗曾参与游文书院的修缮，出力很多。其子言朝标也主持过游文书院讲席。此外，担任游文书院教席的，尚有"爱才若渴，于寒素尤多奖拔"的陶贵鉴，"教授里门，从其游者多知名"的邵广融，出任过咸丰帝、恭亲王奕䜣师傅并入弘德殿为同治帝授读的翁心存，历任多所"书院讲席，教士多所成就"的孙原湘，"归里后，掌教游文书院"的姚福奎，"居邑之游文，学爱讲席，提倡实学，士多致力于经史"的陆懋宗等。[8]

从常熟深厚的书院文化中，可以清晰地看到，一贯重视书院教育的言子故里，不仅注重院舍等硬件设施，使其同儒家对育才之处的外在要求相适应，更是把养士的基础摆上重要的位置，让书院成为地方士子赖以成长之渊薮。

注释：

［1］张洪撰：《学道书院记》，陈颖主编：《常熟儒学碑刻集》，苏州大学出版社 2017 年版，第 55 页。

［2］［3］［5］彭尚炯：《耿橘与虞山书院》，《常熟史志》2015 年第 4 期。

［4］马逸姿撰：《重修文学书院言子祠碑记》，陈颖主编：《常熟儒学碑刻集》，苏州大学出版社 2017 年版，第 187 页。

［6］申时行撰：《虞山书院学道堂记》，《虞山书院志》卷之九《艺文志》常熟市图书馆明万历刻本。

［7］康基田撰：《清水书屋记》，陈颖主编：《常熟儒学碑刻集》，苏州大学出版社 2017 年版，第 229 页。

［8］常熟市地方志编纂委员会办公室标校：《重修常昭合志》，上海社会科学院出版社 2002 年版，第 1069—1071、1078、1079、1083、1088 页。

文学桥

常熟地处长江三角洲，水系发达，河网密布。为方便出行，古人们一方面利用舟楫代步，另一方面在河流之上架设桥梁以资跨越。据《常熟古桥》记载，目前常熟境内留存的古桥，有近百座。这些桥中，有的还有特别的历史意蕴，供后人凭吊、发思古之幽情。

常熟是孔门文学科之翘楚言偃的故乡，历史上留下了不少名为文学的古迹、遗物。文学桥即为其中之一。古代地方文献记载："文学桥在县东北一里，旧名言偃桥，俗呼醋库桥。"醋库桥"即文学桥，在子游巷口。宋庆历五年（1045年）录事夏秀建，明洪武（1368—1398年）初里人陈贞重建。嘉靖三十九年（1560年）圮，知县黄嘉宾复建之。阑其左右，而中为亭，以休行者"。[1]

文学桥，东西走向，架于唐代为疏导涧水所浚的琴川运河之上。其名称之由来，或与此桥位于言子故宅之东，两者相距不远有关。明代龚立本编次的《常熟县志》记载，"县西北，孔子弟子言偃所居，其巷旧名子游，今名言公。《图经续记》云县有言偃桥，盖得名于此"。[2] 至于此桥俗名，钱陆灿《常熟县志》所云"桥之东北，设有醋库，故名醋库桥"，或许实有其事。[3]

不过，古代县志中有将文学桥与言子桥混为一谈之嫌。丁祖荫纂修的《重修常昭合志》提到，"旧《图经》言偃桥在县东一百五十步，文学桥在县东北一里，前志并二桥为一，未知何故。据此则言子桥本为县东北一里之文学桥，但前志早属此名，于醋库桥不详，言子桥之旧名久矣"。[4]揆诸事实，言子桥是有别于文学桥的存在。它位于言子故宅东北的浜巷口，南北走向，架设于注入琴川的第四条溪流之上。现在言子桥已不存，仅留下一个街巷的名称。

文学桥建成后半个世纪，南宋庆元六年（1200年），自莆田徙居吴中的黄士毅为此写下了《文学桥铭》。黄士毅曾师从宋代理学的集大成者朱熹，并编有《朱子语类》140卷。他作桥铭，意义自是不同凡俗。铭曰："鲁邹而降，道为绝学。千五百年，起濂续洛。寥寥闽派，久几复绝。再起沧州，教修日揭。无极二五，在人一源。故不同地，时生圣贤。吴通上国，公即游鲁。胡然历世，莫踵公武。睹迹亦昧，吁方肇祠。是用作记，意严洒讥。嗟予小子，世闽产吴。敢诵所自，沧州之徒。登桥而思，刻铭述记。期我同心，如水济至。能令后学，本末易明。伪行不作，踵公自今。"[5]

古城常熟的另一座文学桥，位于言子墓前的影娥池上，为区别于子游巷口之文学桥，称之为言子墓文学桥。据记载，此桥由言子裔孙言如泗于乾隆二十三年（1758年）疏浚影娥池后所建，为的是方便人们登临墓道。此桥东西走向，为单孔石拱桥，桥梁正中的南北枕石上，分别镌刻着"文学桥"三字。"文学"二字，由繁体字书写，并无特殊之处；"桥"字，则本由橋，写成了橢，显得有些异乎寻常。书者为何如此下笔，后人难明其中究竟。

言子墓文学桥还有一个特色，就是它富有文化内涵的桥联。桥南侧的明柱上镌刻"东南开道脉，今古挹文澜"的联语，桥北侧的明柱上则刻着"道接东山远，源分墨井香"的联语，表达的都是对言子的推崇和怀念。

注释：

[1] 常熟市地方志编纂委员会办公室标校：《重修常昭合志》，上海社会科学院出版社 2002 年版，第 89、118 页。

[2] 常熟市地方志编纂委员会办公室点校：《（崇祯）常熟县志》，凤凰出版社 2021 年版，第 112 页。

[3] 花病鹤：《常熟坊巷小考》，常熟市政协编：《文史资料辑存》第 7 辑，1980 年版。

[4] 常熟市地方志编纂委员会办公室标校：《重修常昭合志》，上海社会科学院出版社 2002 年版，第 89 页。

[5]《虞山书院志》卷之九《艺文志》，常熟市图书馆藏明万历刻本。

寻常街巷中的言子踪迹

　　常熟之古城，始建于何时，已难以稽考。到唐武德七年（624年），地方官在此设立县署，说明已经基本具备城池的雏形。元至正十六年（1356年），城墙由土筑改为砖砌，"西北腾山而城"，将虞山东南一角楔入城内，在城市形态上呈现出"十里青山半入城"的独特格局。明清时期，依托城内河网密布、水道纵横之天然条件，街坊巷弄依水而建，桥梁连接幽深里巷，民居面街枕河而筑，在空间布局上形成了以县衙及慧日寺为中心，通过主要街道同水陆城门相连，尔后向四周辐射的城市肌理。到清代末年，城内建有长短不一、宽窄有异的街巷300多条。

　　常熟古城为数众多的街坊巷弄，很多有着历史的渊源，能够从其名称上找寻到前人留下的印记。其中，不少与先贤言子存在无法分开的联系。下面，对此加以简单介绍：

言子巷

　　位于常熟县署之北，离县治不足二百步。因巷内有言子故宅而得名。也有子游巷、吴国言公巷等名。历史上分成东、西言子巷。自市心街（今和平街）东出为东言子巷，抵醋库桥；西出为西言子巷，抵槐柳巷，接斗级弄。在东、西言子巷口，原有言子巷坊，已废弃不存。现东言子巷长182米、宽3.5米；西言子巷长186米、宽3.1米。

言子巷是常熟古城区有着长久历史的街巷，居住过不少名人。除言子及其后裔，还有明代名臣吴讷，吴讷之孙、有"小御史"之称的吴淳，明代陕西按察使徐待聘，清初著名画家吴历，清代晚期篆书名家杨沂孙、咸丰二年（1852年）殿试榜眼杨泗孙兄弟等曾在巷内居住过。

言子桥

地方文献记载，"言子桥在文学桥稍西北百步"。[1] 此桥原建于琴川的第四弦上，与位于其西南的言子故宅相距不远。清代后期，第四弦逐渐淤塞后，石板桥被废，人们便习惯性地把建于此处的街巷称为言子桥。现在的这条街巷，南起县后街，向北经东言子巷、班巷至引线街，长203.5米、宽3.2米。

言子阙里坊

阙里坊原建在孔子家乡曲阜孔庙东墙外之阙里街。常熟在明代仿建此坊，有肯定南方夫子言子阐扬儒家学说之意。亦称子游阙里坊。建于常熟古城南门翼京门内大街，始建年代不详。入清以后，多次被毁，又多次复建。其中，知县杨振藻、言子裔孙言如泗分别于清康熙二十五年（1686 年）、乾隆四十六年（1781 年）重建。后废。

书院弄

原名察院西弄，是常熟城内历史较早的街道。明朝嘉靖年间（1522—1566 年），县令王叔杲在此弄的北端建造了文学书院，这条弄堂便被改称为书院弄。书院弄内，曾开设声名远播的山景园酒家和常熟城里最早的照相馆庐山照相馆。20 世纪 90 年代中期，为完善城区道路交通，专门对书院弄进行了拓宽延伸改造，并把街名改为书院街。此街北连北门大街，南接元和路，长 960 米、宽 32 米，是古城区南北交通的主要干道。

颜港

位于古城池之外护城河东，沿河修筑而成。颜港一名言港。古代县志载："港外通大江，内接通江桥，直达言墓下影娥川，故名。"[2] 另外一种说法是，相传春秋时，孔子弟子言偃学成回虞，与颜回同舟驶过此地，小河有了颜港之名。古代临河成集，小河东岸开了不少店铺，天长日久就形成了街巷。颜港南起阜湖路，北至泰安街，长 1008 米、宽 4.3—4.8 米不等。

此外，常熟古城内原来还有言偃坊、文学桥西的文学坊、文学里南的文学坊、县治后的景言巷等与言子相关的街坊，现皆废，基址无考。

注释：

［1］常熟市地方志编纂委员会办公室点校：《（崇祯）常熟县志》，凤凰出版社 2021 年版，第 46 页。

［2］常熟市地方志编纂委员会办公室标校：《重修常昭合志》，上海社会科学院出版社 2002 年版，第 119 页。

言子碑刻

　　常熟历代文物中，碑刻是一个不可小觑的门类。它集历史价值、文献价值、艺术价值、经济价值等于一身，为展现区域文明、传承地方文化、记录社会风习、反映民众生活起到了重要的载体作用。

　　常熟古代碑刻的内容甚为广泛，其中不少是涉及言子其人其事的。

　　若论早期提及言子的碑刻，最有名的也许要数宋代大儒朱熹的《丹阳公祠堂记》。宋庆元三年（1197 年）七月，时任县令孙应时建子游祠于县学明伦堂之东，作为祭祀言子的场所。隔年六月甲申，婺源县开国男、食邑三百户、赐紫金鱼袋朱熹应请撰写了祠堂记，为后世留下了当时名人对言子的认识和评价。可惜这方碑刻早已佚失。此后，元代文人、明宣德年间（1426—1435 年）邑人张洪、清乾隆四十七年（1782 年）言氏后裔言如泗等都重刻了此碑。现存于文庙碑廊的是张洪加了跋语的重刻碑，碑额也改成了《平江府常熟县吴公祠记》。

　　朱熹之后，常熟有关言子祠堂的碑刻集中在明清两代，主要有李贤的《重修吴公祠堂记》、杨一清的《常熟县重建吴公祠记》、桑悦的《重建吴国言公祠堂记》、言如泗的《始祖先贤吴国公言子专祠建修记》和《始祖先贤吴国公县东家庙重修记略》、杨泗孙的《重建先贤言子祠墓记》、张元臣的《吴公祠记》等。

张元臣于清康熙年间（1662—1722 年）任江南学政，曾"按前明世宗朝御史张鳌山、给事沈汉前后疏请"，"具疏依闵子、子贡后裔袭五经博士例"，蒙恩"除授言氏嫡孙五经博士"。他在《吴公祠记》中，记述了向皇帝上奏，恭请朝廷给予子游嫡裔以"五经博士，俾得世袭掌祭祀"的经过，并作诗一首，表达对言子的敬意："公产南方，北学中国。得圣一体，颜闵是埒。南方文献，公浚其源。诗书礼乐，家歌户弦。流风渐渍，历祀千百。万户尸祝，专祠在邑。惟圣天子，稽古右文。宸章宠锡，录及后昆。祀事弗虔，曷称德意。春祫秋尝，邑宰亲莅。樽净爵洁，牲肥酒芳。陟降上下，公俨在堂。东海苍茫，虞山萃崒。刻诗于碑，垂示罔极。"[1]

历史上，对言氏裔孙施与儒家传统教育，作为先贤出生地行政长官的德政之一，一直是常熟邑令关注的重点。由此，这类碑刻在常熟历代碑刻中占有相当重的分量。

宋端平元年（1234 年），县令王熷有感于言氏后裔"降在编氓，弗修儒业"，一新"东庙西学，前殿后祠"名为"象贤"的学宫，"聚言族子弟其中，县给赡养之资，买书延师，朝夕训导，择齿长者主公祠宇……"对于王县令"祠先贤而教养其后裔"的复礼兴礼之举，当时的朝散大夫、试中书舍人、赐紫金鱼袋袁甫予以了肯定，认为其"于国祚亦有关焉，是不可以无述"，于是写下了《常熟县教育言子诸孙记》。此碑原来树立在邑学"礼门东翼室内，年久屋倾，碑亦仆地，历廿余载，雨雪侵蚀，字渐漫灭"，雍正三年（1725年）重阳日，"七十一世孙廉命男梦奎倩工移树戟门右"，现存于言子专祠礼门。[2]

明清之际，书院教育在全国各地盛极一时。受到当时社会大势的影响，常熟城乡也创建了多座集教育、祭祀、藏书于一体的书院，其中一些还是专门奉祀言子的。当时，书院创建者或亲自或邀请有名望的文人命笔撰记、镌石，留下了不少此类文字、碑刻。在这类碑刻中，较为有价值的有：张洪的《学道书院记》、王叔杲的《叙建院始末》和《重建文学书院碑》、严讷的《文学书院记》、瞿景淳的《重建文学书院记》、王锡爵的《重建虞山书院记》、耿橘的《虞山书院义助记》、马逸姿的《重修文学书院言子祠碑记》、雅尔哈善的《重修虞山书院移祀商相巫公碑记》、康基田的《梅里书院记》和《正修书院记》、苏凌阿的《重修石梅游文书院碑记》、李梦泉的《重修梅里书院记》、沈伟田的《正修书院增设义塾记》等。但这些碑刻，保存完整的并不多，有的已漫漶不清，有的碑已不存，只能看到拓片，或者仅能从地方文献中了解碑文内容。

古代常熟事关言子的碑刻，除了上述祠堂、书院者外，还有围绕言子像、故宅、祭祀、墓茔等内容的。

明洪武年间（1368—1398年），吴郡人氏王儁作为当事人之一，曾为子游像访求言氏后人，并刻之于石。他在简述其事时写道："睹河洛者思禹，入清庙者思文。过文学之里，谒大贤之庭，此所以有子游之思也……苏州府同知曹恒以公事至常熟，过先师子游氏之神祠，俨然有思，问及遗像。本县试主簿王诚、典史赵维，俾僎访求后人烨得之，遂以其像刻之石，以垂永久，庶几河洛清庙之思焉。"[3]此碑原在县学大成殿西，已佚。

言如泗在清乾隆二十四年（1759年）重修言子墓时，也曾勒石刻制言子遗像碑。此碑刻有言子冠服之像、简单生平、宋高宗御制像赞等，原立于言子墓前，现存于言子故宅内。其中，赵构对言子的赞辞中，写下的"道义正己，文学擅科。出宰武城，聊以弦歌。割鸡之试，牛刀谓何？前言戏耳，博学则多"等语，[4]是皇帝作出的定论，有着不同寻常的意义。

常熟的言子陈迹中，有东西子游巷。"东巷中有宅，即旧宅也……是宅世代相守，委弃于明末。雍正间，先博士系园公始克复之，衍圣公孔传铎、邑人陈祖范并有记。"[5]孔子第六十七世孙、太子少师、袭封衍圣公孔传铎的《复言子故宅记》，写于清雍正五年（1727年）八月，是应世袭五经博士言德坚之请而撰的。当时并未刻碑。乾隆四十七年（1782年），言氏修复故宅，言如泗集元赵孟頫书，将孔传铎之记刻之于石。此碑现在仅存拓片。陈祖范的《复先贤言子宅记》，撰于清雍正二年（1724年）冬至日。文章记述言宅失而复得之事，认为"先贤旧宅既委沦于昔，而大显于今……非独一家一邑之光荣已也"。[6]此碑现在言子故宅。

清高宗乾隆当政时，曾两次派大臣到常熟，致祭于言子墓前。乾隆十六年（1751 年），皇帝遣经筵讲官、刑部左侍郎钱陈群专程赴虞，宣读祭文："惟先贤言子，灵萃勾吴，道承东鲁。赞成麟笔，首圣门文学之科；小试牛刀，布下邑弦歌之化。周旋褵袭，群推习礼之宗；品藻端方，允副得人之问。殿庭俎豆，班十哲以同尊；祠庙枌榆，阅千秋而在望。朕省方时迈，览古兴怀。问俗武城，信学道之遗风足尚；敷文南国，溯人才之教泽所渐。用遣专官，虔申告奠。苾芬在列，尚冀格歆。"[7] 后人将此祭文勒石于碑，树立于言子墓御碑亭内。此碑现存于文庙碑廊。

过了六年，乾隆二十二年（1757 年），皇帝又遣散秩大臣、副都统、懋列伯李境致祭言子。祭文写道："惟先贤言子，秀毓东吴，教开南国。从游观上，闻型仁讲让之风；出宰武城，本爱人易使之训。守知能而识学道于原，辨品节而知礼制乎情。朕稽古时巡，心怀贤哲。夙仰弦歌之化，益钦文学之宗；访宅里以非遥，命具官而荐饗。灵其昭鉴，妥此明禋。"[8] 言钧等言氏后裔感激于皇帝再次致祭，镌刻祭文于碑，立于言子墓御碑亭内。

古代碑刻中，文字形式的占了绝大部分，人像、天文、地理等仅为难得的点缀。现存于言子故宅的先贤言子墓图，可谓凤毛麟角。此碑由清代常熟人钱霖绘制图样、言子第七十九世裔孙言良鑫摹刻。画面线条简洁，周界清晰，基本上是对明代所确定言子墓地经界的图像表达。

注释:

［1］［2］［4］［6］［7］［8］陈颖主编:《常熟儒学碑刻集》,苏州大学出版社 2017 年版,第 311、17、221、234、207、215 页。

［3］傅著撰:《子游像赞并序》,陈颖主编:《常熟儒学碑刻集》,苏州大学出版社 2017 年版,第 47 页。

［5］《重修始祖先贤言子故宅记》,陈颖主编:《常熟儒学碑刻集》,苏州大学出版社 2017 年版,第 234 页。

言子故里碑亭

　　言子故里碑亭，俗称十里亭，原建于县城南郊 5 公里处莫城元和塘东岸之偃泾铺。"偃泾铺在县南十里戴渡，俗呼十里铺。"[1] 据考证，此亭建于清乾隆三十八年（1773 年），由时任常熟知县刘沅主持其事。刘沅为绥德人，于乾隆三十一年（1766 年）署昭文，复

常熟城区的先贤言子故里碑亭

于乾隆三十五年（1770 年）任职常熟。他建造的十里亭，为花岗石四柱方形，单檐歇山顶式，高约 4 米，进深 3 米，宽 3 米；正面的方形石柱上镌刻着他题的"邑里崇名迹，东南钟大贤"楹联。

在十里亭建造之前，"乾隆乙丑岁仲夏月吉"，即公元 1745 年，时任知县陈焞缲在城南勒石树立言子故里碑。陈焞缲，于乾隆八年（1743 年）五月至十年（1745 年）五月任常熟知县。据《重修常昭合志》记载，"陈焞缲，石屏进士，由主事改授常熟县。乾隆十年，同昭令疏通城河，表章贤迹，南门阙里坊改建石工，堰泾塘河岸，树先贤故里碑。政尚慈祥，士民至今思之"。[2] 此碑为石灰石质地，高 1.8 米、宽 0.9 米、厚 0.22 米，周边无花纹，正中镌刻楷书"先贤言子故里"六个大字，落款则镌小字"赐进士出身知常熟县事滇南陈焞缲立石"。

1982 年 11 月 17 日，言子故里碑亭被公布为常熟市级文物保护单位。1994 年将其迁建至常熟城区环城南路护城河畔，与一路之隔的古城墙遗址遥遥相对。

注释：

[1][2] 常熟市地方志编纂委员会办公室标校：《重修常昭合志》，上海社会科学院出版社 2002 年版，第 101、1276 页。

中编：

可移动之物质文化遗产

战国楚简中所见的子游形象

子游在孔子身后的儒学道统中占据着相当重要的位置。这一得到传世文献支撑成为定论的观点，随着一批战国楚简的被发现和出土，获得了更加有力的证据。

1993年10月，湖北省荆门市博物馆对地处沙洋县纪山镇的郭店一号墓进行了抢救性清理挖掘。此处南距楚故都纪南城约9公里。从墓葬形制和出土器物特征判断，郭店一号墓具有战国中期偏晚的特点，其下葬年代当在公元前4世纪中期至公元前3世纪初。这座墓葬的头箱虽遭盗贼干扰，边箱被打破，也盗去了一些文物，但是竹简基本得以幸免，存有800余枚。据对其整理后的统计，少部分为无字简，有字简多达730枚，共计13000多个楚国文字。

郭店楚墓中最引人注目的800余枚竹简一经公布于世，即在海内外学术界掀起了研究的热潮，许多学者为之著书立说，发表自己的观点见解。经过专家长达5年多的识读、整理，这批竹质墨迹的郭店楚简，确定为16篇先秦时期的文献，其中道家典籍3篇、儒家典籍13篇。除《老子》《缁衣》见诸传世文本，《五行》见于长沙马王堆出土之帛书外，其余皆为2000多年前的先秦佚籍。由于出土楚简所记载的文献大多为首次发现，对于研究中国哲学、先秦思想史、古文字学、简册制度和书法艺术等各个方面，都具有重要的学术价值，被誉为"改写中国思想史的典籍"。

《性自命出》是郭店楚简中一篇重要的儒家文献。文章开宗明义地写道："凡人虽有性，心亡奠志，待物而后作，待悦而后行，待习而后奠。喜怒哀悲之气，性也。及其见于外，则物取之也。性自命出，命自天降。道始于情，情生于性。始者近情，终者近义。知情者能出之，知义者能内之。"[1] 有研究者认为，作为了解早期儒家心性观念最重要的篇章，《性自命出》"展示了孔子之后、思孟之前的先秦儒家人性论发展的重要一环"。[2] 主要从事出土简帛和先秦秦汉学术研究的廖名春也认为，《性自命出》篇在中国思想史的研究上有着极其重要的意义。

对于《性自命出》这篇文献的作者，不同研究者的持论各不相同。有学者分析，《性自命出》应当属于子游的作品，《檀弓》中子游同有子论礼的记载，与出土之《性自命出》所论两者的关系，实则是思想的原始表达与成熟表达之间的关系；也有学者认为，《性自命出》是子游弟子的作品；还有学者判断，《性自命出》由后学子思所作。他们的观点有分歧，但存在基本的共识：《性自命出》是属于子游氏学派的经典文本。

郭店出土的楚墓竹简《性自命出》，在上海博物馆的藏品中有着一个不同的传本，被上博的整理者命名为《性情论》。

书写《性情论》的竹简共有 40 支，系于 1994 年 5 月由上海博物馆斥资购下战国楚竹书的一部分。当时，香港文物市场上出现了一批战国楚竹书。关注战国竹简文字编纂的香港大学中文系教授张光裕得知这一信息，便告知了上海博物馆馆长马承源。马承源拍板买下了这 1200 余枚战国楚竹书。

这批战国楚竹书入藏上海博物馆后，馆方即组织学有专长的人员进行整理、考释。2001 年 11 月，马承源主编的《上海博物馆藏战国楚竹书（一）》面世，由濮茅左进行释文考释的《性情论》收录其中。

在上博完成第一批战国楚竹书收购之后约半年，1994 年秋冬之际，又有一批内容与上次收购的楚竹书存在关联的先秦竹简出现在香港。香港的多位热心人士出于爱国热忱，慷慨解囊买下这些竹简，并捐赠给上海博物馆。由于竹简是劫余截归之物，出土的时间和地点同上一批文物一样，已无从确认。

在第二批入藏上海博物馆的战国楚竹书中，有着可以印证孔子"陈蔡绝粮""厄于陈蔡"历史事件的原始文献《子道饿》。

史书记载，鲁哀公六年（前 489 年），时年 63 岁的孔子，应楚昭王邀请，前往楚国辅政。陈、蔡两国的大夫以为，孔子是圣贤之士，有治国安邦的宏才大略，如为楚国重用，可能给两国带来危害。于是，陈、蔡派人把孔子及其随行弟子围困了起来。孔子一行被困于途中，随身带的粮食很快告罄，多日无法举火，有的还生了病。但孔子面对窘境依然弦歌不绝。《史记·孔子世家》记载，迫于无奈，孔子"使子贡至楚。楚昭王兴师迎孔子，然后得免"。

历史上孔子遭遇的这一厄运，因为《子道饿》的出现而变得更加清晰。

　　《子道饿》是儒家的一篇重要佚文。濮茅左在考释这篇战国楚竹书时，取用第一简的前三字"子道饿"作为篇题。此简文字残缺较多，根据专家的整理、识读，记述的内容大致为：孔子与弟子饿于陈、蔡，共商脱险之策。面临绝粮之境，弟子们救师心切，有人提出如此下去，"子将道而饿死焉"。有门人劝谏："吾子年长，家性甚急，性未有所定，希望老师改变计划，慎重考虑。"言游坚持原来的出行计划，阻止了门人之谏，并申明要"修其德行"，如接受战攻，则受夫子教养，而违背于夫子的教导。当时他受命北上寻求鲁国帮助。行至宋、卫之间，门人又动摇不知所从。言游重申："受夫子教养，而不崇礼，是以受战攻畜不仁之举。"言游求救于鲁，鲁司寇居然不予理会，使其求救不成，只得往南退向楚国。路途遥远，加之没有吃的食物，鲁司寇又毫不顾及故国臣民，让人倍感艰难。在言游北上告急于鲁之时，另一路则由子贡南下求救于楚。幸而他们得到了楚国军队出手相助，孔子与众弟子总算逃过了一大劫难。[3]

　　战国楚竹书《子道饿》，现存121字，记述了言游与孔子其他弟子在势穷力困之际，犹然能患难与共，同心协力，崇礼举仁，眷眷不忘夫子教导的为人之道与尊师情怀，体现了言游等人的儒行本色。

　　《性自命出》和《子道饿》在形成文字、被丹青好手写上竹片之后，被埋入了坟墓之中。经过 2000 多年无声无息的沉睡，它们因缘际会得以重见天日，使人们获得了一个重新认识言子游的原始材料。

注释：

[1]《郭店楚墓竹简：性自命出》，文物出版社 2002 年版。

[2] 李维武：《〈性自命出〉的哲学意蕴初探》，武汉大学中国文化研究院编：《郭店楚简国际学术研讨会论文集》，湖北人民出版社 2000 年版。

[3] 濮茅左释文考释：《子道饿》，马承源主编：《上海博物馆藏战国楚竹书（八）》，上海古籍出版社 2009 年版。

《言子文学录》的前世今生

　　以孔门文学一科留名青史的言偃，在北上求学及学成南归后传播儒家学说的过程中，所留下的文字资料并不多，且大多散见于先秦时期的儒学经籍中。直到宋代王爚创辑《言子》一书，从儒家经典著作中辑录言偃的言行、功绩之资料编为一集，这种情形才开始改观。

　　王爚（1199—1275 年），字仲潜，又字伯晦，号修斋，会稽新昌人。南宋嘉定十三年（1220 年）进士，历任常熟、泰州、滁州、瑞州等地方官，颇有政声。他在任常熟邑宰时，于南宋端平二年（1235 年），辑录成《言子》三卷。与他同时代的陈振孙在《直斋书录解题》中，列有《言子》三卷，并说"言偃，吴人，相传所居在常熟。庆元间，邑宰孙应时季和始为立祠，求朱晦翁为记。近新昌王爚伯晦复裒《论语》诸书所载问答为此书"。[1] 明梁维枢则在《内阁书目》中称：宋嘉熙间（1237—1240 年），平江守王爚（梁说有误）辑子游言行及祠庙事迹。自序以言子生是邑，嘉言懿行，散在经传，爰辑是书，其本末可以考见。盖以言子吴人，故为此编而刊之，以存于祠。其书分内篇、外篇、附录为三卷，所采不出《论语》《礼记》《家语》《孔丛子》诸书，无异闻也。

可惜，王爚编次的《言子》三卷，到元代中期已经不完整了。这从"元代大德间，赵孟頫书《卢侯生祠碑记》有《言子》废集，卢公重加锓梓之语"的记录中可见端倪。[2]

文中的卢侯，指的是在元代大德癸卯（1303年）年来常熟任知州[3]的濮阳人卢克治。履任之初，卢氏"祗谒先贤祠，顾瞻公像，深惟学道爱人之政不敢不勉"。在常熟任职五年，卢氏"以为学校风化之原，政教所系，簿书期会之余，必以诗书礼乐为务"。所以，对于"《言子》废集"，有"重新锓梓"之举。[4]不过，卢氏重刻的《言子》三卷，元代以后也不存于世。

尽管"王氏裒集之《言子》三卷原书"在元代以后"已不可得见"，但陈振孙的《直斋书录解题》因被录入宋代马端临的《文献通考·经籍考》、明代的《永乐大典》和清代的《四库全书》等多种典籍中，后人据此得以了解《言子》一书的大概。

明代万历年间（1573—1620年），来常熟任知县的耿橘有感于《言子》"原书之不存，兴起而成"《言子文学录》，简单明了地说，"贤祖专书，实权舆于《言子》三卷"。[5]

《言子文学录》，由"明邑宰耿公属梁溪侯氏辑"。此书一卷，可见于"耿公《虞山书院志》，无叙引，惟署姓氏于前曰：后学梁溪侯先春辑录，瀛海耿橘选注，虞山陆化熙参录，徐待任、吴汝第、瞿纯仁、许士柔、徐济忠同参注"。不知出于何种考虑，在简要回顾此书之时，言如泗把参注者中的钱谦益给遗漏了。与前人辑录的《言子》相比，此种《言子文学录》也"采选《鲁论》(《论语》的汉代传本，历史上被称为《鲁论语》，现在通行的《论语》，主要以此为依据)《礼记》《家语》"，只是"诠次之文，与原书次第不侔"。[6]

耿橘选注《言子文学录》并附梓于《虞山书院志》中之后，言偃第七十五世孙言如泗也辑录了一部同名之书。他在自辑之《言子文学录》的缘起中写道："顾于诸书，犹有挂漏，不揣谫劣，重为讨辑之，仍昔名曰《言子文学录》。"此录的概况，仍引言氏所述于后："耿公原书所有者并注录之，加注侯氏辑耿氏注等字，不敢没古人之用心，其先后亦仍之。今所增入者，添注今增二字，略仿宋王邑宰分辑三卷之意。第一卷《文学》上，凡言学问、政事入之；第二卷《文学》中，言丧礼者入之；第三卷《文学》下，言杂礼者入之，共成三卷，略存旧体。他如庄列等书，未敢与焉。卷首绘刻遗像，敬载御制祭文，为千古俎豆之荣；次列各赞辞；卷末附以祠墓坊表图说，俾芳迹永垂，后叶有考。"[7]此书曾在清乾隆年间（1736—1795年）专门刊刻行世。

言如泗所辑《言子文学录》的原刻，曾庋板于言氏历代藏书之所宝翰楼。然而，清咸丰年间（1851—1861年），兵燹延烧到东南沿海地区，言氏祠宇因之被毁，书板亦随之成为灰烬。当时，言氏族中有一支"移家北游，独携置行箧中，幸而仅存"，言如泗所辑的《言子文学录》才不致失传。

清光绪二十三年（1897年），言偃第八十一世孙言有章根据宝翰楼刻本，重刻了言如泗辑三卷本《言子文学录》，"敬付手民，用绵世守"。此本在常熟市图书馆及国内多家图书馆都有收藏。

2019年，常熟文庙以常熟市图书馆藏光绪重刻本为底本，影印出版了言如泗辑的《言子文学录》，使源于王爚《言子》的专题文献资料以其本来面目流传于世，助力地方文化的传承发展。

注释：

[1][2][5][6][7] 言如泗撰：《言子文学录缘始》，言如泗增辑：《言子文学录》，广陵书社2019年版。

[3] 元贞元年（1295），常熟由县升为州，隶于平江路。明洪武二年（1369），常熟州复为县，隶苏州府。

[4] 周驰撰：《常熟知州卢侯生祠记》，陈颖主编：《常熟儒学碑刻集》，苏州大学出版社2017年版，第33页。

言子画像塑像小纪

中国古代，为三皇五帝、先圣贤哲、达官显贵等绘制、塑造人物形象，是一个流传千年的传统。它寄托着人们对于立德立言立业者的崇敬之意，在历史的长河中发挥着承续先人宏图伟略、激励后人奋发求进的作用。

言子在孔门的地位，在当时社会上就有了"得圣人之一体"的共识，人们对其大加推崇，乃是自然而然之事。正由此，早在西汉初年，言偃的画像就出现在孔门72弟子像中。

西汉景帝年间（前156—前141年），庐江舒县人文翁出任蜀郡太守，在当地设校授徒，规定就学者可免除徭役，学业优异者还可参选官吏。东汉末年，太守高朕为纪念政绩突出的文翁，作石室，建礼殿，并选择精工巧匠在殿壁绘制各类历史人物168人，言偃作为孔门72名弟子中的一员，也出现在画像之中。这样，在《文翁礼殿图》中，有了言偃最早的画像。

言偃的塑像，要晚于其画像，大约出现于东魏。孝静帝兴和元年（539年），鲜卑族皇帝元善见在曲阜大修孔庙，"雕塑圣容，旁立十子"。[1]言偃的立式塑像，开始出现于孔庙之中。

唐开元八年（720年），玄宗李隆基降旨，"改颜生等十哲为坐像"，言偃在立式塑像之外又有了坐式塑像。同年，皇帝下诏"图绘七十子及二十二贤于庙壁"，言偃的画像也出现在曲阜孔庙之中。[2]

其后，不少画家竞相以孔子师徒为题材绘制画作，其中以被尊为画圣的盛唐名家吴道子所绘的《孔子言子像》最负盛名。相传，这幅作品在北宋时被镌刻在耀州，碑刻拓片为都事周舜举收藏。

差不多同时，在古城常熟文庙内，一组由宋代名家精心绘制的《宣圣十哲像》，赫然出现在大成殿墙壁上，言偃之像也在其中。常熟的古籍中，留下了对这组精美群贤像的记载。

南宋定都临安后，高宗赵构于绍兴十四年（1144年）诏令以岳飞原官邸建太学，由著名画家李公麟绘制七十二弟子像，皇帝为之御书赞辞。此后，李公麟绘《言子游像》为言子家乡士子虔诚礼拜。

元文宗至顺元年（1330年），朝廷追封孔子各大弟子公爵之位。之后，佚名画家绘制了自春秋至元代包括孔子及其弟子和历代先贤先儒的《至圣先贤半身像》册。画册共60开，起自孔子，终至许衡，120帧人物画，均为设色冠服半身像，每个人像右上角都有对人物的题签。言子像上写着"吴公言偃子游"字样。它原藏于清宫安奉历代帝后贤臣图像的南薰殿，现为台北故宫博物院所藏。

元至元三年（1337年），集庆路（今江苏南京）教授刘一夔、学正董经得到周舜举所藏的《孔子言子像》拓片后，以其为蓝本，勒石立碑于常熟城内范公桥堍。他们在碑文中写道，《孔子言子像》，"唐吴道子画。大观间，镌于耀州，南台侍御张梦臣、经历廉亮得睹都事周舜举所藏石本，刻石为后学瞻仰"。[3]

进入明代，多处出现言子画像，以多种形式展现先贤的仪态容貌。洪武年间（1368—1398年），常熟教谕傅著从言子第六十二世孙言烨处发现一种稀见的《子游像》，由常熟县令俞叔相命匠人据此刻石立碑于文庙大成殿。明代中晚期，文献学家王圻、王思义父子撰辑百科式图录类书《三才图会》106卷，其中14卷人物中，收录言子半身画像一帧。万历三十四年（1606年），县令耿橘刻言子像于新建的虞山书院中；两年以后，他又在修撰《虞山书院志》时，把言子像收录于《宗像志》中。

清康熙年间（1662—1722年），言氏首任五经博士言德坚应邀前往曲阜孔庙助祭，衍圣公向他赠送了明代所传的十哲人像。言德坚携回的绢本言子画像，所绘先贤身长数尺，画法细腻工整，色彩鲜明亮丽，言子后裔视如至宝，每年言子九月二十六诞辰之日，必张悬于中堂，进行追思述怀。乾隆二十四年（1759年），在修缮言子故宅时，裔孙言如泗在墨井亭石壁上嵌砌言子图像石刻一通。乾隆四十八年（1783年），言如泗增辑原有的《言子文学录》，在卷首专门收载了3帧言子遗像，其中《言子章服像》《言氏旧谱贤像》，当时就相当罕见。

注释：

〔1〕〔2〕杨载江：《言子春秋》，同济大学出版社1992年版，第202页。

〔3〕刘一夔、董经撰：《孔子言子像记碑》，杨载江：《言子春秋》，同济大学出版社1992年版，第203页。

言氏谱牒

　　谱牒是中国古代社会名门大族对自身历史所作的全方位、多角度的综合记录，历史上，它有着家谱、族谱、祖谱、宗谱、家乘等不同的称呼。作为绵延时间长达 2500 多年的望族，常熟言氏多次纂修家族谱牒，为后世留下了不少可以印证不同时代地方社会发展历史的文献资料。

　　言氏家族谱牒的修撰，肇端于言子第十六世孙言成大。言子第七十二世孙言梦奎在记述他修谱的经过时写道："按吾族谱，权舆于十六世祖德弘公。自是厥后，二十六世祖子亲公、三十五世祖寅恭公、四十三世祖正道公、五十四世祖子慎公、六十一世祖尚贤公，累代增辑。"[1]

　　综合言氏家族各种史料，从言成大创修言氏族谱，开记录、弘传家史之先河，其后在家族谱牒的续修、增修、重修上出力甚多的言氏后裔有：第二十六世孙既孝、第三十五世孙寅恭、第四十三世孙思本、第五十四世孙斌、第六十一世孙顺孙、第六十二世孙烨、第六十七世孙祐、第七十一世孙若澄、第七十二世孙梦奎、第七十四世孙耐偲、第七十五世孙如洙、第七十八世孙忠益、第七十九世孙良爱、第八十世孙家驹、第八十一世孙敦源等。

言顺孙修的言氏族谱，书名《言氏家宝》，完成于元顺帝至元四年（1338年），元代嘉议大夫、礼部尚书干文传，儒学教授徐梦吉，明代翰林院修撰、承务郎张洪分别为之作前序或后序。干文传在谱前序中写道："顺孙，字尚贤者，以是谱求序于予。闻夫子集群圣之大成，为百王之师表，其子孙衍庆至于今未已也，圣人之泽固有异于他人矣。吴公为圣师之门人，得圣人之一体，传至于今，亦已远矣。而其子孙，当与先圣之子孙相为久长也。予与尚贤交处十有余年，每见其确守礼法，和而不流，慎择交游，不为邪媚所

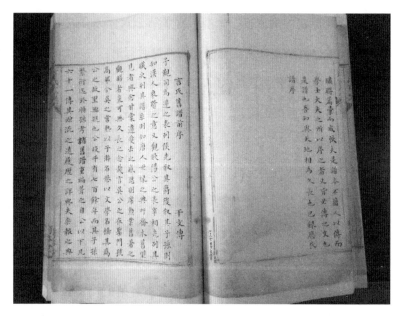

言氏家谱书影

惑。言氏家法有如此者，非徒不忘其本，又能推及敦祖敬宗之意，非习于孔教，其能然乎？！"张洪则在谱后序中肯定顺孙修谱之举，是"惧族属繁衍而或失昭穆之伦，紊长幼之序，又虑世代浸远，后之人莫知或忘继述而自暴弃，汲汲焉以尊祖敬宗为己任"，把"自公之子讳思字永祥而下凡五十五传"纳入谱中，并"增入五十六世祖讳仁温，厥后次第为之，图甚详悉……锦绣联篇，奎壁辉映，以昭示后来"。[2]

言梦奎修撰之家族谱牒，成书于清雍正九年（1731年）。是谱有遗像图、大宗图、统系图，收录《言氏六礼》、历代像赞、历代谱序、历代崇贤恤后典、历代崇贤奏疏、历代名人记序跋、历代名人诗咏、历代名人题匾对，人物、贞节、古迹、祭仪、异类等。"于甲寅（1734年）秋初秉铎琴水"的吕屏书在《言氏家谱序》中写道，"圣贤之裔超出寻常万万。其族多君子，而表表庠序间者，字聚西，名梦奎，其为人也敦古处，谨言行，貌则修髯绥鬓，飘飘如神仙……近出其新修《言氏家谱》相示，条分缕晰，支派秩如，兼载古迹、祀典、历代恩荣及名人记序铭跋、诗篇匾对，触目琳琅，诚洋洋之大观……有祖如子游夫子，固极人世之难事；而子游夫子有如此之贤子孙，则又难中之难已"。[3]

按照通例，古代宗族中举凡商议大事、纂修谱牒等，大多安排在祠堂进行，以彰显其庄重严肃、不同寻常。当时，言氏族人亦循此例开展活动。言氏谱牒"自明嘉靖戊午六十七世祖吉甫公重修后，至康熙辛卯已阅百五十年。吾先君子若澄府君，恐失此不修，将世愈远，而言日湮也。那告之祖庙，锐意纂修，参互考订，既精且详，焚膏继晷者，凡两阅月而竣厥事。会先君子疾作，甫嘱稿而中辍，阅今雍正辛亥忽忽又二十年。先君子之弃不肖者，亦已四改岁矣。元日礼拜祖祠毕，昆弟会英、赐中、观旃辈谓予曰：'前此之修是谱也，殊费苦心，不及今缮写，恐稿帙散轶，有负前人之志。'余闻之而竦然，不知汗之浃背也。乃集昆弟会英、刚中、观旃，子侄祖德、学可、宗可及甥周逢源辈缮写祠中。浃旬后毕，将以二月初四日丁酉告成于庙"。[4]自然，修成后的谱书，也会庋藏于祠堂之中，供同族之人或在祠祭时礼拜瞻仰或在检阅中寻根问祖。

注释：

[1][4] 言梦奎撰：《记修谱始末》，《言氏家谱》，常熟博物馆藏稿本。

[2][3] 杨载江：《言子春秋》，同济大学出版社1992年版，第305、306、310，312页。

言子后裔著述编撰一览表

姓名	世系	生活时代	书名（卷数）
言成大	第十六世孙	东汉初年	《亲民录》10 卷
			《言氏家箴》2 卷
			始创言氏家谱，书名不详
言大章	第三十八世孙	唐代初年	《退夫集》
言大典	第三十八世孙	唐代初年	《春秋指归》，另有诗文集
言思贞	第四十三世孙	五代	《潜轩诗集》8 卷
			《逸民备考》4 卷
			《百花谱》2 卷
			《四时行乐说》1 卷
言琡	第四十八世孙	北宋中期	《古今人物榜》
			《经济心读》
言腾	第五十一世孙	南宋末年	《拨反集》8 卷
			《东轩集》4 卷
言顺孙	第六十一世孙	元朝末年	《言氏家宝》
言江	第六十五世孙	明朝初年	《内经集注》《伤寒要览》
言福	第六十九世孙	明朝初年	《迁野集》《防海议》

姓名	世系	生活时代	书名（卷数）
言福	第六十九世孙	明朝初年	《备死录》
言喜	第六十九世孙	明朝末年	《天文说》《诗经解》
言恂如	第七十世孙	明朝末年	《诗经汇》《禹贡图说》
言易文	第七十二世孙	清朝中期	《雪石公诗文集》
言德坚	第七十二世孙	清康熙时	《系园文集》
言梦奎	第七十二世孙	清乾隆时	《言氏家谱》
言廷鑛	第七十四世孙	清朝中期	《鞠蹊诗文稿》
言如洙	第七十五世孙	清乾隆时	《鲁园诗稿》4 卷
言如泗	第七十五世孙	清乾隆时	《解州全志》18 卷
			《常昭合志》12 卷
			《言子文学录》5 卷
			《初仕一览》《还初笔记》
言登浚	第七十五世孙	清道咸时	《瓿馀集》《弦歌楼诗钞》
			《梅花诗百首》
言朝楫	第七十六世孙	清乾隆时	《渔隐庄诗集》8 卷
言朝标	第七十六世孙	清乾隆时	《孟晋斋诗集》4 卷
言翔霄	第七十六世孙	清嘉道时	《弦歌楼集》
言景松	第七十六世孙	清嘉道时	《弦歌楼同怀诗文集》
言南金	第七十六世孙	清咸丰时	《可亭诗稿》6 卷
言朝鼎	第七十六世孙	清咸丰时	《言卓山印存》
言尚燮	第七十七世孙	清乾隆时	《白云楼吟草》《容膝斋诗》
言尚焜	第七十七世孙	清嘉庆时	《雨翠山房诗钞》4 卷

姓名	世系	生活时代	书名（卷数）
言尚焜	第七十七世孙	清嘉庆时	《连江县志》
言尚炽	第七十七世孙	清嘉庆时	《才人鉴》《诗存》1 卷
言忠贞	第七十八世孙	清同治时	《话雨楼诗草》3 卷
言良钰	第七十九世孙	清道光时	《续冈州遗稿》
言良鉁	第七十九世孙	清咸丰时	《生花馆集》
言良鑫	第七十九世孙	清咸丰时	《墨井山房诗集》4 卷
			《诗余》1 卷
言家驹	第八十世孙	清朝末年	《桤叟诗存》
			《鸥影轩词钞》
言敦默	第八十一世孙	清嘉庆时	《言氏家乘》
言敦道	第八十一世孙	清同光时	《言氏家乘》30 卷
言敦煌	第八十一世孙	清朝末年	《坚白室诗草》5 卷
言敦源	第八十一世孙	清朝末年	《莸庄诗文存》
言敦棣	第八十一世孙	清朝末年	《从吾好斋词草》

在言子身后的 80 余代子孙（大致以 20 世纪 50 年代为下限）中，常熟言氏大多过着诗书传家的生活。虽然他们顶着先贤后裔的尊贵帽子，在明清两代得到了上自皇帝下到七品县官的极大推崇，但大多以地方文人的形象出现，产生的社会影响相当有限。不过，从他们绵延千年的著述编撰中，依然可以看到极为清晰的特点。

第一，作品的形成在总体上表现为前疏后密。受到古代社会对言偃所持态度之大环境的影响，言氏家族的地位呈现缓慢提升的态势。这种外在的力量，难免会对言氏后裔产生心理上的某些触动。于是，与不同时代社会上的崇言氛围匹配，言氏子孙在为日常生活奔波忙碌时，对精神层面的追求就少，其著述也就稀疏零星；反之，当他们具备了"仓廪实而知礼节，衣食足而知荣辱"的客观条件时，就把满足精神生活的需求当作人生大事，从而给后人留下了他们行走的足迹、生存的智慧。

第二，著述的内容不局限于传统的诗文经籍。一般情况下，古代文人的著述中，诗文所占的篇幅比较大。证诸言子后裔，这种现象也有一定程度存在。更为突出的是，他们的作品，选题的多样化十分明显。由此，他们众多的著述中，不仅有家训谱牒，也有医药典籍，还有花卉园艺，更有天文地理，内容可谓包罗万象。

第三，女性也出现在以男性为主的作者群体中。在传统中国社会，"女子无才便是德"，是绝大多数妇人谨遵不渝的信条。她们孜孜以求做一个"上得了厅堂，下得了厨房"的家庭主妇的心态，不知浪费了多少青春韶华、扼杀了几多天赋才情。然而，事情总有例外。言氏家族的文化传承中，出现了社会上并不多见的女性的力量。这中间，既有言氏文学书院支的裔孙女言忠贞，也有嫁入言门的左白玉、汪韵梅、丁毓英等闺秀，她们分别有《餐霞楼诗词稿》《梅花馆诗集》《喟于馆诗草》传世。

名家绘制言子墓

古往今来，但凡具有一定造诣、取得相当成绩的画家，都会选择富有文化气息的名胜古迹进行写生、临摹，进而以灵动的笔触创作精品，给人们留下美好的意境和体验。

常熟的虞山并不高大险峻，依山为墓的仲雍、言偃也不是地位十分显赫的历史人物。然而，这里的青山秀水、深厚文脉、艺术氛围，吸引了各地的文人墨客，在此寻找创作的灵感，描绘精彩的画卷。在这些慕名而来、学成而归的才俊中，有着当时充满朝气和创新意识的刘海粟、李詠森、张眉孙、钱延康等的身影。

刘海粟出生于毗陵一个诗书之家，幼承庭训，通晓诗文，对于书画有着过人的天赋。未及束发之年，他就在乡里创办图画传习所，传授从上海背景画传习所学到的西洋画知识和技法。民国肇建，刘海粟与志同道合者创办上海图画美术院（上海美术专科学校的前身），首创男女同校，并采用人体模特儿写生。他的石破天惊之举，被冬烘学究目为异端，并把他作为"艺术叛徒"大加谴责。然而，正是他不循规蹈矩的叛逆精神，成就了他一生的艺术品格，使他成为我国新美术运动的拓荒者、现代艺术教育的奠基人。

1922 年春，刘海粟兴致勃勃到常熟虞山写生。虽然他的家乡比邻常熟，地域相近，习俗相同，文化相通，情感相融，但他流连于这方有山有水的土地上，志得意满，忘情于展露他的艺术才具上。其中，巨幅油画《言子墓》是他自认为甚为得心应手的一幅作品。

两年以后的仲秋，江苏督军齐燮元与浙江督军卢永祥之间的江浙战争作战正酣，隆隆的炮声不绝于耳，使得人们难以入睡。孤坐画室之中，回想创作油画《言子墓》的情景，刘海粟意犹未尽，兴之所至，以当年"每日跋涉岩穴野芳"的细致观察，凭借自己扎实的写生功底，"以不懂书画之笔墨更成之，聊以自乐"的宽松创作心态，用中国水墨画的表现手法，完成了一幅新的《言子墓》，为后世留下了里程碑式的力作。

刘海粟创作的水墨画《言子墓》，长 149.6 厘米，宽 79.7 厘米，完成于 1924 年 9 月 30 日。他自己在画作的题记中，简要地记述了创作的过程："壬戌之春，盘盘阁主游虞山，峰峦林壑，蔚然生秀，意得忘倦，每日跋涉岩穴野芳，抒情于画面。其中《言子墓》巨幅油绘，自觉尚有深味。越二年，甲子秋，江浙大战，群众惶恐走租界。九月三十日，炮声隆隆，彻夜不绝，不成寐。孤坐画室，对《言子墓》油绘，回想当时情景，遂以不懂书画之笔墨更成之，聊以自乐。"（见作者的画作题记）

刘海粟的绘画中，早年的作品大多是油画，最早用中国画技法创作并取得成功的当推《言子墓》。也就是说，这幅作品实现了他从西洋画创作到中国画创作的转型。

在水墨画《言子墓》中，刘海粟以苍劲泼辣的笔墨，大刀阔斧的手法，表现了既富东方审美情趣又具清新笔墨境界的全新意象。海派大画家吴昌硕见到这幅画作后，赞赏不已，欣然命笔题写跋语："吴中文学传千古，海色天光拜墓门。云水高寒，天风瑟瑟，海粟画此，有神助耶！丙寅秋，吴昌硕，年八十三。"（见画作题跋）

在刘海粟的艺术生涯中，蔡元培曾给予极大的支持和无私的帮助。20世纪20年代，在蔡元培的邀请和安排下，刘海粟到北京多所大学讲演，并举办了平生第一次个人展览；面对社会上对上海美专的责难、非议，蔡元培不为所动，亲自出任校董会主席，并提名范源濂、熊希龄等社会名流为校董，以表示对风雨中艰难跋涉的学校的实际支持；他还为刘海粟走出国门精心筹划，助他成功举办了柏林中国美术展。

作为艺术知音，蔡元培在刘海粟的画作上，留下过不少题跋。1926年，他在为《言子墓》的题画诗中写道，"风光殊不似初春，老树搓枒欲搏人。想见秋声催栗感，不教怀旧转怀新。海粟先生正。十五年八月二十日，蔡元培"（见画作题跋），对作者在笔墨中的推陈出新予以肯定。

刘海粟的水墨画《言子墓》，一经问世，就得到当时圈内圈外多位名人的褒扬，足见其表现手法的别具一格，艺术功力的深厚扎实，绘画造诣的不同凡响。

另一位以画言子墓扬名的艺术家，是常熟本土画家李詠森。

李詠森出生于江南水乡常熟。灵秀的山水、深厚的文脉、富足的生活，孕育了他对色彩极度偏好的情怀。20世纪20年代初，当国内艺术圈里的很多人对水彩画尚未有朦胧、肤浅认识的时候，在上海谋生受挫而不得不暂时回乡的李詠森，与志同道合的画友发起成立常熟美术协会，一起探寻中国的水彩画之路。

为了获得艺术权威的支持，李詠森等人别出心裁，致函时任苏州美术学校校长的颜文樑，请他带着作品到常熟，参加由美术协会举办的展览。颜文樑是出身美术世家的艺术教育家。他曾发起举办中国近现代美术史上第一个画展"苏州美术画赛会"，开中国美术展览会之先声[1]。所以，对于初出茅庐的画坛才俊的热忱邀请，颜文樑回信欣然应允。展出当天，颜文樑偕同苏州美术学校的黄觉寺、胡粹中、朱士杰、张念珍等教授，分别带着自己的作品到常熟参展，引起了当时画坛的不小震动。

展览的成功举办，对李詠森的触动不小。他作出决定，去苏州美术学校求学，以获得新知，开阔眼界。学校的艺术教育氛围，激发了李詠森的创作热情。他追求水彩画写实的风格，擅长表现静物花卉和风景的技法，使他在同学中崭露头角。他的《虞山言子墓》《白菊》《绣球花》等作品，一经展出便得到好评，其艺术才具也深得校长赏识。

《虞山言子墓》，系纸本水粉画，高34.5厘米，宽51厘米。整幅作品，墓前的碑亭、牌坊占据突出位置，体现出庄重肃穆的气氛。画面上，作者为了突出水彩画的变化，强化了棕色的表现力，时而用点染法，时而用湿画法，有意将水彩画与中国画的技法融会贯通，使其相得益彰。这幅作品，曾于1938年、1940年分别在上海南京路大新画厅、慈淑大楼画厅展出，现由常熟美术馆收藏。

李詠森画虞山言子墓

除了《虞山言子墓》，李詠森一生还创作了《常熟石梅》《常熟言子墓龙头石》《常熟兴福寺前街》《常熟风景》等多幅写实水彩画作品，抒发对魂牵梦萦的家乡的无尽思念、牵挂。

在我国第一代水彩画家群体中，张眉孙是与李詠森齐名的绘画艺术家。水彩画自明清时期西学东渐传入中国，之后的发展历程，既是中西绘画融合与交流的过程，也是异域文化发展成为新的本土文化的过程。从李詠森、张眉孙等水彩画家的作品中可以看出，他们在吸收国外水彩画之特长的同时，又融入了中国传统文化的特质，逐步形成了中国式水彩画的表现风格。

张眉孙，浙江海宁人。因为家庭变故，15岁时就到上海当铺做学徒，业余师从周湘学习绘画。1917年，协助周湘开办中华美术函授学校，继而创办大华美术公司、上海美术绘画学社。20世纪二三十年代，他在清心、坤范、明德、怀文等女子中学任教，又在上海《申报》《儿童晨报》等主持图画方面的编务。张眉孙主张师法造化，坚持风景写生，画风自然朴实。他所作水彩画喜用干画法，并吸取我国传统山水画的意境处理手法，论者认为其笔法有国画的精髓。

张眉孙的水彩画《常熟言子墓》，创作于1955年，高34厘米，宽48厘米，注重汲取国画的技法，线条柔和而富于变化，湿笔点染轻重、虚实有度，在写实语言中寄寓情致和诗意。

"虞山画派"的诞生地常熟，自古以来养育了不少书画名家。有"森林画家"称誉的钱延康，同样出生在这片土地上。深厚家学的熏陶，社会氛围的滋养，使他从小就热爱自然，喜好绘画。常年在美术教育领域里辛勤耕耘，造就了他真切、细腻的绘画风格。20世纪80年代，他在年近古稀之际多次回到常熟，用独特的笔触写下他对家乡山水的感受。正是在这段时间里，他创作了油画《常熟言子墓道》。这幅作品，高30厘米，宽41.5厘米，延续了钱延康以往一贯的表现手法，色彩明丽，画面饱满，让人有如临其境之感。实际上，这是作者在表达对先贤真诚的礼赞。画作于20世纪90年代末，与其他近60幅作品一起，捐赠给了常熟博物馆。

注释：

[1] 1919年元旦，颜文樑偕同仁在苏州旧皇宫（今苏州市老年大学所在地）组织举办"苏州美术画赛会"，展出作品百余件，以改变苏州"艺术事业，尚寂然无闻"的状况。此后，类似的展览，在苏州持续20多年未曾间断。

下编：

非物质文化遗产

"子游氏之儒"学派

周敬王四十一年（前479年）、鲁哀公十六年夏四月己丑，心力交瘁的万世师表孔子哲人其萎，撒手尘寰。孔子去世后，其弟子前往各地传播自己师从孔子学到的儒家学说。但由于孔子述而不作，弟子们在跟随他学习的过程中，对他的表述有着不尽相同的记录和理解，这就形成了孔子身后各个不同的儒学门派。按《韩非子·显学》的说法，孔子之后，儒学分为子张之儒、子思之儒、颜氏之儒、孟氏之儒、漆雕氏之儒、仲良氏之儒、孙氏之儒、乐正氏之儒。这八个派别，加上荀况在《非十二子》中提出的子夏氏之儒、子游氏之儒和子弓氏之儒，在战国时期儒学实际上已分为十多个门派。不同的儒学门派，对孔子的思想、学说的理解和阐释各不相同，甚至截然相反，但都自我标榜为孔子思想学说的正统继承人，是儒学的正宗。

把"子游氏之儒"作为儒家的一个学派，荀况有着首倡之功。不过，他是带着鄙弃、丑化的态度提出这个观点的。他在《荀子》中偏激地指出，言偃等人"偷儒惮事，无廉耻而嗜饮食，必曰'君子固不用力'，是子游氏之贱儒也"。[1]

荀况，字卿，战国时期赵国猗氏（今山西安泽）人。他在继承早期儒家学说的基础上，吸收各家所长，并加以整合、改造，建立起了自己的思想体系，成为战国时期儒家最重要的代表人物之一。他在言偃身后两百多年以后，一反儒家学说的创建者对言偃的看法，斥责其"劣迹斑斑"。荀况的这种提法，有着儒学内部围绕着谋求学说的正统地位而展开激烈争斗的时代背景。明了了这一点，对荀况的指责，也就不足为奇了。当然，它也无法改变历史上言偃的真实形象。诚如郭沫若所指出的，"荀况骂人，每每不揭出别人的宗旨，而只是在枝节上作人身攻击"。[2]

对于言偃的业绩，后人的总体评价是，"北学圣门，身通受业，因文学得圣人一体，以化洙泗以南朴鄙不文之习，泽及后人深矣"。[3]实际上，对言偃的定论，可以一直追溯到孔孟。孔子在世时，就说过"吾门有偃，吾道其南"，对这位来自南方的弟子在学习、弘传其学说上的功力和作为予以肯定，欣慰之情溢于言表。孔子去世后，言偃的收徒讲学、传道授业之举，为同时代人所公认。孟子在《孟子·公孙丑上》中，也明确表示，"子夏、子游、子张，皆有圣人之一体"。

根据近代以来专家的分析，"子游氏之儒"在早期儒家学说的传承脉络中，占据着相当重要的地位。近代康有为在《〈孟子微〉序》中梳理了孔子以后的儒学学统，指出"子游受孔子大同之道，传之子思，而孟子受业于子思之门"。[4]郭沫若也认为，"子游重本抑末，他的气概和作风与子夏不同，能从大处落墨……故尔可能更教育出了思、孟这一系子游氏之儒的人物来……"[5]当代学者廖名春则借助近年出土的简帛文献，深化原有的研究成果，得出结论："子游在孔门中的地位，实质上要远胜于子夏、子张之辈。上承孔子，下启思、孟的，不是颜、曾，而应该是子游。"[6]

"子游氏之儒"在儒家学说成形过程中的作用是如此重要，其基本内容究竟是什么呢？有研究者通过对散见于《论语》《礼记》《史记》《孔子家语》等史籍中有关言偃的文字分析，认为这一学派的思想主要涵盖五个方面：一是以"礼乐"教民治国的思想，二是建立"大同""小康"社会的思想，三是"孝"必"敬"思想，四是育才、用人要重本贵德的思想，五是说话做事要有节制的思想。[7]近年出版的《言子与江南文化》对子游学派的思想特征也进行了系统论证。[8]

注释：

[1]《老子·荀子·庄子·墨子》，伊犁人民出版社2002年版，第63页。

[2][5]郭沫若：《十批判书·儒家八派的批评》，《郭沫若全集》第2卷，人民出版社1982年版，第126页。

[3]吴讷撰：《常熟县儒学新建尊经阁之记》，陈颖主编：《常熟儒学碑刻集》，苏州大学出版社2017年版，第59页。

[4]康有为：《孟子微·自序一》，《孟子微·中庸注·礼运注》，中华书局1987年版。

[6]廖名春：《上博楚竹书〈鲁司寇寄言游於逡楚〉篇考辨》，《中华文史论丛》2011年第4期。

［7］金其桢:《略论"子游氏之儒"》,《江南大学学报（人文社会科学版）》2009 年第 6 期。

［8］许霆、陈颖:《言子与江南文化》,古吴轩出版社 2022 年版。

源自子游言行的成语

成语是汉语词汇中经过长期使用、不断磨炼而形成的固定短语，它来源于古代经典、文学作品、历史故事、民间传说等，是比词的含义更为丰富、且语法功能又相当于词的语言单位。成语大多数由四个字组成，也有三个字或四个字以上的组合，有的成语甚至分成两部分，中间以逗号隔开。简言之，成语是引经据典、有明确出处和典故，并且使用程度相当高的习惯用语。

据统计，古代沿用至今的成语多达 5 万条，它们出自哪部典籍、何种作品、什么文献，人们对此有着或多或少的记录，并一直为之津津乐道。

历史上，事涉言偃生平业绩的成语不多，可见于孔子经典语录《论语》的记录仅有四条。循着这些言简意赅的文字，人们既可以看到当时孔子从艰难时世中总结出的治世理念，也能够从中体会到言偃执政为官的从容淡定、胸有成竹。

周敬王三十九年（前481年）、鲁哀公十四年春天，孔子把时年26岁的言偃举荐给鲁国公室，让他在武城邑宰任上接受历练。武城位于曲阜东南，东周时其所辖区域，东部与齐国毗邻，南部和西部有着滕、薛、邹、缯、郯等多个小国，同开疆拓土后的吴国接壤，战略地位相当紧要，是一处边陲重地。

当时，言偃在鲁国各地追随孔子游历、讲学已有多个年头，学到了老师不少待人接物、处理事务之道。孔子能举贤不避亲、举亲不避嫌，力荐高第弟子前往征战必争之地担当要职，说明他对言偃的政治能力高度信任，对他的政治水平也有着足够信心。事实上，他的弟子也没有辜负老师的殷殷期盼。

周敬王四十年（前 480 年），言偃回到离开了一年的曲阜，专程去拜望年逾古稀的孔夫子，向老师汇报在武城治理过程中的得失，倾听老师的耳提面命。

孔子聚精会神地听着弟子的汇报，对言偃在武城用人的情况表现出了极大的兴趣，问他在当地有没有发现、重用合适的人才。言偃回答道："有澹台灭明者，行不由径，非公事，未尝至于偃之室也。"

澹台灭明，字子羽，鲁国武城人。《大戴礼记·五帝礼》记载，当初澹台灭明投师孔子门下，孔子见他相貌丑陋，并不情愿收其为徒。但有碍于自己一直强调的"有教无类"的主张，才勉强收为弟子。后来，孔子发现澹台灭明品德高尚、学风端正，于是发出了"以貌取人，失之子羽"的感慨。澹台灭明师从孔子后，学习刻苦，勤于思考，注重自身修养，终于学有所成，跻身当时知名学者之列。他南下到吴国讲学时，其门徒多达三百之众，成为享誉大江南北的一代名师。

言偃出任地方长官，孔子不问政绩，却关注是否得到了人才，看似与为政无关，实则问到了关键之处。从日常生活的细枝末节去辨别、发现真正具有良好品德、素养的从政人才，不仅关乎识别人、判断人，更能在社会上形成一种用人的良性氛围，从而使得政治愿景的实现得到可靠的人才保障。

这是成语"行不由径"的由来，也是给后世留下的极富教益的启示。

"行不由径"，严守周礼而不抄小路、不走捷径，表明澹台灭明是一个讲求礼制、遵守规矩、做事正派的人；"非公事，未尝至于偃之室"，存在跟子游师出同门关系的澹台灭明，如果不是公事，也不会去子游办公室造访，进一步表明他是一个品行端正、恪守本分、光明磊落的人。对此，明朝内阁首辅张居正曾评价道："夫行不由径，则动必以正，而无欲速见小之心可知。非公事不见邑宰，则有以自守而无枉己徇人之私可见。此灭明之所以为贤，而偃之所知者，唯斯人而已。夫子游以一邑宰，其取人犹若是，等而上之，宰相为天子择百僚，人主为天下择宰相，必以此类观焉，则刚方正大之士进，而奔竞谄谀之风息矣！"[1]正因为如此，在近年于南昌西汉海昏侯墓出土的孔子图像衣镜中，左下侧位置竟然绘制着澹台灭明之像。考古人员通过对墓葬现场及实物的分析，认为这件出土器物，不仅是一面屏风，同时也是一面具有"图史自镜"功能的穿衣镜。专家判断，海昏侯刘贺这面衣镜，可照衣着可照脸面，同时有着照心的用途。做镜者希望刘贺在照自己衣冠容貌的时候，能够

"图史自镜"，从镜面中看到自己的衣冠形象，从镜背上看到孔子及其弟子的嘉言懿行，从而把孔子的形象、故事当作镜子，时刻与自己进行对照，在"三省吾身"中，达到"见贤思齐"的目的。

孔子的弟子中，有多人担任过邑宰之职，言偃以外，还有治蒲的子路、为单父宰的宓子贱等。为了切实掌握弟子掌管城邑的业绩，孔子有时派出亲信、有时亲自出马前往其弟子任官的地方，在实地考察中了解详情。

鲁哀公十五年（前480年）秋收时节，年事已高的孔子满怀对言偃治绩的热望，兴致勃勃地来到武城。一路上，他听到琴声悠扬、歌诗咏诵，看到一派诗情画意的怡人景象，不禁微微一笑，留下了流传至今、且历久弥新的历史故事。

《论语·阳货》记载："子之武城，闻弦歌之声。夫子莞尔而笑，曰：'割鸡焉用牛刀？'子游对曰：'昔者，偃也闻诸夫子，曰：君子学道则爱人，小人学道则易使也。'子曰：'二三子！偃之言是也。前言戏之耳。'"

这段文字，按照当时的语境，结合孔子习惯于述而不作的实际，可以作如下的解释：春秋时期，孔子门下一位叫子游的弟子，赞同老师所提倡的礼乐教化之道，并且真正掌握了个中三昧。后来，子游得到一个从政的机会，被举荐到武城担任邑宰。他按照老师的教诲施治，平日里教民众弹琴唱歌，让他们经常接受礼乐的熏陶。天长日久，子游的这种管治方法，改变了武城的面貌，提升了当地百姓的生活质量。一天，孔子带着众多弟子来到武城，听到在言偃治理下满城都是弦歌雅乐、诗书诵读之声，内心充满喜悦，但表面上只是微微一笑，说道：杀只鸡何必用宰牛的刀？此话引申出来就是，礼乐是治国的大道，以此对武城这个小地方进行治理，好像是用宰牛的刀去杀只鸡一样，有点小题大做。子游听了老师的话，也不申辩，诚恳地说：以前听老师讲过，治理者接受了礼乐大道，就知道了如何爱护百姓；百姓学会了礼乐大道，就会变得恭顺听话。老师的教导，是放之四海而皆准的。在武城这个小地方同样适用。子游的一番话，让孔子深深感受到了弟子在邑宰职位上锻炼后的气度和风采。他对随行的弟子说：子游的话透彻明了，你们要牢牢记在心上。我刚才所说，不过是一句玩笑罢了。

历史文献的记载，记录下了给人以丰富想象空间的生动画面。从这个故事中，我们记住了与此相关的三个成语，听懂了武城的"弦歌之声"，看明白了孔子的"莞尔而笑"，更体会到了子游的"割鸡焉用牛刀"这一看似异乎寻常的治理之道对后世的影响。

注释：

［1］卢昱：《澹台灭明：传播儒家思想到江南》，《大众日报》2019 年 7 月 27 日。

言氏大宗世系及支脉概说

　　言氏谱牒记载，"言氏之先，谓虞舜命龙作纳言之官，故赐以言为氏。显于吴者，自始祖子游始"。[1]

　　自从子游开启吴地言氏家族之端绪后，子孙在不同的历史时期生息繁衍，绵延至今已逾2500年。在此漫长的岁月中，言氏后裔牢记祖先教诲，一代接续一代以诗文传家，形成了华夏历史上也甚为少见的文化家族。他们家庭、家业、家学上的传承谱系，值得人们学习借鉴。

　　子游之后，一直到清朝末年，言氏大宗共有82代，依次为始祖偃，字子游、叔氏；思，也作偲，字永祥，曾子视其家为鲁国两个识礼人家之一；丰，字郁周，随言子离鲁南下讲学传道；昊，字太元；球，字端方；宜，字宜之；楷，字鲁林；休，字子烈；以宪；惟精，字舜德；芑；谦，字公谨；庆，字文衍；罕，字希卿；敏，字明勉；成大，字德弘；富玉，字公佩；绩，字公纪；豪，字怀英；继祖，字孝冲；崇武；定国，字世安；琳，字子通；明问；黼；既孝，字子亲；一乘，字敬山；惠，字君恩；学颜，字志学；正，字孝直；之行；英，字文华；拱极；庚，字叔巽；寅恭；真儒，字明道；庭规，字以正；大章，字云汉；省，字惟察；恢，字弘之；端操，字维持；谂；思本，字正道；戣；克常，字永夫；旭，字永延；若虚，字公实；琛，字伯秩；希圣，字士贤；硕，字德夫；玄，字康成；道民，字行之；公怡，字友文；斌，字子慎；彦绪，字修之；仁温，字德厚；义，字宜斋；礼，字敬夫；文蔚，字伯茂；时学，字习之；顺孙，字尚贤；烨，字仲辉；墉，字永坚；铭，字景彝；江，字惟瀚；世恩，字承庆；祐，字吉甫；谏，字明善；序；绍庆，字仍衢；森，字君确；煌，字宗文；德坚，字侣白；兴，字于诗；如洙，字鲁源；朝枢，字缙云；尚燮，字理羹；忠豫，字继高；良爱，字稷堂；家柱，字怀石；敦道，字君学；雍熙。

言氏家族的大宗，在其宗亲文化的延续中贡献良多，成为家学传承的有生力量。同时，其开枝散叶的不同支脉，也都渊源有自，通过各展所长，对整个家族在历史长河中绵延不绝起到了添柴加薪的作用。

言氏第六十六世支子言弘业，字昌之，通过经商富甲一方。致富后，他不惜投入巨资，在城中山塘泾岸买地建设文学书院，用以教育子孙。这一支脉立足城中，尔后逐渐发展到乡间的五渠、邻县昆山的玉峰等，称为文学书院支。

明隆庆年间（1567—1572 年），言氏第六十九世支子言仲文，字墨泉，从常熟迁居苏州学道书院旁，致力于恢复郡城书院中的言子祠。经过他的反复争取，当时任首辅的申时行后悔收受了"逐贤位于门外"的郡城学道书院，为言仲文择地建祠，并捐置祭田。这一在苏州形成的言氏族人分支，以第六十六世孙言弘德为始祖，称苏郡学道书院分支。

言绍庆定居于县东街言子家庙，属言氏第七十世县东家庙长支。他的见识品行，成为知县耿橘训定《言族六礼》的范本，被言氏族人长期遵循。这一分支从言子第七十六世孙始，按"朝尚忠良，家敦雍穆，缵承丕绪，永奉嘉纶"排行。

经过明清两代朝堂重臣、封疆大吏的多次上奏吁请，到言子第七十三世孙时，终于被朝廷封为五经博士。言德坚作为言氏世职宗派支的始祖，带领子孙聚居在子游东巷的言子故宅，延续着言氏一脉的香火。

清代康熙年间（1662—1722 年），言氏家族开始时来运转，其主要表现是家族力量的持续增长。当时，县东家庙支本支兴旺，旁支发达，分别从言氏第六十九世中的禄、袍、福、祚、祜，和、彩、缯、绫、绒，绯等辈分中繁衍出了街东支、街西大房支、街西二房支等不同的支系；文学书院支继续发展，从城中扩展到大义桥、大河等处。

与此同时，常熟乡间的言氏家族势力也是日增夜长，言氏第六十九世珊、璛、瓘、玮、玺、赞，宝、环、珪、珏、琥、珀、琪、珠、珂、玉、璧、珍、璋、瑷、瑢、玥、玑，清、冷、通、润、海、信、伦、俊、杰、备、亿、僖、儒、仁、侃、化、傧、偬、偶，绎、丝、纳、绰、组、绥、纹、缁、纲、缙、缮、绶等，发展出了多个不同的支脉。

明清两代，言氏家族不仅在江南大地上生息，也在全国其他地方繁衍了多个支脉，其中有：江苏的江宁府上元县支、常州武进青城镇支；湖南的长沙府茶陵支和湘潭县龙头、龙口支；浙江的绍兴、余姚、仁和支；贵州黎平五开卫支等。

明朝初年，受到政治事件的牵连，言子第六十二世孙言信的后人，被发配充军到湖南长沙府茶陵。当时，言信的第二个孙子言贵二（又名寿二）远走他乡，代替父亲言盛一接受这种惩罚。言贵二等人最初落脚于茶陵，到其孙辈时，言质、言平、言美三兄弟分别居于与湘潭善化接壤的龙头、隶属于湘潭的龙口和茶陵。居湘的言氏子息并不繁盛。始迁祖的第五代言绍先生养了六个儿子，其中长子、三子、四子无后，言武鉴、武巩、武卓则成为龙头二房、五房、六房支祖；同为第五代的言绍斌之子言武吁、武诠、武照分别为龙口长房、二房、三房支祖。家谱记载，湖南言氏按照"寿允……绍武承必以启（希）之世泮衍玉锡泽长荣茂修秉礼祖荫宗蕃系嗣兴起"排辈。

迁居武进的常州府青城分支，始于言子第五十九世孙言勤学。作为青城始迁之祖，言勤学的后代又派生出了街东、街西、潘封、仲庄、臧墅、马庄、小都、葛墅、梁巷等分支。具体为先分出青城街东支、青城街西支；次分出孟河西仲庄支、马庄支；再分出梁巷支、潘封支。街东支十房中，有一支分出臧墅支，后再分出前臧墅支、后臧墅支；街西支又分出街西大房支、街西前房支、二房支、三房支、四房支、五房支、八房支等，后再分出小都支、小都曹巷支。他们的后人还迁到了镇江、丹阳、无锡等地。从言子第七十世孙起，以言勤学为始祖的这一支按"体可以立其德懋昭声洪光裕庆肇"排行。

据清同治十二年（1873 年）纂修的《言氏家乘》记载，自明崇祯七年（1634 年）起，直到是谱告成之时，在不足两个半世纪的时间里，常熟本土的言子裔孙，由原来的 3 个宗支发展为 13 个分支，在世人口由不足百人增长到千人以上，族中力量达到前所未有的程度。

注释:

［1］言顺孙撰：《旧谱序》，杨载江：《言子春秋》，同济大学出版社1992 年版，第 306 页。

言氏族人共同遵循的行事规范

明万历三十六年（1608 年），时任常熟县令耿橘在为言氏谱牒题辞时，为其家族训定了《言族六礼》，作为言氏家族成员共同遵循的行事规范。

耿橘，字庭怀，一字朱桥，又字蓝阳，河北河间人，明代著名理学家。在知县常熟任上，为改变文士学风，复建文学书院，更名为虞山书院；为造福当地民众，审度常熟地理形胜，大修水利工程，著《常熟县水利全书》行世。明末清初思想家黄宗羲在编订的《明儒学案·东林学案》中，依次将耿橘、高攀龙、钱一本、孙慎行等 17 人列为"东林学派"的主要代表人物。

耿橘对先贤言子素怀崇敬之情。来令常熟，他"饬吏以儒，弦歌讲诵不辍，间乃修复言子之祠，辟书院于左"[1]；"慨然以表章先贤、兴起后学为己任，考故址而鼎新之，名曰虞山书院"[2]，延聘多位名儒讲学，刊刻《虞山书院志》；同时不忘传承言子文化，特地请人辑录《言子文学录》并加以自注。

耿橘对言氏宗族的贡献，还体现在其悉心改定的《言族六礼》中。为明了耿县令的用心，兹录全文于后：

一、**隆祭仪**。礼莫重于祭。查得言氏向有祭田三百亩。数年以来，庙常缺祀。今定为例，以春秋仲月祭于庙，以季春孟冬祭于墓。庙祭用豕一、羊一、帛一、笾豆各八。主祭者前期传谕，合族期于某日平明，少长咸集于庙。鼓乐三通，登单行礼。先瘗毛血，次迎神庙门，左右各一揖，用酒灌地。还向祖立，随行四拜，将爵、帛、馔依次奠讫，再四拜。将祝帛诣庭焚化。转向像前，四拜毕，入寝室，行饮福礼。序齿坐定，命年分之卑者为长举觯。酒数巡，宗长即率众诣祖前，四揖毕，族众肃揖而出。墓祭用豕、羊首、笾豆各四。燕礼亦如庙中。

一、**重嫡派**。祭莫贵于宗。凡祭必以嫡派大宗言绍庆主之。祭文序庆名为首，另置一单于前：绍庆奠爵奠帛于此。其余旁支，不得以分尊而妄行混乱。

一、**定宗纲**。凡一族之事，统在宗子。其宗子不逮者，于合族中不拘尊卑长幼，择一忠厚正直孝友无亏可称族望者，立为宗纲。凡出纳贤否，尊祖敬宗，须严立约束，着实体行。如有徇私不公，合族即另议推举。既得其人，必白之县、陈之学、告之庙，然后任事。毋得苟且，以开废弛。

一、**均恩泽**。祭田之设，奉宗祀亦恤贫族也。查得言氏祭田虽有，奈何数年来，弱者不沾分惠。今从生员言福等议，取其田之肥者四十亩，付绍庆掌管，以备祭用，再听不科。肥田十亩，每年收米堆置砖瓦，以备修葺庙宇。其余贫族、孤独鳏寡及有志读书者，均各授田十亩，仍着宗长言龙光总管。每岁秋成后，宗长统率众孙眼同收租分给，不许侵欺颗粒。其子孙曾沾祖惠，或有恒产为商贾者，俱不准授田。或游侠无度玷及祖宗者，亦不准其拨授。宗子及听修庙者，宗子与宗纲收掌，宗长不得希冀夺收。其听修庙者，宗子宗纲尤不得视为己物。大废大修，小废小修，俱要及时；洒扫焚香，亦不可缺。

一、**明劝惩**。言氏子孙式微，向进者少。今子弟中有不孝、不友或淫佚者，宗纲及其父兄率诣祖前，痛加责勉。祭之时，合族共饬之。不悛则举之，学又不悛则呈之县，虽贫不授田。仍于家庙中立两碑，书其名：东曰劝善，西曰惩恶。生则刻石，没则载谱。及刻后能改者，仍志其美。其有玩视宗法、徇己灭公者，宗纲既核其情，即与族众共刻之石。

一、**严教育**。子孙之贤，由于教育。凡有子弟者，不徒教以诗书，须使之习规矩，养忠厚，服习祖宗家法。其通章句、知文艺者，宗纲课其业，有进益奖以纸笔；其有不务实学，或习险薄者，罚跪祖前以儆之，甚则扑责，并斥其父母之纵子为非者。

耿橘以一县之尊，为治下的名门望族亲自擘画家族的发展之道，并且既有长期的计划，又有当时的安排，可谓殚精竭虑、颇费心机。其中恐怕既有保障先贤之家不致中衰，又有借此广大其治绩的双重考虑。

不过，因为耿县令所定之《言族六礼》太过具体，甚至写上了主事者姓名，后世难以照此办理，所以在言梦奎纂修的《言氏家谱》中，对耿县令的言氏行事规范作了一些优化，并以《言氏六礼》为名录入。二者的异同，通过文本对照一目了然：

一、隆祭祀。礼莫重于祭。庙或缺祀，非所以尊祖也。今定例以长至日致祭，其费出于祭产，其事掌于大宗孙，物从其丰，仪极其肃。有怠若事者，族众共攻之；有越于礼者，族众共纠之。其祭祀仪注另载在祀典，不复赘。

一、重嫡长。祭莫重于宗。凡祭必以嫡派大宗孙主之，祭文序其名为首，另置一单于前。大宗孙奠爵、帛于此，其余旁支俱从后陪祭，不得以分尊而妄行混乱。

一、定宗纲。凡一族之事，统于宗子。其宗子不逮者，于合族中不拘尊卑长幼，择一忠厚正直孝友无亏可称族望者，立为宗纲。凡出纳贤否，尊祖敬宗，须严立约束，着实体行。如有徇私不公，合族即另议推举。既得其人，必白之县、陈之学、告之庙，然后任事。毋得苟且，以开废弛。

一、均恩泽。祭田之设，奉祭祀亦恤贫族也，泽之不均可乎？嗣后著为定例，择田之肥者四千亩付大宗孙掌管，以备祭用，再听不科。肥田十亩，每年收米堆置砖瓦，以备修葺庙宇。其余贫族、鳏寡孤独及有志读书者，均各授田十亩，仍著宗纲掌管。每岁秋成后，宗纲率众孙眼同收租分给。其有恒产及为商贾者，俱不准授田；或游侠无度玷及祖宗者，亦不准其拨授。

一、**明惩劝**。言氏子孙式微，向进者少。今子弟中有不忠、不孝或淫佚者，宗纲及其父兄率诣祖前痛加责勉。祭之时合族共饬之。不悛则举之，学又不悛则呈之县，虽贫不授田。仍于家庙中立两碑，书其名：东曰劝善，西曰惩恶。生则刻石，没则载谱。刻后能改者，仍志其美。其有玩视宗法、徇己灭宗者，宗纲既核其情，即与族众共刻之石。

一、**严教育**。子孙之贤，由于教育。凡有子弟者，不徒教以诗书，须使之习规矩，养忠厚，服习祖宗家法。其通章句、知文艺者，宗纲课其业，有进益奖以纸笔。其有不务实学，或习险薄者，罚跪祖前以警之，甚则朴责，并斥其父母之纵子为非者。

注释：

［1］王锡爵撰：《重建虞山书院记》，陈颖主编：《常熟儒学碑刻集》，苏州大学出版社 2017 年版，第 296 页。

［2］张以诚撰：《〈虞山书院志〉序》，《虞山书院志》，常熟市图书馆明万历刻本。

岁时节令祭祀言子的基本程式

作为传承千年的庞大家族，常熟言氏对始祖前辈有着非比寻常的尊崇、礼拜，这在其家族开展岁时节令祭祀活动的具体安排上充分表现出来。言梦奎在其纂修的《言氏家谱》中写道："祭贵备物也，贵尽礼也。物不备则为亵，亵则神弗歆之矣；礼不尽则为慢，慢则神明吐之矣。物既备矣，礼既尽矣，神乃格焉。诗曰：惠于宗公，神罔时怨，神罔时恫，礼曰致爱，则存致悫，则著此物。"据此，他对祠祭、庙祭等从时间、赞唱到祝文、祭品都作了明确。兹依谱书所录，分别记述于后：

在专祠祭祀层面——

"每岁春秋二仲上丁日举祭。"这是"康熙四十七年（1708），奉藩宪宜厘正祀典，饬县于上丁日至祭文庙，后随亲祭始祖祠"后成为定制的。知县、学官分别作为献官、陪献官出席。

根据祀典：

先期一日斋戒，晚刻省牲，毛血用盘盛，待次早瘞。届期，五鼓致祭。

通赞唱：起鼓三通，执事者各司其事，陪献官就位，献官就位。启户，瘗毛血迎神。鞠躬，拜、兴，拜、兴，拜、兴，平身。奠帛，行初献礼。

引赞唱：诣盥洗所酌水净巾，司樽者举幂酌酒，诣先贤言子神位前，跪奠献帛、搢爵。俯伏、兴，平身。诣读祝位跪。

通赞唱：众官皆跪。

引赞唱：读祝文。

通、引合唱：俯伏、兴，平身。

引赞唱：复位。

通赞唱：行分献礼。

引赞唱：诣盥洗所酌水净巾，司樽者举幂酌酒，诣两庑配享神位前跪，奠帛献帛，搢爵献爵。俯伏、兴，平身。复位。

通赞唱：行亚献礼。

引赞唱：诣酒樽所，司樽者举幂酌酒，诣先贤言子神位前跪，搢爵献爵。俯伏、兴，平身。复位。

通赞唱：行终献礼。

引赞唱：仪同亚献。

通赞唱：饮福受胙。

引赞唱：诣饮福位，跪进福酒，饮福酒；进福胙，受福胙。俯伏、兴，平身。复位。

通赞唱：鞠躬，拜、兴，拜、兴，拜、兴，平身。撤馔送神。鞠躬，拜、兴，拜、兴，拜、兴，平身。读祝者捧祝，奠帛者捧帛，各诣瘗所，望疗阖户。揖礼毕。

祝文通常这样写道：维某年岁次，某某月，某朔越祭日丁。某某县知县某，敢昭告于先贤言子之神，曰：惟神文学名科，礼乐为教。弦歌聿兴，启我后人。今兹仲春秋，谨以牲帛醴齐粢盛庶品，式陈明荐。尚飨。

祭祀中所用之物，一般需要：羊一头，净肉三十斤；猪一头，净肉一百五十斤；芹、韭菜，三斤；代兔鸡，一只；烛，三斤；黍、稷、稻、粱，二升；帛，一匹；桃、枣、栗，三斤；醢肉，八两；柏香，一柱；庭燎，四个；薨鱼，八两；净巾、抹布，二方；火柴，五十斤；酒、米，一升。

在家庙祭祀层面——

每岁长至日举祭，由大宗孙、众子孙分别作为主祭、陪祭。其程式如下：

先期一日斋戒，晚刻省牲，毛血用盘盛，待次早瘗。届期，夜半子时致祭。

通赞唱：执事者各司其事，陪祭孙就位，主祭大宗孙就位。瘗毛血迎神。鞠躬，拜、兴，拜、兴，拜、兴，拜、兴，平身。奠帛行初献礼。

引赞唱：诣盥洗所酌水净巾，司尊者举幂酌酒，诣始祖先贤神位前跪，进帛献帛，搢爵献爵。俯伏、兴，平身。诣读祝位跪。

通赞唱：众孙皆跪。

引赞唱：读祝文。

通、引合唱：俯伏、兴，平身。

引赞唱：复位。

通赞唱：行亚献礼。

引赞唱：诣酒樽所，司樽者举幂酌酒，诣始祖先贤神位前跪，搢爵献爵。俯伏、兴，平身。复位。

通赞唱：行终献礼。

引赞唱：仪同亚献。

通赞唱：饮福受胙。

引赞唱：诣饮福位，跪饮福酒、受胙。俯伏、兴，平身。复位。

通赞唱：鞠躬，拜、兴，拜、兴，拜、兴，平身。撤馔送神。鞠躬，拜、兴，拜、兴，拜、兴，平身。读祝者捧祝，奠帛者捧帛，各诣瘗所，焚疗礼毕。入寝室序齿坐定，卑幼为长举觯酒数巡，宗长率族众诣祖前，四揖出。

祝文同专祠。惟先贤言子换始祖先贤，子游惟神换惟祖。

祭品同专祠。

在书院祭祀层面——

书院祭祀分释菜、释奠两类。释菜礼在每岁孟春择吉日举行，县官送诸生入书院，具祭品行礼，知县、学官作为献官、陪献官出席。仪式如次：

先期一日斋戒，晚刻省牲，毛血用盘盛，待次早瘗。届期，平明致祭。

通赞唱：陪献官就位，献官就位。瘗毛血迎神。鞠躬，拜、兴，拜、兴，拜、兴，平身。行献礼。

引赞唱：诣盥洗所诣酒、樽所酌酒，诣先贤言子神位前跪献爵。俯伏、兴，平身。诣读祝位跪。

通赞唱：众官皆跪。

引赞唱：读祝文。

通、引合唱：俯伏、兴，平身。

引赞唱：复位。

通赞唱：送神。鞠躬，拜、兴，拜、兴，拜、兴，平身。礼毕。

祝文通常由知县诵读，文字为：维年月日，某县知县某，敢昭告于先贤言子之神曰：惟神至文，体圣大本。提宗礼乐，明备弦歌。化成菁华，启秘千古。师承卓哉，献岭洋洋。式灵。某叨令是邦，职司提调，倡率诸生讲学会文，尚异造就真才，以匡国家之治。兹当一岁鼓箧之初，恭修释菜之礼。尚飨。

祭品有兔、栗、枣、菁菹、酒、香、烛等。

释奠礼于每岁春、秋二仲下丁日举行，知县、学官作为献官、陪献官出席。仪式如次：

　　先期一日斋戒，晚刻省牲，毛血用盘盛，待次早瘗。届期，平明致祭。

　　通赞唱：陪祭官就位，献官就位。瘗毛血迎神。鞠躬，拜、兴，拜、兴，拜、兴，平身。行献礼。

　　引赞唱：诣盥洗所诣酒、樽所酌酒，诣先贤言子神位前跪，奠帛进馔献爵。俯伏、兴，平身。诣读祝位跪。

　　通赞唱：众官皆跪。

　　引赞唱：读祝文。

　　通、引同唱：俯伏、兴，平身。

　　通赞唱：行分献礼。

　　引赞唱：诣杨、王二公（书院里建有出任过常熟知县之慈溪人杨子器、永嘉人王叔杲的杨公祠、王公祠，地方官在书院祭言之时，也祭祀他们）神位前，奠帛献爵。俯伏、兴，平身。复位。

　　通赞唱：行亚献礼。

　　引赞唱：诣酒樽所，司樽者举幂酌酒，诣先贤言子神位前跪，摺爵献爵。俯伏、兴，平身。复位。

　　通赞唱：行终献礼。

　　引赞唱：仪同亚献。

通赞唱：饮福受胙。

引赞唱：诣饮福位跪，饮福酒、受胙。俯伏、兴，平身。复位。

通赞唱：鞠躬，拜、兴，拜、兴，拜、兴，平身。撤馔送神。鞠躬，拜、兴，拜、兴，拜、兴，平身。读祝者捧祝，进帛者捧帛，各诣瘗所焚疗。礼毕。

释奠礼之祝文，与释菜礼者大同小异：维年月日，某县知县某，敢昭告于先贤言子之神曰：惟神至文，体圣大本。提宗礼乐，明备弦歌。化成菁华，启秘千古。师承卓哉，虞岭洋洋。式灵。今兹仲春秋，谨以牲帛醴斋粢盛庶品，式陈明荐。尚飨。

言子的祭品为：羊、猪、帛、黍稷、稻粱、栗、桃、枣、菱米、芡实、闽笋、藁鱼、醢鱼、醢肉、和羹、白盐、香、烛、酒。杨、王二公的祭品比言子的稍少，有帛、藁鱼、醢肉、黍稷、稻粱、芹、韭、薤菜、桃、枣、栗、香、烛、酒、祝文板等。

言氏世袭翰林院五经博士

翰林一词，始见于汉代，本意为文翰荟萃之地。翰林正式成为官署名称，是唐代的事。自此以降，历朝历代皆设有翰林院。早期的翰林院，网罗天下各路英才供皇帝之需，后逐渐成为参政、修史的枢要机构。明朝建立之初，朱元璋于1367年置翰林院，功能定位为辅政智囊团。

五经博士最早设于汉武帝时（公元前140—公元前87年），专门掌管《诗》《书》《礼》《易》《春秋》等五经的传授，是负责儒家经典授读的学官。

明初，作为翰林院的属官，五经博士"初置五人，各掌专经讲义，继以优给圣贤先儒后裔世袭，不治院事"。到明朝后期，翰林院五经博士已成为圣贤先儒后裔世袭的职官。《明史》记载，"翰林院世袭《五经》博士，正八品孔氏二人，正德元年授孔子五十九世孙彦绳主衢州庙祀……正德二年，授孔闻礼奉子思庙祀"。同时，还分别授给颜氏一人、曾氏一人、仲氏一人、孟氏一人、周氏一人、程氏二人、邵氏一人、张氏一人、朱氏二人、刘氏一人（后被革职）等多人以此职。[1]

中国古代历史上有名的十三氏世袭翰林院五经博士，先后于1451年、1452年、1533年、1587年、1684年、1684年、1699年、1712年、1720年、1724年、1724年、1724年、1788年分别为颜氏、孟氏、曾氏、仲氏、端木氏、东野氏、闵氏、言氏、卜氏、颛孙氏、冉伯牛氏、冉仲弓氏、有氏而设，分别主管奉祀颜回、孟轲、曾参、仲由、端木赐、周公、闵损、言偃、卜商、颛孙师、冉耕、冉雍、有若，均为正八品京官，可以加级，敕封二代。

根据清乾隆二十六年（1761年）成书的《阙里文献考》记载，世袭翰林院五经博士的擢拔任用非常严格，均须由衍圣公保举，并受其管理节制。"应袭者十五岁以上，衍圣公保送礼部，考试果能文理通晓，注册存察，俟承袭之时，衍圣公察案具题授职。"[2]

言子裔孙被朝廷赐予翰林院五经博士的世袭封号，经历了较长的历史过程。其间，中央和地方的多位朝廷命官分别在明朝、清朝上奏，恭请皇上开恩，给予言子后裔与孔子及其高第弟子后裔一样的政治待遇。同时，言子后裔中的有识见者，寻找或借助各种机会，试图得到皇帝的眷顾。功夫不负有心人。经过近两百年的不断争取，到康熙五十一年（1712年），朝廷垂恤贤裔，降旨设立翰林院五经博士，由"子游后裔嫡派应授之人"世袭罔替[3]。

言氏世袭翰林院五经博士，由言子第七十三世孙言德坚首任。其后，言兴、言如洙、言尚燮、言忠豫、言良爱、言家桂、言敦道、言雍熙先后承袭此职，前后共经历了9任。

言德坚，字侣白，号系园，在当时为常熟言氏争取世袭封号不遗余力，费了很多心机：他曾前往康熙南巡的驻跸之地扬州，向皇帝进呈言氏家谱，得到"文开吴会"的亲笔御书；在康熙再次南巡时，他曾蒙召到行宫。言氏一族，最终由他"乘袭五经博士，以膺巨典"[4]，可谓实至名归。

言兴，字于诗，系言德坚的长子。按照翰林院五经博士须有嫡长子承袭的制度，他担任了这个世袭职务。

言兴28岁时身故，以支子钧之子如洙作为嗣子。如洙，字鲁源，号紫峰，于雍正十一年（1733年），袭五经博士。他多次参加皇帝的祭孔仪式，获得多种赏赐。

言如洙有朝枢、朝栻、朝棻三子，长子字缙云，于乾隆三十五年（1770年），袭五经博士。

言尚燮，字理羹，号晓山，系朝枢长子，于乾隆四十七年（1782年），由附贡生袭世职。

言忠豫，字继高，号一琴，言子第七十七世孙言尚燮之长子。他于嘉庆三年（1798年）袭世职，十年后（1808年）因病由其弟言忠益代理。

言良爱，字稷堂，承袭其父忠豫之世职，于道光三年（1823年）袭五经博士。

言良爱长子言家桂，字怀石，号稚擎，世袭封号本应由其承袭，后来因为丁忧，至其战乱身故终未获封。其长子言敦道倒是承袭过世职。

言子第八十二世孙言雍熙，是最后一位承袭翰林院五经博士世职的言氏后人。随着国民政府明令废除清代世爵，这一世袭制度便退出了历史舞台。

注释：

［1］张廷玉纂修：《明史》卷七十三，中华书局1974年版，第1786、1791页。

［2］孔继汾撰：《阙里文献考》，清乾隆二十七年刻本。

［3］［4］王度昭撰：《请恤贤裔疏》，杨载江：《言子春秋》，同济大学出版社1992年版，第320页。

民间传说中的言子

　　大凡历史名人，民间或多或少流传着他们行事处世的故事、传说。这是名人效应在民众心目中唤起的集体记忆所留下的岁月印记。

　　有关言偃的民间传说，流传于世的主要有：

　　言子曾在晚年到过现在的奉贤一带设馆讲学，传授孔子的儒学经典。清代雍正初年（1723—1735 年）此地设立县级行政区时，官府取"敬奉贤人"之意命名为奉贤。自此，这一地名一直沿用至今。

　　言子学成回到故国，宣扬儒家学说的足迹留在江南多个地方。他兴教到过的江阴定山东麓（今江阴周庄镇），当地官民专门建造了言子祠，在春秋两季致祭以纪念这位先贤。清代，此地因之被定名为宗言乡，建立了宗言文社，后来还创办了宗言小学。

　　言子在从楚地游学重返江南时，路经现在的宜兴韶巷，曾择地设坛授读，宣传孔子的礼乐思想，教化当地百姓。讲学过程中，他率领随从弟子，吹奏舜帝所作音乐中等级最高的《韶乐》，演唱舜传帝位于禹时与臣僚合唱的《卿云》之歌，以诗歌音乐感化村民。

鲁司寇仲尼书

子游东归后，雅化之乐在当地得到普及，家传户诵逐渐成为百姓的日常，弦歌教化像春风雨露滋润着一代又一代当地民众。村民感恩、怀念子游的人伦之举、道德风范，便把他和随从弟子吹奏《韶乐》之处改名为韶巷，用以纪念先贤。其后，人们将韶巷作为村名沿用下来。

曾经受封于延陵一带（今常州，当时的江阴为其属地），史称"延陵季子"的季札（公元前547年接受册封），其墓碑上书写的文字，相传与言偃也有某些联系。

史书记载，吴国国君寿梦（公元前585年—公元前561年在位）是吴侯泰伯的第十八世孙，养育有诸樊、余祭、夷昧、季札四个儿子，其中季札最为知书识礼、仁爱贤明。按照当时王位由嫡长子继承的规制，寿梦应当把王位传给诸樊。但经过反复考量，自知大限将至的寿梦决定改变祖制，把王位传给最小也是最有声望的儿子。然而，季札认为一切皆有礼制，要按照规则行事，决意不接受其父的这种安排。

行将就木之际，寿梦还是不甘心。他将四个儿子叫到身边，嘱咐他们王位的继承要依据兄终弟及的做法，以便传位给他看好的季札。

寿梦驾崩后，其长子诸樊欲遵父命将王位让给小弟，被季札坚辞。继而，季札放弃优渥的王室生活，避耕于舜柯山（今常州舜过山）。诸樊薨后，余祭、夷昧都有传位于季札之想，均被后者推辞，因而季札有"至德第三人"的尊称。

公元前485年，季札弃世，葬在暨阳乡（江阴古称）暨阳门外之申港西南。《江阴县志》载："吴季子墓，在申港镇西南。"

对于道德风范非常人可比的季札，孔子十分推崇。在"延陵季子适齐"之时，孔子曾说过"延陵季子，吴之习于礼者也"，"延陵季子之于礼也，其合矣乎"（《礼记·檀弓下》），肯定他有关礼的学识造诣。因为有这样的认知，才有了之后孔子专门给季札墓题写墓碑的前提。

据清代王英冕在《孔子题吴延陵君子碑考》中记载："孔子所

题延陵君子碑有三：一在江阴申港，一在丹阳延陵镇，一在丹阳古驿前，其文曰：呜呼有吴延陵君子之墓。"实际上，季札墓和墓碑，自先秦以降，虽迭经朝代更替，战火烽烟，却一直保存完好。所以，唐代文人张说在《谢碑额表》中，有"孔篆吴札之文，秦存展季之陇"的说法；宋代梅尧臣在《夫子篆》中，也有"季子墓旁碑，古称尼父篆。始沿春秋义，十字固莫铲。磨敲任牧童，侵剥因野藓。嗟尔后之人，万言书不浅"的诗句。

然而，传为孔子所书篆文"呜呼有吴延陵君子之墓"的季札墓之碑文，宋代以来就有人怀疑非孔子所书。清代王澍所撰《淳化秘阁法帖考正》写道："秦淮海云：'鲁司寇仲尼书'者，吴季子墓铭也。铭在丹阳季子墓上，字径尺馀，唐张从申记云：'旧本湮灭，开元中，玄宗命殷仲容摹拓其书以传；大历中，萧定又刻于石。'此小字者，盖后人依效为之者也。欧阳文忠公谓孔子未尝至吴，不得亲铭季子之墓。然则季子墓铭其真者，犹疑非孔子书，况依效为之者与？"（影印文渊阁《四库全书》本）

在欧阳修所撰之《集古录》"以为孔子平生未尝至吴，盖以《史记》世家考之，推其岁月踪迹，南不逾楚之故"（郎瑛撰：《七修类稿》卷十九·辩证类之延陵碑），对孔子书写季札墓之碑文表示疑问后，秦观也认为"季子墓铭，犹疑非孔子书"。被誉为"鉴定古碑刻最精"的王澍则在《虚舟题跋》中断定，"此十字必非孔子书"。

然而，立于季札墓前的"十字碑"，被收录于《淳化阁帖·诸家古法帖五》时，却有着"乌延陵封邑有吴君子之墓呼"12个字。

《淳化阁帖》，是中国最早的汇集古代各家书法墨迹的法帖。此帖共10卷，收录自先秦至唐代1000余年间103人的420篇笔墨，可称中国书法史的里程碑，有"法帖之冠""丛帖始祖"之誉。

宋大观三年（1109年），为改正《淳化阁帖》的谬误，宋徽宗命人摹勒镌刻了《大观太清楼帖》。不管是《淳化阁帖》还是《大观太清楼帖》，都把"鲁司寇仲尼书"的12字碑，收录进了这两部皇家文化工程的标志性典籍。这说明，宋代的庙堂主流文化，认为这12字的碑文是孔子手书。

不过，如同季札墓之碑文内容在流传过程中出现差异一样，人们对其书写者表达的疑问，也并不是皇家的定论所能打消的。延至现代，有人作出大胆推测，言偃在学成回到祖居地后，仰慕同为江南士子的季札之君子风度，揣摩先师孔子的心意而写下了季札墓的碑文。这不失为一种不落窠臼的新颖解读。[1]

上述传说轶闻，一直流传于言偃曾经传播过儒家学说，并给当地民众带来福祉的异地他乡。至于他在故乡常熟给人留下的传说，同样饱含着他弦歌雅化的人文情怀。

传说2500多年以前，在骄阳如火的夏日，孔子由多名弟子陪同，风尘仆仆跋涉几千里，乘着牛车赶到大江之南言偃的家乡，实地察看其得意门生的处世为人之道。

牛车行至三岔路口，不知道怎么再走了，孔子等人便停车问路。他们看见周塘河里有个十来岁的男孩，头顶西瓜皮制成的帽子，正在捉鱼摸虾，就问他走哪条路可到城里。

小孩光着身体，见有人前来，赶忙蹚到齐胸深的水里，朗声答道：左是道，右是道，沿着河走莫偏掉。孔子他们又问，此去城里有多远？小孩的回答很有诗意：钵为冠，水为衣，此去琴川一十里。

孔子喜欢小孩，对出言文绉绉的儿童，更是心生好感。他以想打听点事为由，让小孩出水到树荫下说话。小孩赤身处于水中，哪里起得了水？但他不紧不慢地说道：头戴西瓜帽，身穿绿水衣。来客当迎迓，无奈足无履。

小孩不说光着身子、只说没有鞋子的机智回答，引得孔老夫子哈哈大笑。他对总角之年的小儿都能出口成章感到由衷的高兴。

但孔子无意之中把小孩说成是乡下孩子，让小孩流露出些许不满。他人小志大，告诉孔子：莫道乡下儿，下水不穿衣。早读书，晚学礼，十年必成器。

爷孙两人你一言我一语的对话，很快聊到了言偃。孔子问这个年幼的读书郎，知道不知道言偃这个人。小孩说，言先生是当地众多人的老师。

孔子对自己的徒弟究竟有多少学生充满好奇，希望从小孩口中得到实情。可小孩说，言先生的学生太多了，谁也说不清。

孔子在从与小孩子的问答交流中，觉得言偃在其家乡的治理，同武城一样，充满了弦歌雅化。他感到，琴川之地的小孩尚且如此字斟句酌，彬彬有礼，说明言偃对民众的教化做得相当出色，十分到位。他大可放心回去。于是，他与弟子们带着满意的神情，打道返回齐鲁去了。

这个"孔子访言子"的古老传说，在常熟流传了数百上千年。后来，因应小孩所说"此去琴川一十里"这句话，常熟人在昆承湖边建造了一座言子故里碑亭，以附会民间对言偃的忆念。

康熙乾隆年间，常熟本地人王应奎屡次科考不第，便退隐乡间，埋头于书堆之中。因为长期生活于本乡本土，他的交友和创作大多与家乡有关。他的《柳南随笔》《柳南续笔》中，记载了大量常熟的文人轶事、风俗物产，具有非常重要的地方史料价值。其中一则"先贤授琴"的故事，就与子游有关。文中写道：

先贤子游墓在虞山之巅。前明万历间，有樵者过墓上，见一叟衣冠甚古，独坐鼓琴。樵者掷斧柯听之，叟欣然曰："汝欲学耶？"因令每日过墓，授以清商数曲。后樵者于昭明读书台下，闻有达官贵人鼓琴为会者，亦倾耳听，已而笑曰："第五弦尚未调也。"鼓琴者曰："汝何人？亦解此耶？"试调其弦，果如樵者所云。遂令其一再弹，则冷然太古音也。大惊异，为易冠巾，与定交。问其所从学，樵者以告，且询其衣冠状，乃知所见者，为子游也。吾邑严太守天池之琴，至今名天下，而其传实自樵者，故海内推为正音焉……[2]

常熟宝卷历史悠久，数量繁多，如今在做会讲经中仍在使用的或见于著录的宝卷共有 300 多种，最早的为出自白茆宝卷中宋代天竺普明禅师编集的木刻本《大乘香山宝卷》。其涉及内容涵盖儒教、佛教、道教及民间信仰等各个方面，承载的民俗、民风、民间文化的信息量极大，为讲唱文学、语言学、民俗学、宗教史等留下了十分丰富的研究资料，具有较高的历史价值和文化价值。

常熟宝卷中，有着一则名为《大家听从孔夫子》的大成卷。文中写道：言子言子真君子，不愧孔门贤弟子呀。南无佛阿弥陀佛。不贪不爱教弟子，不做小人做君子呀。南无佛阿弥陀佛。大家听从孔夫子，实实在在学言子呀。南无佛阿弥陀佛。学好仁义礼信智，就是盖世大才子呀。南无佛阿弥陀佛[3] 这则经文，把人们要听从孔夫子的道理，通过简洁明了的文字表达出来，让大字不识的人，也能从中感受到孔子学说的真精神、言子传道的真才学。

注释：

[1] 张振宁：《言子三题》，《常熟文史》第 24 辑。

[2] 王应奎撰：《柳南随笔》，转引自杨载江：《言子春秋》，同济大学出版社 1992 年版，第 344 页。

[3] 常熟市文化广电新闻出版局编：《中国常熟宝卷》，古吴轩出版社 2015 年版，第 2458 页。

附录一
言偃暨孔门师生大事系年

公元前551年（周灵王二十一年、鲁襄公二十二年），孔子1岁。

十月二十七日（夏历八月二十七日），孔子出生于鲁国陬邑昌平乡（今山东曲阜东南尼山），"名曰丘，字仲尼，姓孔氏"（司马迁：《史记·孔子世家》）。父亲是鲁国陬邑大夫叔梁纥，母亲为当地颜氏的三女儿颜徵在。

公元前550年（周灵王二十二年、鲁襄公二十三年），孔子2岁。

孔子随母迁居鲁国都城曲阜。

公元前549年（周灵王二十三年、鲁襄公二十四年），孔子3岁。

孔子父亲卒，时年75岁。

公元前546年（周灵王二十六年、鲁襄公二十七年），孔子6岁。

孔子弟子曾点（字晳）生于鲁国，系曾参之父。

公元前 545 年（周灵王二十七年、鲁襄公二十八年），孔子 7 岁。

孔子弟子颜无繇（字路）生于鲁国，系颜回之父。

公元前 543 年（周景王二年、鲁襄公三十年），孔子 9 岁。

孔子弟子冉耕（字伯牛）生于鲁国。

公元前 542 年（周景王三年、鲁襄公三十一年），孔子 10 岁。

孔子弟子仲由（字子路）生于鲁国。

公元前 540 年（周景王五年、鲁昭公二年），孔子 12 岁。

孔子弟子漆雕开（字子若）生于蔡国。

公元前 536 年（周景王九年、鲁昭公六年），孔子 16 岁。

孔子弟子闵损（字子骞）生于鲁国。

公元前 535 年（周景王十年、鲁昭公七年），孔子 17 岁。

孔子母亲辛，时年 34 岁。

公元前 532 年（周景王十三年、鲁昭公十年），孔子 20 岁。

孔子居宋，与宋国亓官氏女成婚。

公元前 531 年（周景王十四年、鲁昭公十一年），孔子 21 岁。

孔子之子孔鲤（字伯鱼）生于鲁国。

孔子弟子孟懿子（世称仲孙何忌）、南宫敬叔（孟懿子之弟）生于鲁国，两人于公元前 518 年遵父孟僖子遗嘱师从孔子学礼，是有明确记载的孔子的首批弟子。

公元前 522 年（周景王二十三年、鲁昭公二十年），孔子 30 岁。

孔子弟子冉雍（字仲弓，鲁国人）、冉求（字子有，鲁国人）、宰予（字自我，鲁国人）、商瞿（字子木，鲁国人）等出生。

公元前521年（周景王二十四年、鲁昭公二十一年），孔子31岁。

孔子弟子颜回（字子渊，鲁国人）、宓不齐（字子贱，鲁国人）、巫马施（字子期，鲁国人）、高柴（字子羔，齐国人）等出生。

公元前520年（周景王二十五年、鲁昭公二十二年），孔子32岁。

孔子弟子端木赐（字子贡）生于卫国。

公元前518年（周敬王二年、鲁昭公二十四年），孔子34岁。

孔子弟子有若（字子有）生于鲁国。

公元前515年（周敬王五年、鲁昭公二十七年），孔子37岁。

孔子弟子原宪（字子思，鲁国人）、樊须（字子迟，齐国人）出生。

公元前512年（周敬王八年、鲁昭公三十年），孔子40岁。

孔子弟子澹台灭明（字子羽）生于鲁国。

公元前511年（周敬王九年、鲁昭公三十一年），孔子41岁。

孔子弟子陈亢（字子禽）生于陈国。

公元前509年（周敬王十一年、鲁定公元年），孔子43岁。

孔子弟子公西赤（字子华）生于鲁国。

公元前507年（周敬王十三年、鲁定公三年），孔子45岁。

孔子弟子卜商（字子夏）生于卫国。

公元前 506 年（周敬王十四年、鲁定公四年），孔子 46 岁，言子 1 岁。

九月二十六日，言子出生于吴国北境襟江带湖的虞山东麓，取名偃。

公元前 505 年（周敬王十五年、鲁定公五年），孔子 47 岁，言子 2 岁。

孔子弟子曾参（字子舆）生于鲁国。

公元前 503 年（周敬王十七年、鲁定公七年），孔子 49 岁，言子 4 岁。

孔子弟子颛孙师（字子张）生于陈国。

公元前 497 年（周敬王二十三年、鲁定公十三年），孔子 55 岁，言子 10 岁。

孔子离开鲁国，前往卫国，然后遍访中原诸国，史称"周游列国"。

言子在吴国，开始由族人教读。

公元前 487 年（周敬王三十三年、鲁哀公八年），孔子 65 岁，言子 20 岁。

言子在吴国。九月二十六日行冠礼，取子游为字，又字叔氏。年底成亲。

公元前 486 年（周敬王三十四年、鲁哀公九年），孔子 66 岁，言子 21 岁。

言子在吴国。夫人诞子，取名思（亦有作偲的）。

公元前485年（周敬王三十五年、鲁哀公十年），孔子67岁，言子22岁。

孔子夫人亓官氏女卒。

言子离开吴国，开始北上寻师求道之途，在卫国见到孔子。言子夫人诞女。

公元前484（周敬王三十六年、鲁哀公十一年），孔子68岁，言子23岁。

孔子回到阔别14年的鲁国，结束漫长的外出游历讲学生涯。

言子随师友抵达鲁国都城曲阜。

公元前481年（周敬王三十九年、鲁哀公十四年），孔子71岁，言子26岁。

言子被鲁国公室委任为武城宰。任内，起用澹台灭明襄理政务。

颜回、宰予卒。

公元前480年（周敬王四十年、鲁哀公十五年），孔子72岁，言子27岁。

言子在鲁国，对武城施以弦歌之治，获得孔子嘉许。

仲由在卫国殉难。

公元前479年（周敬王四十一年、鲁哀公十六年），孔子73岁，言子28岁。

四月十一日（夏历二月二十一日），孔子卒，弟子们把他葬在曲阜城北泗水之滨，并为其守丧 3 年。

言子夫人携儿带女到武城团聚。

公元前 478 年（周敬王四十二年、鲁哀公十七年），言子 29 岁。

言子与冉雍、卜商开始撰辑孔子生前问答之语、著录经纶世务之论。

公元前 476 年（周敬王四十四年、鲁哀公十九年），言子 31 岁。

言子与冉雍、卜商将分别完成的孔子生前言论及其事迹的撰述合为一书，题名为《论语》。

公元前 472 年（周元王四年、鲁哀公二十三年），言子 35 岁。

言子在鲁国，辞去武城宰之官职。

公元前 471 年（周元王五年、鲁哀公二十四年），言子 36 岁。

言子在鲁国，开启民间礼乐之教，成为儒家礼学派的宗师。

公元前 470 年（周元王六年、鲁哀公二十五年），言子 37 岁。

言子在楚国传道讲学。

公元前 468 年（周贞定王元年、鲁哀公二十七年），言子 39 岁。

言子在卫、晋等国传授儒学，还应卜商之邀到西河（今河南安阳）讲学。

公元前 466 年（周贞定王三年、鲁悼公二年），言子 41 岁。

言子在鲁国武城为儿子言思举行冠礼，取字永祥。

公元前 465 年（周贞定王四年、鲁悼公三年），言子 42 岁。

言子在鲁国武城，以女许配颛孙师之子申详。

公元前 464 年（周贞定王五年、鲁悼公四年），言子 43 岁。

言子儿子言思在鲁国结婚。

公元前 463 年（周贞定王六年、鲁悼公五年），言子 44 岁。

言思夫人诞子，取名言丰。

公元前 449 年（周贞定王二十年、鲁悼公十九年），言子 58 岁。

有若卒。鲁悼公亲临吊丧，言子为傧相接待国君，开后世以右为尊之先河。

公元前 447 年（周贞定王二十二年、鲁悼公二十一年），言子 60 岁。

言思卒于鲁国，时年 40 岁。言氏举丧有传世风范，由此，曾参把孔子之家和言子之家并称为识礼之家。

公元前 446 年（周贞定王二十三年、鲁悼公二十二年），言子 61 岁。

言子带着孙子言丰重返母国故土传播儒学，"故吴逸民，闻风向学，从之游者以千计"（《言氏家谱》）。

公元前 444 年（周贞定王二十五年、鲁悼公二十四年），言子 63 岁。

言子从家乡琴川出发，横渡东江（今黄浦江），到海盐古县的青溪（今上海奉贤）一带传播儒学。后世的奉贤之名由此而来。

公元前443年（周贞定王二十六年、鲁悼公二十五年），言子64岁。

言子之孙言丰在虞山故里举行冠礼，取字文郁。

言子卒，"葬虞山之椒，与仲雍墓并"（《言氏旧谱》）。

附录二
子游后裔的箴言妙语

言偃后裔以诗书礼乐传家，延续 2500 多年仍保有持久的生命力，在华夏家族文化历史上留下了浓墨重彩的一笔。他们除通过诗词歌赋直抒胸臆、生花妙笔表达情怀、著书立说展露才华外，在日常生活中，不时有着经典语言脱口而出。这些简短而隽永的语句，依托言氏的家乘谱牒等流传下来，成为后人整体认识言氏家族的一个窗口。兹据《言氏家谱》《言氏家乘》等记录相对集中的家族资料，将言氏后裔心迹流露的话语摘录于后：

言楷（言子第七世孙，字鲁林，生活于战国末期。有大儒之称）

年十七，挟策说楚王，王弗能用，慨而悔曰："吾有家学，奚事此扰扰者为。"

言成大（言子第十六世孙，字德弘，57—123 年。修始祖之墓，创言族之谱）

晚岁作族谱，尝曰："吾大贤之后也，谱系不明，无以扬前烈、垂后昆。"

言摅（言子第二十二世孙，字季蕴，246—317 年。以孝闻名）

六岁从塾师受《孝经》，读至身体、发肤受之父母，不敢毁伤。公问曰："何谓毁伤？"师曰："身体、发肤稍有伤损，即毁伤也。"公曰："摅以为有有形之毁伤，有无形之毁伤。有形之毁伤易见，无形之毁伤难知。"

有司欲举公孝廉，公曰："菽水承欢，人子之分，若因此而得官，是以吾亲为沽名之饵也。谓吾亲何，且何以令天下也。"

言既孝（言子第二十六世孙，字子亲，生活于东晋。曾任永嘉簿）

游太保谢安门，安问以弈，公曰："弈如治民，无使失所而已。"……甫拜（按：刚接受任命），命沉弈具于河，人叩其故，公曰："弈局戏也。在官言官，官遑事此乎。"

言正（言子第三十世孙，字孝直，生活于南北朝。不畏强权，守护世传镇宅之宝）

居始祖故宅，宅有墨井，畔有捣衣石，汲井水石上捣衣，衣色倍鲜，诚异物也。自始祖迄梁世守勿替。中大通二年（530 年），守萧正德行县闻而异之，遣吏来取。公闭户不纳，吏倚势坏户而入。公卧石上，不肯起，曰："宁杀我，石不可取。"

言氏孺人（言子第二十九世孙言学曾之女，生活于南北朝。适湖南赵氏）

十八岁归湖南赵氏……一子绍徽，方六岁，孺人遣就舅氏执公读，归而背诵，熟则喜，否则挞之。绍徽由是刻意攻书，年十七有文名，为世所推。二十六举孝廉，除尉氏令。既受命归，拜其亲。孺人曰："绍徽，尔特一匹夫耳。天子以俸禄养汝，百姓以爹呼汝，须为好官爱百姓，不然何德消受。"徽再拜曰："惟亲有命，敢弗祗承。"

言循（言子第三十二世孙，字修之，生活于6世纪下半叶。人称"言将军"）

从师受句读，师以其年长，有难色。公曰："先生毋难，第教我，我自能读。"师奇其言而教之，日夜不释卷……如是者五年，《四书》《五经》以及诸子百家之书莫不贯彻。或劝之进取，公曰："读书以变化气质耳，非以求名也。"

言大章（言子第三十八世孙，字云汉，628—714年。设义学以教族之孤者，置义产以给族之贫者，一时言族称盛）

咸亨中，授朝散郎，累官至秘书少监。武后临朝，遂挂冠归。谓其弟（大典）曰："吾两人共患难，亦应共安乐，义不容分析。"

言大典（言子第三十八世孙，字子常，629—717年。高宗朝以荐举拜左拾遗）

时以诗赋取士，竞尚浮华，公曰："士君子自有圣贤大学之道，区区寻行数墨奚为也。"

与兄同居，事兄惟谨，年七十矣，坐必隅坐，行必随行……曰："吾幼孤，兄即吾父，嫂即吾母也，敢弗敬乎。"

言文仲（言子第四十世孙，字经父，生活于唐中期。人皆目为狂生）

语及功名事，辄掩耳曰："昔者许由之耳，尚有水可洗。今皆粪秽也，吾将谁洗乎。"

有富人悭且贪者，公谓之曰："人为子孙计，宜少积银，多积钱。""多积钱使子孙便于博耳。"

孝女言氏（言子第三十九世孙言省之女，生活于唐中期。奉汤药顷刻不离患疾之母亲左右）

母周氏孺人患蛊疾，病卧不能起，孝女奉汤药顷刻不离左右。夜则焚香祝天，愿以身代。前惟察（言省）公已诺山南金氏，至是遣媒婚。孝女曰："吾母滨于危矣，为人子者正五内分裂之时，忍晏然讲嘉会之礼乎？且女之事父母犹媳事舅姑也，弃其母而字人为金氏者，亦安用此不孝之媳乎？"

言端操（言子第四十一世孙，字维持，生活于唐中期。为尊祖敬宗奋不顾身）

乾元二年，有形家者言居此宅（言子故宅）者累代簪缨弗绝，邑豪印在心，信之，以厚赀啖族不肖子。不肖子利其财而售之。公怒曰："吾始祖之钟灵实胎于此。此而可以与人，则天下何事不可以与人乎？"蔑弃祖宗不愿生，乃抱始祖遗像诉之县……

言思贞（言子第四十三世孙，字周道，896—963 年。平日以焚香鼓琴、浇花种竹为事）

县令甘闻公名而谒之……公不及避，乃见之。令执礼甚恭，公色颇倨。令访以时政之得失，公曰："某山野之鄙人也，不习世事久矣。虽君有命，弗敢与闻。"且谓令曰："某疏懒性成，弗能为礼，使君枉驾。幸勿拘往来之礼责以不恭。"

言璩（言子第四十八世孙，字伯秩，生活于北宋中晚期。于书无所不读）

绍圣中举，进士不第，未几有旨饬令士子与试者书不是程氏伪道学。公喟然叹曰："千古之微言，于程子而复续，孟子之后一人而已。今斥以为伪，私忿则快矣，如公道何由是。"

言仁和（言子第五十六世孙，字用贵，生活于南宋后期。慷慨有大节）

及城陷，公南向再拜曰："臣世受国恩，义不可负，况先贤之后，忍可左乎！"遂登楼自经。

言文蔚（言子第五十九世孙，字伯茂，生活于南宋后期。治《春秋》有独特心得）

及元师围城，城将陷，公曰："三百年养士之恩正为今日，吾其忍靦颜偷生乎？今幸城未陷，吾得死于赵氏之土，亦幸矣。"遂跃入泮水中。

言信（言子第六十二世孙，字以实，生活于元末明初。弹劾无所避，权贵多畏之）

永乐入继大统，方孝孺得罪，公疾走京师，连疏论冤，上大怒，并置于辟。临刑，有"宁拼一死随龙比，肯惜余生负祖宗"之句。

言江（言子第六十五世孙，字惟瀚，1433—1503 年。自念出于儒族，兢兢焉惟家训是守，自号守儒）

凡再试连不得志于有司，喟然叹曰："三人云不为良相，则为良医。"……千里之内以厚币邀之，公夷然不屑也，曰："吾以济世耳，庸为利乎？"

言庠（言子第六十九世孙，字企城，生活于明中晚期。不肯媚权贵）

时严讷罢相家居，尝以舆肩过书院门。公归适遇之，即殴其仆，且责严曰："汝位至宰相，独不从读圣贤书来耶，奈何坐肩舆过先贤祠门？"

言福（言子第六十九世孙，字尔祈，生活于明中晚期。德行文章为一邑之冠）

壮年丧偶，义不再娶，曰："吾不忍使子女，谓他人母也。"

易箦时呼诸孙而诲之曰："吾生平初无过人处，只一举一动无不可以对人言者耳。汝曹见正人，习正事，勿自菲薄，开罪祖宗。吾死亦瞑目矣。"

言喜（言子第六十九世孙，字无嗔，生活于明中晚期。天文历数独得其精）

性恬淡，不喜荣肮，游庠后即不作功名想。抚院某公荐公纂修实录，许以大用，征辟频仍，公弗就曰："吾苟慕乎，此则科举中，岂不可致通显，何为裹足不一试棘闱乎。"

言述尧（言子第七十世孙，字明之，生活于明末清初。尚廉节，不取非义）

国朝初，里豪召致郡中名优演剧于凌驾山之麓，一时开张茶酒肆甚侈。吾族以掘伤祖坟墓地脉为辞挠之娄。其金分与公，公取而掷诸地曰："吾不欲视此不义物也。"

节妇言氏（言子第六十九世孙言福长女，生活于明末清初。适诸生钱国辅）

年二十归诸生钱国辅，逾年夫亡，族欲夺其志节，妇曰："吾言振里之女，先贤子游裔也。吾闻妇人之行从一而终，未闻有二夫者。且吾既有全其贞，吾独恶丧其节乎？欲夺吾志，有死而已。"

贞女言氏（言子第六十九世孙言福之女，生活于明末清初。许配张鏳）

七岁诺为同县张鏳之妻……及笄而鏳不归，杂然谣曰"死矣"。夫游无方，不可知矣，又逾时不归。张之宗党请嫁贞女，茂才（秀才言福）意未定。贞女敛衽拜堂下，曰："大人前顾，未以儿身诺张氏欤。儿闻之礼，十五许嫁而笄，许嫁笄而礼之，因著缨。郑注云，缨以明有所系也。然则儿之逾于笄，而缨之期也久矣。吾祖之吊负夏，曾子不尝指以示人曰：'夫夫也，为习于礼者乎。'儿礼宗之女也。夫女子未闻以身许人之道。然未闻有违其父，以身许人之道，则益未闻有顺其父，以身再许人之道。曾子曰：'女未庙见而死。'孔子谓归葬于女氏之党，示不成妇也。未成妇，则不系于夫，而仍系于父母兄弟之家。夫已嫁矣，以未逮三月，庙见之期而死，犹得系于女氏之党，则如儿之未嫁而笄而缨者，不可知乎？"

言明选（言子第七十一世孙，字公抡，生活于清初。不爱财帛）

居昆城，有时来虞，所携银钱多寄顿族人处，临行遂不复记忆，最多脱失，辄曰："人我一也，我失之，人得之，复何憾。"

言继光（言子第七十一世孙，字公觐，生活于清初。"吾家千里驹"）

尝谓人曰："文人士子作文是代圣贤发挥道理，若带一毫媚气便失之千里。"

节妇言氏（言子第七十一世孙言廉长女，生活于明末清初。适太学生任绍孟）

年二十适太学生任绍孟。截止三载而绍孟即世。孺人一恸几绝，以姜汤灌之而醒。夫棺既掩，孺人入室闭户自经，喘声达户外，家人屡呼不应，排闼入救乃苏。孺人曰："夫魂不远，吾即死尚可与俱。奈何复强我以生乎？"嗣是家人防卫甚严，得不死。孺人乃绝粒，水浆不入口者凡七日，已滨于死矣。其翁泣而谕之曰："身死而名芳，汝之自为计，则善矣。独不为我且就木之老人地乎。且尔夫至孝，其死也一无所系恋，惟戚戚然以不得终养为恨。此尔所目击也。与其指尔生以成一己之名，孰若少缓，须臾使我老人不至失所，以慰尔夫于地下乎？"孺人曰："儿以为臣死于君，子死于父，妇死于夫，乃职分所当为耳，岂为名计乎。既大人有命，敢弗祗承。"……年三十三得寒疾，嗣子延医诊视，孺人曰："吾未亡人也，以速死为幸。今乘此疾，且晚可见尔父于地下矣。奚以药为因。"

言德坚（言子第七十三世孙，字侣白，生活于清中期。首任言

氏世袭翰林院五经博士）

康熙四十四年，圣祖南巡，迎赴维扬，进谱牒，召见行在，遂赐庙额。明年再迎圣驾，献诗十章，钦取第一，请世职。曰："今山左及中州诸贤裔皆蒙恤录，独吾宗无有，是余之责也。"

言南金（言子第七十六世孙，字卓林，生活于清晚期。重视地方教育，依托书院"扃门考课，士论翕然"）

南京图书馆藏有言南金的《三国志》批校本。此书系明崇祯十七年（1644年）汲古阁刻本，残存55卷，上有40余条言南金的批校文字。有些评论颇有见地。如《吴志十四》评孙登："世皆称魏武诸子多才，而不知吴大帝太子登多才而德茂，文章经济实过子桓。总由孙氏国祚不长，使子高有期颐之寿，天下当不归于司马矣。"

跋　先贤未曾远去

在疫情面前，我不作其他之想，而是"躲进小楼成一统"，选择凭一己之力能够做到的，继续撰写《百世风骨——言子家族文化及其遗产》。

我所深"宅"的粉墙黛瓦小楼，位于言子故宅之东约 200 米处。按照古代文献的记载进行推算，此处应是当日曹善诚斥资购买的县治东北文学桥东行春坊地块。历史的巧合，给人带来的喜感，让人产生无穷的联想。

除了故宅、文学桥，与小楼比邻的，还有相距百步的言子巷、言子桥等与言子有关的设施，以及象征常熟文运亨通的文昌阁。古城人杰地灵的意蕴、氛围，通过这些载体得到了极好的呈现。

端坐书桌隔窗东望，历经千年风霜雨雪、如今依旧巍然耸立的崇教兴福寺塔（因塔的外观呈方形，俗称方塔）尽收眼底，周边错落有致的仿古建筑一览无余，让人有穿越时间隧道、回到久远的中古时代之感。

处此人文氤氲的环境中，追念言子的贡献，仿佛看到了他负笈北上的坚毅神情，他披荆斩棘的不屈追求，他尊师重道的贤哲情怀，他勇于探索的实干风范，他载道南下的苦心孤诣，他遗爱后人的不凡作为……描画言子对子孙后代深入骨髓的影响，深切体会到他们为宗族荣耀乡里所做的一切、为宗族文脉延续奋发的努力、为宗族风采依然付出的辛劳，无论哪个方面，都对得起其作为孔门弟子后代的独特身份。

"子在川上曰：逝者如斯夫。"时间，在无声无息地流淌，没有一刻停止过。但是，言子的勋业及其后裔传承始祖业绩的点点滴滴，却不会随着时间的过往而消逝。它从过去流传到现在，并将继续不断，传扬到遥远的未来。

历史承传不息，为后人记取，需要因缘。我对言子及其后裔产生浓厚的兴趣，基于同道打趣设问的一种机缘。在确定了撰写的主题，有重点地搜集资料、积累素材、着手铺陈的过程中，其他同道给予了提供线索、指点迷津、拿出准备出版的文献资料供我使用和摄制影像作为配文图片等的无私帮助。他们中，有地方历史文化学者李烨、朱新华、苏醒，有长期致力于言子文化研究的陈颖，有关注名城文化传承发展的吴苇、张建明、金雪庆、张军，有在我畏难时不断给予鼓励的袁伟良，还有些一直在默默期待的友人……得到"朋友圈"内这些好友的关注、垂青，无疑也是一种难得的因缘。

在此要特别记上一笔的是，言子第八十四世孙言恭达在获知我写作言偃及其后人系列文章的信息后，欣然命笔题写书名，赞襄我的举动。

在《百世风骨——言子家族文化及其遗产》这本小册子付梓

前，写下寥寥数语，权当是对此前在言子及其后裔所做系列研究上的一个简单回眸。同时，企望我的努力，成为一种抛砖引玉之举，激发更多的人关注言子、亲近先贤，从中汲取向学向上的力量，助力言子文化研究进一步深化。

初稿于 2022 年岁末

定稿于 2023 年盛夏时节

图书在版编目(CIP)数据

百世风骨:言子家族文化及其遗产/蒋伟国著. —
上海:上海人民出版社,2023
ISBN 978-7-208-18431-2

Ⅰ.①百…　Ⅱ.①蒋…　Ⅲ.①儒家-传统文化-研究
Ⅳ.①B222.05

中国国家版本馆 CIP 数据核字(2023)第 143109 号

封面题字　言恭达
责任编辑　刘华鱼
封面设计　一本好书

百世风骨——言子家族文化及其遗产
蒋伟国　著

出　　版　上海人民出版社
　　　　　(201101　上海市闵行区号景路 159 弄 C 座)
发　　行　上海人民出版社发行中心
印　　刷　苏州工业园区美柯乐制版印务有限责任公司
开　　本　890×1240　1/32
印　　张　10
插　　页　4
字　　数　199,000
版　　次　2023 年 8 月第 1 版
印　　次　2023 年 8 月第 1 次印刷
ISBN 978-7-208-18431-2/B·1703
定　　价　55.00 元